《特殊儿童教育与康复文库》

总顾问
顾明远　张海迪

学术委员会
主　任　方俊明　励建安
副主任　朴永馨　林宝贵
委　员（按姓氏笔画排序）
申仁宏　兰继军　华国栋　刘全礼　刘春玲　李晓捷　肖　非　张宁生　陈小娟
陈云英　卓大宏　孟万金　顾定倩　桑　标　桑志琴　傅　宏　雷江华

编委会
主　任　丁　勇　程　凯　徐　蕾
副主任　尤　红　李天顺
委　员（按姓氏笔画排序）
王　辉　贝维斯　方　仪　左　宓　朱海榕　刘晶波　许家成　杜晓新　李泽慧
李晓捷　励建安　何　侃　沈剑辉　张　春　张　婷　张文京　张茂林　陈小娟
陈韶峰　林宝贵　林荣芹　金　野　庞　佳　郑　俭　郑海燕　钟经华　姜志梅
钱志亮　徐益民　黄　冬　黄　伟　盛永进　彭　茜　彭志斌　韩咏梅

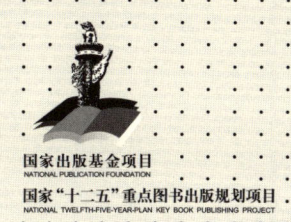

文库总主编　丁　勇

特殊儿童辅助技术

主　编
郑　俭　钟经华

副主编
蒋建荣

参编人员
（按姓氏笔画排序）
李晓庆　肖　源　季兰芬
胡　博　顾瑞华　蒋贤伟

南京师范大学出版社
NANJING NORMAL UNIVERSITY PRESS

图书在版编目(CIP)数据

特殊儿童辅助技术/郑俭,钟经华主编.—南京:
南京师范大学出版社,2015.1(2024.12重印)
(特殊儿童教育与康复文库/丁勇总主编)
ISBN 978-7-5651-1981-1

Ⅰ.①特… Ⅱ.①郑… ②钟… Ⅲ.①儿童教育—特殊教育 Ⅳ.①G76

中国版本图书馆 CIP 数据核字(2014)第 285200 号

丛 书 名	特殊儿童教育与康复文库
书 名	特殊儿童辅助技术
本册主编	郑 俭 钟经华
责任编辑	左 宓 倪晨娟
出版发行	南京师范大学出版社
地 址	江苏省南京市玄武区后宰门西村 9 号(邮编:210016)
电 话	(025)83598919(总编办) 83598412(营销部) 83373872(邮购部)
网 址	http://press.njnu.edu.cn
电子信箱	nspzbb@njnu.edu.cn
照 排	南京开卷文化传媒有限公司
印 刷	江苏凤凰通达印刷有限公司
开 本	710 毫米×1000 毫米 1/16
印 张	13.75
字 数	239 千
版 次	2015 年 1 月第 1 版 2024 年 12 月第 7 次印刷
书 号	ISBN 978-7-5651-1981-1
定 价	35.00 元
出 版 人	张 鹏

南京师大版图书若有印装问题请与销售商调换
版权所有 侵犯必究

总序一
Preface 1

今年1月,国务院办公厅转发了教育部等7部门联合发布的《特殊教育提升计划(2014—2016年)》,这是深入实施《国家中长期教育改革和发展规划纲要(2010—2020年)》(以下简称《纲要》),加快推进特殊教育发展,大力提升特殊教育水平,切实保障残疾人受教育权利的又一重要体现。《纲要》将"特殊教育"单列一章,提出"关心和支持特殊教育""完善特殊教育体系""健全特殊教育保障机制"等要求。特殊教育是我国国民教育体系的重要组成部分。近些年来,国家对特殊教育的重视程度不断加强。在社会经济快速发展的同时,特殊教育发展也进入了一个大力推进的新时期。党的十八大报告提出了"支持特殊教育"的口号,十八届三中全会明确指出:"推进学前教育、特殊教育、继续教育改革发展。"

我国障残儿童有相当数量,受教育是《世界儿童权利宣言》和我国宪法赋予他们的权利。特殊教育也是帮助他们走进社会、独立生活的必要途径。特殊教育的目标是使障残儿童回归主流社会,成长为一个自力更生,能为社会做出贡献的人才。这需要具备两个重要条件:一是残疾儿童要有自信,有能力回归社会;二是社会上的普通人要尊重他们,帮助他们。这两方面都需要通过教育来实现。特殊教育的目的与普通教育一样,也是促进儿童身心的健康发展。只是障残儿童需要更多的关爱和帮助,更多的温暖和鼓励。在教育内容和方法上,需要根据障残儿童的特殊情况采用不同的方式,但目的是促进他们的发展。特殊教育是教育公平的重要内容,是建设和谐社会的重要基础,也是国家综合国力的体现。当前,全社会对特殊教育的认识还有

待进一步提高,特殊教育的发展与普通教育相比还相对落后,发展还很不平衡,特殊教育经费短缺,办学条件亟待改善,办学规模远不能满足社会发展需要,特殊教育教师队伍建设有待进一步加强,特殊教育的管理水平亟待提高。

特殊教育的发展,首先需要对特殊教育有一个正确的认识,树立正确的特殊教育观念。特殊教育有狭义和广义之分。狭义的特殊教育是障残儿童的教育;广义的特殊教育还包括超常儿童及有情绪问题、行为问题、社会适应问题等儿童的教育。我国特殊教育主要是指狭义的特殊教育。所谓特殊教育的特殊,是指这部分受教育者在生理的或者心理的某个方面有缺陷,阻碍着他们的发展,特殊教育就是帮助他们排除阻碍他们发展的障碍,使他们得到与普通人一样的发展。障残儿童并非所有智能都丧失,他们往往丧失了一部分器官的功能。教育,可以弥补他们的缺陷,或者使他们损伤的器官功能得到部分的恢复,或者培养其他器官的功能来代偿某种器官功能的不足。

发展特殊教育,除了政府重视和加大投入外,要发动全社会来奉献爱心。残疾人是我们的兄弟姐妹,他们比正常人有更多的困难,正常人有责任、有义务帮助他们。这不是出于怜悯,更不是恩赐,这是全社会的责任,也是每一个公民的责任。特殊教育事业是爱的事业。只有做到像《礼记·礼运》中所讲的"矜、寡、孤、独、废疾者皆有所养",我们才能建成和谐社会。

特殊教育本身需要进行改革创新。根据我国当前的实际情况,完全采取"回归主流"的方式,把障残儿童放在普通学校学习,还缺乏必要的条件。主要是普通学校缺乏特殊教育的师资,不可能像日本那样在普通学校里设立养护班。但"全纳教育""回归主流"都是当前世界教育的新理想,我们需要以这种新的教育理念来指导我们的特殊教育,让障残儿童尽量与健康儿童接触,障残比较轻的、有条件的,最好让他们在一起学习。这样,既培养了障残儿童的自信心和自尊心,又教育了健康儿童对障残同伴的关心和爱护。

师资是特殊教育发展的前提与保障。师范院校应该重视特殊教育的研究和师资培养。1982年,教育部建立了我国第一所专门的特殊教育师资培养机构——南京特殊教育师范学校,当时属于中等师范教育。该校2002年升格为专科学校,现在又将跨入本科教育阶段。这是可喜的事情。我国大学里的第一个特殊教育专业是我在北京师范大学担任副校长期间于1986年设立的,同时还成立了特殊教育研究中心。现在全国已经有多个师范大学设立了特殊教育专业。但是还很不够,特殊教育的师资还非常缺乏。我们要宣传特殊教育的重要性,大家都来关心这个社会最弱势群体,有更多的优秀青年来向他们献出爱心。

特殊教育的发展,还要加强对特殊教育的研究,用心总结我国特殊教育的经验,研究和形成有中国特色社会主义的特殊教育理论体系。《特殊儿童教育与康复文库》是一套关注障残儿童及其他特殊需要儿童生存与发展的系列图书。文库从提升社会公共利益的角度来关注、支持、参与残疾人及其家庭的健康与发展,从全社会和谐发展的高度来关心他们的福祉。文库立足于服务特殊教育教师、特殊儿童、家长及专业工作者,围绕特殊儿童教育与康复,按照阐释基本理论、揭示现实问题、提出合理化建议的逻辑框架,吸取国际上最先进的方法技术和理论,系统阐述特殊儿童的教育与康复问题。文库既注重理论探讨,又重视实践操作。相信这套文库的出版会对丰富我国的特殊教育研究和指导特殊教育实践、推进特殊教育改革有着重要的作用和价值。

文库系列丛书即将面世,出版社和总主编丁勇同志要我写几句话,是以为序。

2014 年 8 月

总序二
Preface 2

儿童是祖国的花朵,也是我们的未来。每个孩子的成长都需要家庭、学校和社会的关怀和支持,而我们要给残疾孩子更多的关爱和帮助。

残疾儿童由于身心障碍差异的多样性和复杂性,接受基础教育就不那么容易了。比如,老师教盲孩子,需要会盲文;教聋孩子,又需要用手语;同是发展性障碍的儿童,孤独症和脑瘫孩子的身心特点、教育方法又各有不同。不仅如此,在进行认知训练的同时,有些孩子还必须辅以感觉运动、言语语言等康复性的训练,才能有效支持他们的发展。这些需要特殊教育的残疾孩子,他们在生命的成长过程中,需要社会学、心理学、教育学、医学等多学科的介入,也需要全社会相关专业人员的合作参与。

我们怎样理解残疾儿童的特殊性?什么是特殊教育?怎样为残疾儿童提供特殊的支持与服务呢?这是特殊儿童教育发展面临的重要课题。它不仅是很多残疾儿童家长关心的事情,也是特殊教育、康复机构共同研究探讨的问题。

残疾儿童是有特殊需求、需要给予特别关爱的,与所有其他孩子一样共享着生命的发展权和教育权。残疾儿童的教育康复水平也体现了社会文明进步的水平。残疾儿童需要特殊教育,而特殊教育又需要特教老师。有了好老师,残疾孩子才能拥有美好的未来。美国作家海伦·凯勒正因为有了沙利文这样的好老师,才从一个盲聋哑三重残疾的孩子,成为世界著名的作家。

由南京师范大学出版社出版的《特殊儿童教育与康复文库》,是一套促进残疾儿童身心发展的丛书,基本涵盖了特殊儿童的教育与康复实践与理论的基本问题,内容全面、系统,有实践经验,也有理论基础。其中《特殊儿童生涯发展与转衔教育》《特殊儿童体育与运动》《特殊儿童生活教育》《特殊儿童物理治疗》《特殊儿童作业治疗》等分册内容,都是第一次系统地与我国读者见面。

《特殊儿童教育与康复文库》不仅可以作为高等院校、科研机构进行学术研究的参考资料,也可以为残疾儿童家长和在特殊教育、康复机构第一线的工作者提供具体的方法指导。这套文库的出版对普及和提高残疾儿童康复教育具有特殊意义,对改善和提高残疾儿童的生活自理能力也会起到重要作用。

我深深地祝福每一个残疾孩子,希望他们永远健康快乐!

张海迪

2014 年 8 月

总序三
Preface 3

随着我国社会经济的进步与特殊教育和医疗康复事业的发展，特殊儿童的教育与康复越来越受到社会的关注和重视。这不仅仅是因为特殊儿童教育有着不同于其他儿童教育的"特殊"之处，更重要的是教育与康复对特殊儿童而言，是保障他们平等参与社会生活，促进其健康成长和公平享有社会发展成果的重要途径。

毋庸讳言，我国目前特殊教育与残疾人事业基础还比较薄弱，残疾人社会保障政策措施还不够完善，残疾人在基本生活、医疗卫生、康复、教育、就业、社会参与等方面还存在许多困难；绝大多数残疾人尚未走出家庭，他们的总体生活状况与社会平均水平仍存在较大差距；在特殊儿童教育与康复方面，较发达国家还存在着明显的差距，实践工作者的理论知识与技能水平亟待提高。为了适应我国特殊教育与残疾人事业发展的需要，向社会、学校和家长科学地普及服务于残疾儿童及其他特殊需要儿童的教育、康复的理论知识与实践技能，改善、提高残疾儿童的生活自理能力，推进社会文明进程，我们在国家新闻出版广电总局的指导下，在国家出版基金的支持下，组织编写了《特殊儿童教育与康复文库》。

本文库以《残疾儿童权利与保障》分册为总领，其下分为"特殊儿童教育"与"特殊儿童康复"两个子系列，共20分册。在两个子系列中，又分别以《特殊儿童教育导论》和《特殊儿童康复概论》为引领，再按照特殊儿童发展的各个领域的教育、康复训练内容为结构框架，展开两个系列具体内容的编写。文库基本涵盖了特殊儿童的教育与康复实践的基本问题，内容全面，系统性强。

"特殊儿童教育"系列包括:《特殊儿童教育导论》《特殊儿童教育评估》《特殊儿童早期发展支持》《特殊儿童沟通与交往》《特殊儿童认知训练》《特殊儿童行为管理》《特殊儿童生活教育》《特殊儿童体育与运动》《特殊儿童生涯发展与转衔教育》。"特殊儿童康复"系列包括:《特殊儿童康复概论》《特殊儿童物理治疗》《特殊儿童作业治疗》《特殊儿童语言与言语治疗》《特殊儿童心理治疗》《特殊儿童艺术治疗》《特殊儿童舞动治疗》《特殊儿童功能性视力训练》《特殊儿童定向行走训练》《特殊儿童辅助技术》。

文库立足服务特殊教育教师、特殊儿童及其家长、残疾人社会工作者的目标,围绕特殊儿童教育与康复两个中心,按照阐释基本理论、揭示现实问题、提出合理化建议的逻辑框架,系统阐述特殊儿童的教育与康复问题。文库编写在坚持科学性的前提下,力求突出学科的专业性和创新性,特别是注重吸收当代国际特殊教育与康复研究的最新成果,使文库能够站在时代的前沿,反映相关专业领域里的最新理念和技术方法。在具体内容的编写上,同时注意处理好两大关系:一是注意处理好理论与实践的关系,尤其对操作性较强的分册内容,注重以案例印证原理,以原理阐释案例,具体与抽象相结合来阐述问题;二是注意处理好学术性与实用性的关系,主要体现为文库内容在具有研究性的同时,并不排斥专业的实用性与操作性。

由于文库内容涉及概念的复杂性,在此需要对本文库中所涉及的两个重要概念"残疾"与"康复"做一个特别说明。基于传统的指称,"残疾"(disability)、"障碍"(handicap)和"缺陷"(impairment)由于含义相近,在我国三个术语经常交互替代使用,不太注意区分。而世界卫生组织对这三个概念有着明确的区分,并且在英文中已用更显中性的 disability(残疾)取代了 handicap(障碍)。考虑到汉语中"障碍"要比"残疾"在褒贬含义上更显中性,同时出于传统理解的习惯,本文库在"残疾""障碍""缺损"等概念上并不作严格的区分,尽管是不同的意义,但这并不妨碍分册中对相关的概念作区分和解释。关于"康复",本文库主要指的是较为狭义的医学康复概念,即运用医学治疗的手段进行的康复。

本套文库由我为总主编,但主要的工作均由各分册主编和相关的撰稿人员完成。在文库的编辑和出版过程中,我们得到了中国残疾人联合会与国家新闻出版广电总局有关领导和专家的指导和支持。南京师范大学出版社的领导和文库的责任编辑等同志们也给予了倾心帮助,付出了辛勤劳动,保证了本文库的顺利出版,在此深表感谢；同时还要特别感谢台湾特殊教育界同行，尤其是林宝贵等先生的指教和参与，为本文库质量的提高做出了宝贵的贡献。

编写特殊儿童教育与康复方面的文库，虽然不能说在我国是首创，但毕竟屈指可数。至于本套文库在多大程度上对社会、学校和家庭在特殊教育与康复领域的理论研究与实践活动起到指导作用，只有留待广大读者去评判了。我们期待着读者的批评，进一步完善我们的项目；也期待更多的理论工作者和实践工作者投身到特殊教育和残疾人事业工作中来，为保障残疾儿童及其他特殊需要儿童的生活与发展，改善、提高他们适应社会、服务社会的能力，推进社会文明进程，贡献一份力量！

丁勇

2014年8月

前 言
Foreword

近年来,随着我国的经济发展和社会进步,医疗康复和特殊教育水平不断提高,人们越来越重视通过辅助器具,采用辅助技术,减少特殊儿童的功能障碍,补偿其缺陷,以增强特殊儿童独立生活的能力。不论是在教育、生活,还是在处理人际关系及社会参与等方面,辅助技术与辅助器具都为特殊儿童提供了非常有效的支持,也为融合教育提供了越来越先进的技术保障。可以说,辅助技术与辅助器具是实现全纳教育的重要条件。在特殊教育领域,特殊教育工作者逐渐认识到辅助技术将帮助特殊儿童拥有更好的生活,更便捷地参与学校学习和社会交往,日后更顺利地融入社会。因此,重视辅助技术,将辅助科技应用到课程并融入个别化教育计划,有利于我国特殊教育的发展更上一层楼。

但是,由于从事这项工作的康复与特殊教育教师专业知识和能力有限,同时各种残疾人辅助器具数量众多、种类繁杂,且随着科技的进步而不断发展,在特殊儿童教育与康复领域特别缺乏有关辅助技术的指导性图书,这使辅助技术在特殊教育领域中的应用受到了严重的制约。针对这种现实状况和特殊儿童日益增长的教育与康复需求,学界也做出了大胆尝试,出版了一些相关书籍,为本领域的研究和本书的编写提供了重要的参考。然而,这些出版物在对辅助技术的评估、特殊儿童辅助技术的应用、信息辅助技术和通用性设计、无障碍环境等方面的研究尚显不足。本书试图弥补这一缺憾,将重点放在对不同类别特殊儿童辅助技术及器具适配的评估和信息辅助技术上,特别是重视各种典型的辅助器具在特殊儿童教育中的实际操作和具体运用,并展示了大量示例图片,以此与包括康复医学界、特殊教育界的同仁以及特殊儿童及其家长,分享、交流历经多年研究的成功经验,同时提供一些辅助器具使用的范例和思路。

本书由重庆师范大学郑俭教授总统审,具体分工为:第一章为总论,由重庆师范大学郑俭教授撰写,主要介绍辅助技术和辅助器具的定义、辅助器具的分类、辅助技术与特殊儿童的关系、国内外辅助技术的历史发展与现状、辅助器具的适配等内容;第二至第五章分别从不同障碍类型的角度介绍了各类型特殊儿童所需要的辅助技术、辅助器具以及辅助器具的适配案例等,分别由北京联合大学的钟经华教授,南京特殊教育师范学院(筹)的季兰芬、肖源和李晓庆老师编写;第六章介绍了常用的计算机辅助技术,由南京特殊教育师范学院(筹)的蒋建荣、胡博老师,苏州市盲哑学校的蒋贤伟老师合作编写;第七章则从通用设计的角度介绍了特殊儿童所需的环境支持系统,由苏州市盲哑学校的顾瑞华老师编写。

此外,本书在编撰过程中要特别感谢本丛书总主编、南京特殊教育师范学院(筹)丁勇书记的大力支持;感谢北京社会管理职业学院李高峰老师的宝贵意见;感谢南京师范大学出版社徐蕾总编辑的悉心指导以及出版社编辑左宓老师的细心校阅!

由于编写人员水平和时间有限,本书的某些内容尚存在着不成熟或有争议之处,有待继续修改完善,敬请读者提出宝贵意见。

郑俭

2014 年 8 月 18 日

目 录
Contents

总序一·· 顾明远(001)

总序二·· 张海迪(004)

总序三·· 丁　勇(006)

前　言·· 郑　俭(001)

第一章　辅助技术概述··································(001)

　第一节　辅助技术及其相关概念························(001)

　第二节　辅助技术的分类······························(006)

　第三节　残疾的概念··································(008)

　第四节　有关法律政策对辅助技术的要求················(012)

　第五节　在IEP中考虑辅助技术的步骤与方法·············(015)

第二章　视觉辅助技术··································(024)

　第一节　视力残疾概述································(024)

　第二节　视觉增强技术································(029)

　第三节　视觉替代技术································(035)

　第四节　视觉辅助器具的适配··························(048)

第三章　听觉辅助技术··································(052)

　第一节　听觉障碍概述································(052)

　第二节　听觉增强技术——助听器······················(055)

　第三节　听觉增强技术——人工耳蜗····················(062)

　第四节　听觉替代技术································(069)

　第五节　FM调频系统·································(071)

　第六节　听觉辅助器具的适配··························(076)

第四章　肢体障碍辅助技术······························(087)

　第一节　肢体障碍的概述······························(087)

第二节　矫形器与假肢技术………………………………………(090)
　　第三节　个人移动类辅助技术……………………………………(094)
　　第四节　自助具及其相关技术……………………………………(104)
　　第五节　摆位辅助技术……………………………………………(108)
　　第六节　肢体辅助器具的适配……………………………………(119)

第五章　沟通辅助技术………………………………………………(124)
　　第一节　沟通障碍概述……………………………………………(124)
　　第二节　扩大和替代沟通技术……………………………………(127)
　　第三节　辅助沟通系统的适配……………………………………(137)

第六章　计算机辅助技术……………………………………………(146)
　　第一节　计算机辅助技术概述……………………………………(146)
　　第二节　多媒体计算机技术………………………………………(148)
　　第三节　计算机类辅具的适配……………………………………(164)

第七章　通用设计下的环境支持系统………………………………(182)
　　第一节　通用设计概述……………………………………………(182)
　　第二节　物质无障碍环境…………………………………………(186)
　　第三节　信息无障碍环境…………………………………………(199)

主要参考文献…………………………………………………………(204)

第一章 辅助技术概述

残疾人由于其自身功能上的缺陷,在独立生活与融入社会上存在障碍。残疾人辅助技术简称辅助技术(Assistive Technology,简称 AT),是用来维持、强化和弥补残疾人功能的技术以及服务。大部分残疾人都能借助辅助技术产品来改善、维持和弥补自身的功能缺陷。随着社会的进步,利用辅助技术帮助残疾人克服障碍的影响,减轻照护者的负担,提高生活自主性,提升生活质量,获得公平的教育、就业机会,已是目前许多国家一致的做法。美国残疾与康复研究所(The National Institute on Disability and Rehabilitation Research,简称 NIDRR)2001 年的一项调查研究表明,使用过辅助技术装置的残疾人已达 64%(NIDRR,2001)。残疾儿童的早期干预与教育,对残疾儿童身体功能的改善,以及发展日后独立生活与融入社会所需的知识、技能与人生态度极为重要。对许多特殊儿童来说,辅助技术是使其更有效地接受教育的不可缺少的外部支持。鉴于辅助技术的重要作用,一些国家已经明确立法,要求在作为特殊教育基石的个别化教育计划(Individualied Educational Plan,简称 IEP)中必须考虑儿童的辅助技术需要。

第一节 辅助技术及其相关概念

一、辅助技术

对于辅助技术这一概念,目前有多种定义。美国《辅助技术法 2004》(Assistive Technology Act of 2004,简称 ATA)认为,辅助技术是关于辅助技术装置和辅助技术服务的技术设计。辅助技术由辅助技术装置和辅助技术服务两个下属概念组成。

《残疾人用辅助产品——分类和术语》(ISO9999:2011)中将辅助技术称为辅助产品(Assistive Products),并将辅助产品定义为:专门生产的或可以广泛获取的,用来预防、代偿、监护、缓解或降低损伤、活动受限和参与限制的任何产品(包括器具、设备、仪器、技术和软件)。

《残疾人辅助器具——分类和术语》(GB/T 16432—2004/ISO 9999:2002)将辅助技术称为辅助器具。在该标准中辅助器具对应的英文为"Technical Aids for Disabled Persons",该英文直译为残疾人技术性辅具。GB/T 16432—2004 实际上是 ISO9999:2002 的中文翻译版,因此该国家标准给出的辅助器具与 ISO9999 中给出的辅助产品的定义相同。GB/T 16432—2004 在所给出的辅助器具定义下还特别说明,辅助器具经常称为辅助设备或辅助技术。

世界卫生组织制定的《国际功能、残疾和健康分类》(International Classification of Functioning, Disability and Health,简称 ICF)将辅助技术称为"辅助产品和技术"(Assistive Products and Technology),并将其定义为"为改善残疾人功能状况而改造的或专门设计的任何产品、器具、设备或技术"。

辅助技术还有各种不同的称呼方式。在中国台湾地区,"Assistive Technology"通常译为辅助科技或科技辅具;"Assistive Aids"则常常译为辅具。有形的辅助技术装置有时也简称为辅具。欧洲国家通常用辅助产品(Assistive Products)表示辅助技术装置。

本书采用美国《辅助技术法 2004》的辅助技术定义,采用辅助技术、辅助技术装置与辅助技术服务这样的表述方式。首先,残疾人辅助技术的利用不仅涉及装置或技术产品本身,还涉及辅助技术服务,因此应从辅助技术装置与辅助技术服务两个方面来定义辅助技术;其次,产品通常是由厂家制造出来的物品,而辅助装置除了厂家生产的外,还有可能不是厂家生产的,或本来并非为残疾人专门生产的产品;其三,残疾人使用的辅助技术,可能是一种器具,也可能只是一种技术,例如视频加字幕技术、语音识别技术等。

因此,本书在论述辅助技术时,针对不同的论述背景,可能采用辅助技术装置和辅助技术产品、辅助器具或辅具这样一些有关辅助技术的不同的表述方式。

二、辅助技术装置

辅助技术装置是指一件物品、设备的部件或一个产品装置,无论这些东西是购买的、改制的或定制的,这些东西都是用来增加、维持或改善残疾人的功能。

由此定义可知,辅助技术装置涉及的范围很广,它可以是厂家专门生产的用于残疾人的产品,如假肢、矫形器、轮椅、助听器、盲杖等,也可以是任何一种对增加、维持或改善残疾人的功能有作用的物品或技术,如可供行动不便的儿童在家中代步的滑板，适合手部动作不灵活儿童的弹拨乐器，用于智力障碍儿童的学习软件等。随着辅助技术在我国日益受到重视，辅助技术装置的利用正深入到残疾人生活的各个方面。

三、辅助技术服务

辅助技术服务指在残疾人辅助技术装置的选择、获取、利用方面提供的直接的服务，包括：辅助技术需要的评估；辅助技术装置的选择、适配、定制、调适、维修以及获取；协调和利用与辅助技术有关的治疗、干预、教育或康复项目；对有关人员进行的培训或技术援助，这些人员包括残疾儿童自身、家庭成员、监护人、有关的教育与康复人员以及其他有关服务人员等。

辅助技术装置不像普通人使用的产品那样，从商店里买回来就可以使用。由于残疾人的障碍千差万别，许多残疾人要经过专门的适配，才能找到适合的辅助技术产品，在使用有些产品前还需要接受培训。这就使得辅助技术服务成为保障残疾人辅助技术利用的不可缺少的组成部分。

在更广泛的意义上，辅助技术服务还涉及推动有利于辅助技术利用的法规政策的建构和完善，提高社会的辅助技术利用意识，培养具有专业技能的辅助技术开发人员与服务人员，以及开展辅助技术的开发研究与服务利用研究等。

辅助技术服务提供者涉及不同的机构与个人，其中包括由政府支持的专门面向公众的辅助技术服务机构、医院的康复机构、具有辅助技术评估适配能力与资格的个人从业者。此外，涉及辅助技术服务的机构还有早期干预机构、基础教育机构与高等教育机构。高等教育机构除了为残疾大儿童提供辅助技术服务之外，还要担负辅助技术专业研究与人才培养的任务。高等教育中，与辅助技术装置相关的专业包括康复与技术、康复工程、辅助技术工程、生物医学工程、计算机等，与辅助技术服务有关的专业通常包括康复与技术、辅助技术研究与人类服务、康复咨询、作业治疗、物理治疗、特殊教育、特殊教育辅助技术、言语与语言治疗等。

四、特殊教育辅助技术

特殊教育辅助技术是用于特殊儿童教育的辅助技术，由用于特殊儿童的辅助技术装置与辅助技术服务组成。在特殊教育中采用辅助技术的目的在于使特殊儿童能最大程度地接受无障碍课程，在最小限制环境中接受教育。特殊教育辅助技术涉及如下几个方面:其一,直接用于儿童课程学习的辅助技术装置以及服务,如用于书写、阅读、数学、沟通、聆听、观看以及计算机利用等方面的辅助技术装置;其二,为保障特殊儿童能参与学习所需的相关服务中涉及的辅助技术与服务,这包括坐姿、摆位与移行、自我管理、日常生活活动、娱乐和休闲、作业治疗、物理治疗以及言语与语言治疗等方面可能涉及的辅助技术;其三,课程教学无障碍以及教材无障碍方面的辅助技术,如有字幕的视频、盲文教材、语音图书、电子版教材、计算机放大屏幕、教学内容的文字转语音或语音转文字技术以及图形描述等;其四,环境无障碍技术,例如无障碍过道、适用于有听觉或视觉障碍儿童的标志或警示装置、适合使用轮椅者的卫生间以及无障碍校车等;最后,辅助技术的利用还可能涉及特殊儿童、家长以及有关的教师与其他人员的辅助技术培训。

五、教育技术

在特殊教育中,教育技术是与辅助技术关系密切的领域。教育技术是关于学习资源和学习过程的设计、开发、利用、管理和评价的理论和实践(美国教育技术与传播协会与术语委员会,1994)。教育技术涉及计算机和相关技术的知识和使用,具体内容包含(弗吉尼亚《辅助技术考虑和评估框架》):①教学的传递、开发、方案和评估;②作为解决问题的辅助工具的计算机的有效利用;③学校和课堂管理;④教育研究;⑤电子信息利用与交换;⑥个人和专业工作效率;⑦计算机科学教育。由如上教育技术的定义与所涉及的内容可知,教育技术包括用于教学和学习过程的各种类型的技术或策略。教育技术主要是用来帮助教师教学的。而特殊教育中的辅助技术则主要是通过对特殊儿童受限功能的维持、改善或弥补来帮助他们最大程度地无障碍地参与学习,提升学习表现。在特殊教育中,教育技术在提升特殊儿童的功能性表现方面起作用时,也可以视为辅助技术。

许多在教室中使用的教育技术也可以视作辅助技术。例如,有字幕的文学作品视频,既是普通课程的教学资源,也可以作为听障儿童学习自然语言的工具;视窗系统的词汇处理技术,对于普通儿童来说是教育技术,但对于有手写障碍的儿童,该技术就具有增加、维持或改善该儿童手写功能的作用,从而成为一种辅助技术。一些技术是否能成为辅助技术,需要看这种技术在特殊儿童的运用中是否能改善他的功能,是否能起到表现的提升作用。(弗吉尼亚《辅助技术考虑和评估框架》)

六、通用设计

通用设计（Universal Design）最初是使用在建筑方面的一个概念。例如，进出建筑物的斜坡，可为使用儿童推车与搬行李的人带来方便，同时也可以用作残疾人的轮椅坡道；通过按键打开的门既可以方便普通人，也可以方便轮椅使用者，这些就是大家熟悉的通用技术。如今，通用设计的概念已扩展到学习环境和信息技术的无障碍上了。

通用设计这个词意味着一个全新的理念，其目的在于使设计和交付的产品和服务能让人们使用到尽可能多样的功能，其中包括可直接使用的功能（无需辅助技术）和可作为辅助技术使用的功能（美国《辅助技术法2004》）。例如微软视窗系统的放大镜功能，既可用于低视力者的计算机操作，也可通过教学投影屏幕让坐在教室后排的儿童清晰地看到投影屏幕上的文字。

七、学习通用设计

学习通用设计（Universal Design for Learning，简称UDL）是一种设计课程的框架，由美国应用特殊技术中心（Center for Applied Special Technology，简称CAST）开发，它将通用设计原则与得到大脑研究支持的学习原理联系在一起。

为了应用UDL的原则，在规划课程和活动时必须考虑其无障碍问题，让无障碍的特征贯穿于整个设计之中，而不是在课程的实施方案已经产生之后来进行改进。在进行学习的无障碍设计时，需要明确学习任务如何影响获取、表达以及学习过程的参与。课程和活动的设计遵循UDL原则，这些原则具体表现为：多种识别手段，给学习者不同的获取信息和知识的通道；多种表达方式，向学习者提供可供选择的方式以展示他们所知道的东西；多种学习方式，以发掘学习者的兴趣，并向其提供适当的挑战，以提升他们学习的积极性。

在采用UDL技术时，需要考虑数字媒体与计算机技术应用的重要性，这些技术可以为教学提供不同形式的资料和资源。例如，特殊儿童通过计算机，可以改变文字的大小，可以改变文本的背景颜色，可以选择文本的语音方式输出，可以采用印刷文本方式输出，可以采用盲文打印，还可以选择替代键盘、语音识别或者开关等不同的方式来输入信息。（弗吉尼亚《辅助技术考虑和评估框架》）

 特殊儿童辅助技术

第二节 辅助技术的分类

从各种辅助技术信息系统采用的辅助技术分类来看,辅助技术分类尚无统一标准。这里给出一些常用的分类方式。

一、中国国家标准与国际标准化组织标准的辅助技术分类

我国国家标准《残疾人辅助器具——分类和术语》(GB/T 16432—2004)将残疾人辅助器具分为 11 个主类、135 个次类和 741 个支类。该标准等同于国际标准化组织的辅助技术分类标准(ISO 9999:2002),该分类体系的 11 个主类分别是:①个人医疗辅助器具;②技能训练辅助器具;③矫形器和假肢;④生活自理和防护辅助器具;⑤个人移动辅助器具;⑥家务辅助器具;⑦家庭和其他场所使用的家具及其配件;⑧通信、信息和讯号辅助器具;⑨产品和物品管理辅助器具;⑩用于环境改善的辅助器具和设备、工具和机器;⑪休闲娱乐辅助器具。除我国以外,欧盟国家的欧洲辅助技术信息网(European Assistive Technology Information Network,简称 EATIN)的辅助技术数据库也采用的是 ISO 辅助技术分类标准。

辅助技术分类的国家标准和国际标准作为官方正式认定的标准,通常会得到较多的组织机构或信息系统的认可和采用。在该分类体系下,所有的辅助技术产品都只归属一个类,从理论上说,这样的分类体系较为科学,便于辅助技术专业人员对辅助技术产品的管理。然而由于该体系不是从普通辅助技术用户选择利用辅助技术产品的典型需要出发来设计的,因此一些特别注意辅助技术信息宣传作用的信息系统,或者一些期望争取更多客户的辅助技术销售系统,则常常愿意采用更加容易体现产品的用户需要特征的分类方式。

二、美国辅助技术信息数据库的辅助技术分类

美国辅助技术信息数据库是世界上最大的辅助技术信息数据库,该数据库拥有四万多种辅助技术产品。该数据库设有 20 个大类,其具体类别为日常生活辅具、盲与低视力辅助技术、沟通辅助技术、计算机、控制辅助技术、聋与重听辅助技术、聋盲辅助技术、教育辅助技术、环境适应性辅助技术、家务辅助技术、矫形器、假肢、娱乐辅助技术、安全与保险辅助技术、座椅、治疗辅具、交通工具、行走辅助技

术、有轮移行辅助技术、工作场地。美国辅助技术信息数据库的辅助技术分类体系下各大类又层层细分，有的类目甚至细分到五级小类，其小类近5 000个。

该分类体系从残疾类型以及残疾人生活、教育与工作涉及的各个方面对辅助技术产品进行了分类。由于该体系从残疾类型与产品用途两个层面对辅助技术产品进行了分类，所以一种产品的信息就可能出现在多个类目中，这样可以使用户根据自己的特点需要从不同的角度了解到某种辅助技术产品的情况。

三、美国辅助技术公共网的辅助技术分类

美国辅助技术公共网（National Public Website on Assistive Technology）提供了按辅助技术产品的功能和残疾人的活动划分的两种分类方式。按功能分类的大类包括协调动作与操作物品、健康、听觉、保持姿势或改变摆位、心理功能、移行、口腔动作或吞咽、视觉、感知气味与味道、触摸与疼痛、语音与言语。按活动分类的大类包括日常生活活动、沟通、信息与标志、计算机与外围设备、家具与房屋的调适、健康与医药、操纵物品、个人移行、个人组织与测量、娱乐与体育、安全、开关、电讯、技能培训、交通工具、找路与导向。该分类体系通过功能和活动两种分类方式提供了与其他系统不同的完整的辅助技术产品呈现方式，使用户又多了一个查询辅助技术产品的通道。

四、其他辅助技术分类方式

在我国常用的分类方式是按使用人群进行分类：肢体残疾人辅助、听力残疾人辅助技术、言语残疾人辅助技术、视力残疾人辅助技术、精神残疾人辅助技术和智力残疾人辅助技术。有时也按用途分类：移动类辅助技术、生活类辅助技术、信息类辅助技术、训练类辅助技术、教育类辅助技术、就业类辅助技术和娱乐类辅助技术。国外有学者将辅助技术分为坐姿与摆位辅助技术、控制接口、计算机辅助技术、计算机输出设备、替代沟通辅助技术、行动辅助技术、日常生活辅助技术和环境控制系统及感官辅助技术等类（Cook and Hussey，2004）。还有根据所采用的技术的复杂程度来进行划分，将辅助技术分为高科技、中科技与低科技。此外还有按辅助技术装置使用的地点和位置来对辅助技术产品进行分类，如按起居室、工作室、卧室、厨房、卫生间以及室外等地点来划分。在各种辅助技术产品供应商的网站上，还有各种各样的体现各种辅助技术产品特点、便于用户选择的辅助技术分类体系。

第三节 残疾的概念

身体残疾与功能障碍是与人类繁衍生长相随的一种现象,只要有人类的存在,就有残疾人与功能障碍者的存在。在社会不断进步和发展的过程中,人类对残疾的认识也在不断地发生着变化。

一、残疾的定义

《中华人民共和国残疾人保障法》认为,残疾人(Individuals with Disabilities)是指在心理、生理、人体结构上,某种组织、功能丧失或者不正常,全部或者部分丧失以正常方式从事某种活动能力的人。

联合国《残疾人权利公约》(2009)认为,残疾是伤残者和阻碍他们在与其他人平等的基础上充分和切实地参与社会的各种态度和环境障碍相互作用所产生的结果。

世界卫生组织的《国际功能、残疾和健康分类》(ICF)中提到残疾与功能是关系密切的一对术语。该文献认为功能是涵盖身体功能、身体结构、活动和参与等方面内容的术语。功能表示在个体(有某种健康情况)和个体所处的情境性因素(环境和个人因素)之间发生交互性作用的积极方面。残疾(Disability)为涵盖损伤(Impairments)、活动限制(Limitation of Movement)或参与受限(Participation Restriction)等方面内容的术语。残疾表示个体(有某种健康情况)和个体所处的情境性因素(环境和个人因素)之间发生交互作用的消极方面。(参见ICF附录)

ICF还对如上定义中涉及的相关概念给予了定义:身体功能指身体系统的生理功能(包括心理功能);身体结构指身体的解剖部分,如器官、肢体及其他要素;损伤指身体功能或结构的问题,如显著变异或缺失;活动指个体执行一项任务或行动;参与指投入到一种生活情境中;活动限制指个体执行活动时可能有的困难;参与受限指个体投入到生活情境中可能经历到的问题;环境因素指构成人们生活与指导人们生活的自然、社会和态度环境。如果更仔细地区分,活动限制表示障碍,而参与受限表示残疾。

ICF还认为,对残疾的认识模式可归为医疗模式与社会模式。医疗模式认为残疾是个人问题,直接由疾病、外伤或其他亚健康状况造成,需由专家以个体治疗方式提供医疗照护。对待残疾的重点是治疗或个体的调适与行为改变。医疗保健被视为主要问题,而且从政治层面考虑,对待残疾的重点主要是卫生保健政策的修改和改革。另一方面,残疾的社会模式认为残疾主要是社会引发的问题,而且基本上是个体充分融入社会的问题。残疾不仅是个体的属性,而且是多种条件的复杂集合,其中许多问题是由社会环境所造成的。因此问题的处理需要社会参与,而且这是整个社会的集体责任,需要在社会生活的所有领域为身心障碍者充分参与所需的环境做必要的调整。这是一种要求社会改变态度和理念的问题,从政治层面上说,就是人的权利问题。按照该模式,残疾成为一种政治问题。从技术的角度看,残疾可以视为个人的功能与其所需的技术与环境之间的不匹配。

通过如上的残疾定义,可以看出,残疾已不仅是一个医学的概念,而是与活动参与、社会融入关系密切的概念。要实现残疾人的活动参与与社会融入,社会有责任为其创造相应的条件。而辅助技术作为改善、维护与弥补残疾人的功能,使之能与所需的社会环境相匹配的装置与服务,对残疾人的活动参与和社会融入有着极为重要的作用。

二、残疾的分类

中国《残疾人残疾分类和分级》国家标准(2011)将残疾分为视力残疾、听力残疾、言语残疾、肢体残疾、智力残疾、精神残疾和多重残疾。

视力残疾是指由于各种原因导致双眼视力障碍或视野缩小,而不能做到一般人所能从事的工作、学习或其他活动。视力残疾包括盲和低视力两类。

听力残疾是指由于各种原因导致双耳不同程度地听力丧失,听不到或听不清周围环境声及言语声(经治疗一年以上不愈者),以致影响其日常活动和参与。听力残疾包括听力完全丧失及有剩余听力但辨音不清、不能进行听说交往两类。

言语残疾指由于各种原因导致的言语障碍(经治疗一年以上不愈或病程超过两年者),而不能进行正常的言语交往活动,以致影响其日常生活和社会参与。言语残疾包括失语、运动性构音障碍、器质性构音障碍、发声障碍、言语发育迟滞、听力障碍所致的言语障碍、口吃等。

肢体残疾指人体运动系统的结构、功能损伤造成的四肢残缺或四肢、躯干麻痹(瘫痪)、畸形等导致人体运动功能不同程度丧失以及活动受限或参与的局限。肢体残疾包括脑瘫(四肢瘫、三肢瘫、二肢瘫、单肢瘫),偏瘫,脊髓疾病及损伤(四肢瘫、截瘫),脊髓灰质炎后遗症,先天性截肢,先天性缺肢、短肢、肢体畸形、侏儒症,两下肢不等长,脊柱畸形(驼背、侧弯、强直),严重骨、关节、肌肉疾病和损伤,周围神经疾病和损伤。

智力残疾是指人的智力明显低于一般人的水平,并显示适应行为障碍。智力残疾包括在智力发育期间(18岁之前),由于各种原因导致的精神发育不全或智力退滞;智力发育成熟以后,由于各种原因引起的智力损伤和老年期的智力明显衰退导致的痴呆。

精神残疾是指精神病人患病持续一年以上未痊愈,同时导致其对家庭、社会应尽职能出现一定程度的障碍。精神残疾可由以下精神疾病引起:精神分裂症;情感性、反应性精神障碍;脑器质性与躯体疾病所致的精神障碍;精神活性物质所致的精神障碍;儿童、少年期精神障碍;其他精神障碍。

多重残疾是指同时存在视力残疾、听力残疾、言语残疾、肢体残疾、智力残疾和精神残疾中的两种或两种以上的残疾。

三、特殊儿童

与特殊儿童这一表述方式相同或含义相近的表述方式有残疾儿童、特殊需要儿童、身心障碍儿童、残障儿童等。

如果将特殊教育视为与普通教育互补的教育,普通教育中难以处理的问题都应成为特殊教育关注的问题。另一方面,为使每个儿童都尽可能地受到适当的教育,在特殊教育实践上,特殊教育的教育对象已不仅仅是中国《残疾人残疾分类和分级》国家标准所涉及的残疾种类。为了更好地针对特殊儿童的特点来开展教育,特殊教育对特殊儿童有着更详细的分类。特殊教育中常见的残疾种类有智力障碍、听觉障碍、言语或语言障碍、视觉障碍、情绪障碍(通常指重度情绪障碍)、肢体障碍、自闭症、学习障碍、注意力不足、多动症等,以及其他由健康问题引起的障碍(《美国残疾人教育法》)。相对于中国从医学角度给出的残疾定义,在特殊教育中,一些国家更注意从各种障碍对儿童的教育表现的影响来看待残疾。下面给出国外有关法律、法规对这些残疾的定义。

肢体障碍意味着严重的骨科方面的损伤,这些损伤对儿童的教育表现造成了不利影响。该类障碍包括先天性畸形引起的损伤与由疾病引起的损伤(如脊髓灰质炎、骨结核),以及其他原因(如脑瘫、截肢和骨折或烧伤引起的挛缩)。

智力障碍意味着智力功能明显低于平均水平,自我调整适应行为不佳,这些情况在发育期间表现出来,对儿童的教育表现造成了不利影响。

听觉障碍(包括聋),其中聋意味着儿童的听觉损伤严重到无论有或者没有声音放大都难以通过听觉处理语言,以致严重影响儿童的教育表现。听觉障碍是指在听觉方面存在损伤,无论是永久性的还是不定期发生的,这些损伤对儿童的教育表现都造成了不利影响。

言语或语言障碍意指沟通障碍,如口吃、发音清晰度受损,语言障碍或语音障碍,这些问题影响了儿童的教育表现。

视觉障碍(包括盲)意指在视觉方面存在障碍,即使经过矫正也会对儿童的教育表现造成不利影响,即使调整,也会严重影响儿童的教育的性能。

聋盲意味着既有听觉障碍又有视觉障碍,两种障碍的结合导致儿童有严重的沟通和其他发展方面的障碍。他们的特殊教育不能单独地采用聋或者盲童的教育方式。

情绪障碍是指在一段较长的时间里显著地呈现如下一个或多个特征,这些情况对儿童的教育表现造成严重的不利影响,这些表现包括:①不能通过自身的智力、感知或其他健康因素来进行学习;②无法与同伴和教师建立或维持令人满意的人际关系;③在正常的环境中有不适当的行为或感觉;④通常存在不快乐或抑郁的心情;⑤可能会出现一些身体症状或害怕其他人或学校事务。此外,情绪障碍还包括精神分裂症。

自闭症是严重影响口语或非口语交流以及社会互动的发展性障碍,通常在三岁之前显现,极大地影响儿童的教育表现。与自闭症有关的其他特征表现在重复动作和刻板行为,难以接受环境变化或日常活动的改变,有不同于常人的感官感受体验。

学习障碍意指在理解、使用语言,说话或书写等方面存在着一种或多种障碍,这些可能表现为在倾听、思考、言语、阅读、拼写或数学计算方面存在缺陷。学习障碍涉及的疾病包括感知障碍、脑损伤、轻度脑功能障碍、阅读障碍和发育性失语等,多动症也常常被认为是造成学习障碍的疾病。学习障碍不包括主要由视觉障碍、听觉障碍、肢体障碍、智力障碍、情绪障碍以及由环境、文化或经济问题导致的学习障碍。

健康障碍意味着力气、活力或机敏方面受限,包括对环境刺激的高度警惕,这些导致儿童在教育环境中的机敏受限。

多重障碍意味着并发障碍,如智力障碍伴随视觉障碍,智力障碍伴随肢体障碍。多种因素导致的障碍,使他们不能适应单独的为某种类型障碍安排的特殊教育。一般来说多重障碍不包括聋盲。

第四节 有关法律政策对辅助技术的要求

辅助技术对残疾人更好地独立生活、更具有生产能力、更好地融入社区和工作场所,具有极为重要的作用。在现代社会,能否为残疾人提供适宜的辅助技术服务,已经成为一个国家或地区文明程度的标志之一(朱图陵,2010:4)。为了推动辅助技术的应用,联合国以及世界各个国家和地区已从立法上对辅助技术的利用提出了要求。这些与辅助技术有关的立法既反映了当今国际社会以及有关国家和地区在辅助技术利用问题上的社会意识与社会背景,同时也对辅助技术的利用起到了切实的推动作用。

一、《中华人民共和国残疾人保障法》对辅助技术的要求

"残疾人保障法"(2008修订版)在辅助技术利用方面,较较早的版本有了很多突破,在中国残疾人辅助技术历程上具有里程碑的意义。

在对辅助技术利用的政府职能方面,该法规要求国家采取辅助方法和扶持措施,对残疾人给予特别扶助,减轻或者消除残疾影响和外界障碍,保障残疾人权利的实现(第4条)。政府有关部门应当组织和扶持残疾人康复器械、辅助器具的研制、生产、供应、维修服务(第20条)。各级人民政府对贫困残疾人的基本医疗、康复服务以及必要的辅助器具的配置和更换,应当按照规定给予救助(第48条)。

在教育方面,该法规要求国家保障残疾人享有平等接受教育的权利。各级人民政府应当将残疾人教育作为国家教育事业的组成部分,统一规划,加强领导,为残疾人接受教育创造条件(第21条)。提供特殊教育的机构应当具备适合残疾人学习、康复、生活特点的场所和设施(第26条)。政府有关部门应当组织和扶持盲文、手语的研究和应用,特殊教育教材的编写和出版,特殊教育教学用具及其他辅助用品的研制、生产和供应(第29条)。

在就业升学方面,该法规要求残疾职工所在单位应当根据残疾职工的特点,提供适当的劳动条件和劳动保护,并根据实际需要对劳动场所、劳动设备和生活设施进行改造(第38条)。国家举办的各类升学考试、职业资格考试和任职考试,有盲人参加的,应当为盲人提供盲文试卷、电子试卷或者由专门的工作人员予以协助(第54条)。

在文化生活方面，该法规要求，通过广播、电影、电视、报刊、图书、网络等形式，及时宣传报道残疾人的工作、生活等情况，为残疾人服务；组织和扶持盲文读物、盲人有声读物及其他残疾人读物的编写和出版，并根据盲人的实际需要，在公共图书馆设立盲文读物、盲人有声读物图书室；开办电视手语节目，开办残疾人专题广播栏目，推进电视栏目、影视作品加配字幕、解说（第43条）。

在交通运输方面，该法规要求，县级以上人民政府对残疾人搭乘公共交通工具，应当根据实际情况给予便利和优惠。残疾人可以免费携带随身必备的辅助器具（第50条）。公共交通工具应当逐步达到无障碍设施的要求。有条件的公共停车场应当为残疾人设置专用停车位（第55条）。

在无障碍方面，该法规认为国家和社会应当采取措施，逐步完善无障碍设施，推进信息交流无障碍，为残疾人平等参与社会生活创造无障碍环境（第52条）。无障碍设施的建设和改造，应当符合残疾人的实际需要。新建、改建和扩建建筑物、道路、交通设施等，应当符合国家有关无障碍设施工程建设标准。各级人民政府和有关部门应当按照国家无障碍设施工程建设规定，逐步推进已建成设施的改造，优先推进与残疾人日常工作、生活密切相关的公共服务设施的改造。对无障碍设施应当及时维修和保护（第53条）。国家采取措施，为残疾人信息交流无障碍创造条件。各级人民政府和有关部门应当采取措施，为残疾人获取公共信息提供便利。国家和社会应研制、开发适合残疾人使用的信息交流技术和产品（第54条）。

在公共服务和公共场所方面，该法规认为公共服务机构和公共场所应当创造条件，为残疾人提供语音和文字提示、手语、盲文等信息交流服务，并提供优先服务和辅助性服务（第55条）。组织选举的部门应当为残疾人参加选举提供便利；有条件的，应当为盲人提供盲文选票；国家鼓励和扶持无障碍辅助设备、无障碍交通工具的研制和开发（第57条）。违反本法规定，新建、改建和扩建建筑物、道路、交通设施，不符合国家有关无障碍设施工程建设标准，或者对无障碍设施未进行及时维修和保护造成后果的，由有关主管部门依法处理（第66条）。

二、中国大陆教育法规、政策对辅助技术的要求

《中华人民共和国残疾人教育条例》要求县级以上各级人民政府及其有关部门应当采取优惠政策和措施，支持研究、生产残疾人教育专用仪器设备、教具、学具及其他辅助用品，扶持残疾人教育机构兴办和发展校办企业或者福利企业（第48条）。

教育部2009年分别发布了盲校、聋校与培智学校的医疗康复仪器设备配备标准,提出了与盲、聋和智力障碍有关的医疗康复仪器要求。由于特殊儿童感官存在缺陷,所以特殊教育学校的教育教学活动更加需要借助仪器设备来开发其潜能并进行缺陷补偿。在盲校,以影像放大、有声阅读、低视力康复训练和定向行走为主;在聋校,以听力—言语康复训练、助听为主;在培智学校,以培养生活基本技能、运动功能康复、言语—语言康复训练、心理干预为主。

三、中国台湾地区教育法规对辅助技术的要求

中国台湾地区的《特殊教育法》要求为身心障碍儿童提供辅助器材及相关支持服务。《身心障碍儿童教育辅助器材及相关支持服务》从教育辅助器材、支持性服务与无障碍环境三个方面提出了具体的要求。其中在辅助技术方面,要求为特殊儿童提供视觉辅具、听觉辅具、行动与摆位辅具、阅读与书写辅具、沟通辅具及电子辅具等;在无障碍教材方面,要求提供点字、放大字体、有声书籍、点字辅助教材、触觉式教材、色彩强化教材、手语相关教材及数字教材等;在学习协助方面,要求提供录音与报读服务、提醒、手语翻译、同步听打员、代抄笔记、社会适应、行为辅导及其他必要服务,并要求提供课程适应性设计及学习内涵个别性;在校园无障碍方面要求对校园环境与相关设施给予标示,并做到无障碍、方便与安全性。

四、联合国《残疾人权利公约》对辅助技术的要求

中国是联合国《残疾人权利公约》的签约国,中国有责任和义务履行该公约的各项要求。该公约认为无障碍的物质、社会、经济和文化环境、医疗卫生和教育以及信息和交流,对残疾人能够充分享有一切人权和基本自由至关重要。该公约还明确"交流"包括语言、字幕、盲文、触觉交流、大字本、无障碍多媒体以及书面语言、听力语言、浅白语言、朗读员和其他辅助或替代性交流方式、手段和模式,包括无障碍信息和通信技术。"语言"包括口语和手语及其他形式的非语音语言。"基于残疾的歧视"是指基于残疾而做出的任何区别、排斥或限制,其目的或效果是在政治、经济、社会、文化、公民或任何其他领域,损害或取消在与其他人平等的基础上,对一切人权和基本自由的认可、享有或行使。基于残疾的歧视包括一切形式的歧视,如拒绝提供合理便利等。"合理便利"是指根据具体需要,在不造成过度或不当负担的情况下,进行必要和适当的修改和调整,以确保残疾人在与其他人平等的基础

上享有或行使一切人权和基本自由。"通用设计"是指尽最大可能让所有人可以使用，无需做出调整或特别设计的产品、环境、方案和服务设计。"通用设计"不排除在必要时为某些残疾人群体提供辅助用具。

该公约还从无障碍、个人行动能力、教育三个方面对有关的技术和条件提出了要求。在无障碍方面，该公约要求残疾人能无障碍地进出物质环境，使用交通工具，利用信息和通信，包括信息和通信技术、系统，以及对在城市和农村地区向公众开放或提供的其他设施和服务提出了具体的要求；在个人行动方面，该公约要求确保残疾人尽可能独立地享有个人行动能力；在教育方面，该公约要求确认残疾人享有受教育的权利。为了在不受歧视和机会均等的情况下实现这一权利，缔约国应当确保在各级教育中实行包容性教育制度和终生学习。在无障碍、个人行动能力、教育等方面，该公约都给出了一系列细致的要求。

五、美国残疾人教育法对辅助技术的要求

美国《残疾人教育法》（The Individuals with Disabilities Education Act，简称IDEA）认为，特殊教育的目标是使特殊儿童走向独立的有生产能力的成人生活，对所有特殊儿童报以最大可能的高期望是提升教育品质的重要保障。应当要建立最大可能的、具有挑战性的发展目标，确保特殊儿童能够在普通教室接受普通教育课程。为此教育机构要提供最大程度的无障碍教学条件和最小限制环境，在学校、教室和课程中采用辅助技术。学校的辅助技术包括无障碍教学、无障碍教材、远程学习，有关专业人员培训，采用通用技术，学校的环境、建筑和设施的无障碍改造等。所有有助于实现此终极目标的教育内容、教育方法、教育技术以及各种相关服务都在其考虑的范围。该法明确要求，在制订个别化教育计划（IEP）时，必须考虑特殊儿童的辅助技术需要。此外该法还要求早期干预、转衔服务中包括辅助技术装置与服务的内容，并允许儿童使用个别化教学技术。

第五节　在IEP中考虑辅助技术的步骤与方法

一、考虑辅助技术所需的基本知识

（一）辅助技术评量与评估

评量（Assessment）是指确定一个儿童的特殊教育需要的一组活动。据此，辅

助技术评量,就是指确定一个儿童在辅助技术方面的特殊需要的一组活动。与评量相近的术语有评估(Evaluation)一词,评估是指确定一个儿童的特殊教育资格的一组活动。美国的IDEA在为每个儿童制订IEP时,都要考虑其辅助技术需要,没有资格限制,因而对辅助技术需要的测评通常用评量表示,而不称为评估。然而明确儿童的辅助技术需要,也就是辅助技术评量的目的在于,针对儿童的特点、需要,形成辅助技术解决方案。根据SETT框架(SETT Framework),辅助技术评量需要包括评量的背景信息搜集,识别问题并明确儿童的特点和需要,将儿童的特点和需要与潜在的可用的辅助技术相匹配,形成辅助技术解决方案。

（二）用于特殊教育辅助技术评量适配的SETT框架

特殊儿童辅助技术利用中的关键性问题是辅助技术适配,并由此产生辅助技术方案。为了保障适配过程中辅助技术评量的品质和操作上的方便,目前已产生了多种用于辅助技术适配评量的模式。其中SETT框架在教育界得到广泛应用。SETT框架认为,学生辅助技术评量适配的影响因素由学生(Student)、环境(Environment)、任务(Task)与工具(Tool)四要素组成。在该模式下进行辅助技术适配,首先要搜集学生信息、搜集学生所处的日常环境及其必须完成的任务方面的信息,然后在对这些信息分析的基础上识别问题,明确学生的特点和需要,最后将学生的特点、需要与潜在的可用的辅助技术适配,并由此形成辅助技术解决方案。SETT框架给出了四个要素中所需考虑的基本问题,并给出了帮助辅助技术评量适配的辅助技术识别与选择的SETT脚手架表,为学生信息搜集、环境信息搜集、学生任务设置以及辅助技术适配决策提供了引导,简化了评量、适配和决策的难度,保障了适配评量的品质。

二、基于SETT模式,在IEP中考虑辅助技术的步骤与方法

（一）考虑学生是否需要辅助技术

一个学生是否需要辅助技术,在初接触学生时通常是不明确的,因此要在IEP中考虑辅助技术,首先应从考虑一个学生是否需要辅助技术开始。考虑学生是否需要辅助技术,其核心是考虑学生的功能性能力是否能满足其学习任务的需要。为此需要将二者做比较,然后针对学生在完成任务中的困难和障碍的程序,考虑是否需要辅助技术,其具体做法如下:①列出与学生能力有关的各领域,例如肢体、学习能力、工作能力、沟通、认知、环境控制、社会能力、娱乐休闲等,明确各领域下可

能涉及的学生功能性能力,然后对比学生 IEP 中的年度目标和短期目标,找出学生完成任务可能有困难和障碍的领域。②如果存在学生完成任务有困难和障碍的领域,则需找出每个领域中学生难以独立做到预期层次的任务或难以完成的任务。③在完成任务存在困难和障碍的领域,明确具体的会有怎样的障碍;为降低障碍程度,已采用了哪些特殊策略;做了哪些调整和修改;采用了哪些辅助技术。④在完成任务有困难和障碍的领域,明确需要尝试的新的辅助技术或需要增加的辅助技术。⑤如果还有不清楚的问题,则需要进一步的调查或增加协助。⑥在上述分析的基础上,对是否需要辅助技术给出结论。结论可能有三种情况:①当前需要得到满足,没有利用辅助技术、不希望借助辅助技术来实现目标,这次不需要辅助技术;②对于学生或日常环境中的指定任务,辅助技术装置或服务是必需的,没有辅助技术的支持儿童不能取得适当的进步;③尚不清楚是否必须采用辅助技术,需要进一步的调查。如果本环节认定儿童需要辅助技术的支持,那么就将进入学生的辅助技术的评量环节。

(二) 搜集学生、环境、任务与工具(辅助技术)信息

1. 搜集学生信息

根据 SETT 框架,搜集学生信息意在了解学生的能力、障碍与需要。这与 IEP 制订过程中要了解学生接受学业教育能力上的当前表现(Present Level of Educational Performance,简称 PLEP)是一致的。PLEP 也可简称为学生当前能力。

除了学生个人的基本情况外,学生信息主要指功能性能力方面的信息,这包括书写、作文、计算机利用、沟通、阅读、数学、学习与研究、娱乐与休闲、坐姿与摆位、移行、自我管理、独立生活、视觉、听觉、触觉、操作以及学生的行为、体力等。对于不同的学生,需要搜集的功能性信息的范围是不同的。在考察学生的功能性能力时,还需要对上述功能性领域进行很细致的划分。

学生信息需要通过评量、测试或观察的方式获取。为了明确学生的能力,目前一些发达国家已开发出许多专门的方法与工具。美国的威斯康星州辅助技术行动项目针对学生信息搜集,开发了用来评量学生各功能领域能力的评量表。用户根据学生特点选择适当的评量表,按评量表所给的一系列的项目逐项进行评量,就可以比较准确地了解学生在特定领域的功能性能力情况。例如在阅读部分,该表列出的检查种类包括学生阅读时的基本情况、学生阅读后表现的改善情况、利用阅读

辅助技术的情况、学生阅读能力相近的年龄或年级层次、认知能力、计算机使用情况,以及学生阅读能力与阅读相关情况总结等。此外,学生的学习成绩,有关学生能力的其他相关测评,都是学生信息的来源。

2. 搜集环境信息

环境信息是指学生所处的日常学习、生活环境。环境信息的搜集,包括物理环境信息、人文环境信息以及学生在环境中的参与状况等。其中物理环境信息包括教室、体育馆、实验室、会堂、餐厅、购物中心、治疗室、洗手间、操场、家、过道、街道,以及学生在这些环境中使用的设备、教材以及技术支持。学生所处的人文环境信息涉及与学生互动最多的人员及其对学生的态度和反应,如同学、教师、治疗师、家长等。根据学生需要完成的任务,需要搜集的环境信息包括:各种环境中可以利用的设备、资料以及技术支持有哪些?与学生互动的主要人员有哪些?教学或指导是如何传递的?各个环境中所作的典型调整有哪些?学生在房间中如何摆位和定位?需要学生看到什么?安置环境中光线和声音如何?学生如何移行?学生得到关注了吗?环境信息主要通过观察来获取。观察中,最需要明确的是个案在所观察环境中正在做什么,需要做什么。观察中需要了解学生是如何与其他人互动的,是否使用了有关的调整和辅助技术;学生是如何使用工具和环境的,学生在环境中有哪些方面受到限制。观察时需特别注意学生活动最多的场所和涉及最多的任务,以及可能使用辅助技术最多的地方和时间段。观察环境包括室内外、家具及设备、人员、光线色彩等。观察人员需要了解环境特征,并记录所观察到的情况以及自己的观感和评论。观察通常需选有代表性的日子,有时会需要一整天的观察才能较全面地了解学生的情况。

3. 确定 IEP 目标并搜集任务信息

由于任务是相对于学生的年度目标和短期目标的,所以要明确任务,首先要明确年度目标与短期目标。IEP 中的年度目标与短期目标的重点在于学生要学习的技能和行为,以保障学生能最大程度地参与普通课程学习,并从中受益。年度目标和短期目标反映了特殊教育中用来满足学生需要的专门性教学,年度目标是学生在未来 12 个月内需要完成的适当的目标,也是其人生规划的一部分,体现了对学生的具体期望。年度目标的起点是学生的当前能力,并预期学生在未来 12 个月中的进步。短期目标是学生从当前的能力走向所拟定的年度目标的中间步骤。为了确保任务的实现,对于目标可达到的程度,需要采用可检测的术语来表述。例如,学生 L 没有口语,通过使用电子辅助沟通装置参与课堂讨论后,借助该装置可以做到每两次课堂讨论中有一次发言;学生 B 采用了便携式电脑和打印输出来完成作业,能独立完成书写作业的 50%;学生 H 采用了计算机键盘书写词汇,每分钟打 12 个词,其中 80% 正确;学生 D 在采用了电子沟通装置后,能在 5 秒内回应同学的要求。

4. 搜集工具(辅助技术)信息

在 SETT 模式中,工具指辅助技术装置、服务以及有关的策略。在辅助技术评量的搜集信息阶段,需要了解学生是否已经使用辅助技术,使用成效以及潜在的可能有用的辅助技术信息。这些信息与学生信息有交叉,如果在学生信息部分已将学生的辅助技术使用情况说清楚,此处就不需要再说明。如果 IEP 团队中已有具备辅助技术知识的人员,也不需要在此处说明潜在可用的辅助技术情况。然而在我国,许多 IEP 人员还不太了解辅助技术情况,因此在信息搜集阶段,有必要搜集与目标学生有关的辅助技术方面的信息。对于一种特定的障碍,常常有多种辅助技术供选择。例如,对于有书写动作困难的学生,可以通过在笔杆上套一个硬泡沫球,使普通的笔成为便于精细动作不佳学生使用的笔;可以通过一个书写模板来帮助有动作障碍的学生将文字书写成行;还可以让难以握笔的特殊学生利用计算机键盘输入进行书写;可以用有洞的键盘罩来帮助学生定位键盘输入;对于有严重障碍的学生,还可以用语音识别技术来完成文字书写。目前有大量的专门为特殊学生开发的辅助技术产品,如情绪平静软件、电子辅助沟通装置等。也有许多通用技术可以用来帮助特殊学生。如可用计算机词汇检测、语法检测来帮助学习困难的学生。目前因特网上已有免费查阅的权威的 Abledata 辅助技术数据库以及其他各种中英文辅助技术网站,可用来了解辅助技术。

SETT 框架中的辅助技术要素,通常是在将辅助技术与学生的需要进行适配,产生辅助技术解决方案时才会考虑相关要素。这时需要分析所搜集的有关学生、环境和任务的信息,以明确以下几点:①如果没有辅助技术装置和服务,要实现年度目标、预期的学生可能取得的进步会受到怎样的影响?②如果利用辅助技术,学生可能喜欢的有用的辅助技术装置和服务是什么?③通过团队成员的集思广益、思维撞击,以"头脑风暴"的方式说明学生特殊需要,发掘潜在的可能适用的辅助技术。④选择可能最适合的工具并在日常环境中试用。⑤搜集关于成效的数据。

(三)明确学生的问题与需要

在明确学生的基本情况、所处的环境和任务之后,需要将这几个方面的信息联系起来进行分析,以明确学生的能力、困难和需要。需要识别的问题有:①学生需要做什么?学生有哪些困难和需要?学生当前的能力怎样?②当前环境中有哪些资料和设备可以利用?身体在环境中处于怎样的状态?教学活动是怎样安排的?学生在哪些方面有障碍?障碍是什么?学生可以利用的支持是什么?支持儿童的人员有什么资源可用?教职员工、家庭和其他人对学生有什么期望?③为了取得IEP年度目标和短期目标所期望的进步,学生在其所处的日常环境中特别需要完成的任务是什么?学生要参与的活动的困难和障碍是什么?任务需要进行怎样的修改才能适应学生的特殊需要?完成任务时学生需要怎样的技术支持?在沟通、教学、工作能力、环境控制等领域中为了参与活动,需要完成什么特别的任务?在明确了各方面的问题之后,就需要针对其目标领域和任务列出学生所具有的能力、困难和需要,列出学生在所处环境中的功能、位置或摆位中的重要影响因素。这时团队应该清楚,在目标领域和任务中,学生需要得到强化和改善的重要功能,学生在活动参与中的预期层次,学生独立生活的预期层次。最后还要对所列出的需要解决的问题进行排序,以找出需要优先解决的问题。

(四)形成辅助技术方案

1. 生成辅助技术备选方案

生成辅助技术备选方案的过程,就是辅助技术适配的过程。辅助技术适配就是将学生的困难、需要和能力与潜在的辅助技术联系起来,对二者的特征进行比较,找出二者中最为匹配者的过程。为了找出适当的辅助技术,需要将上一阶段分析识别出来的学生的困难、需要和能力给以清晰的罗列和排序,并将这些问题和需要转化为学生对潜在的辅助技术的需求特征。例如,在肢体方面对辅助技术的需求特征可能是,重量轻、便于携带、操作时手不需要超过身体的中线、有声音输出、可以扫描、能承受多种压力等;在语言需要方面的辅助技术的需要特征可能是,必须翻译成符号来操作,必须通过阅读来操作,必须根据听觉来操作;在认知需要方面的辅助技术需求特征可能是,操作中必须记住的步骤不能超过三个,操作要方便,使用直立操作杆等。特征表述是否适当,对辅助技术适配的效果有直接的影响。有效的特征识别,有赖于团队成员的知识和经验,其中辅助技术素养是不可缺少的。

为了将学生的困难、需要和能力与潜在的可以利用的辅助技术特征进行准确地适配,可借助《SETT脚手架:工具选择》部分的工具识别表(SETT Scaffold For

Tool Selection, Part 1-Identifying Tools)。该部分为一个有若干行列的矩形表。在需要对学生的某个目标领域(例如手写)的辅助技术需求进行适配时,评量者将从表格的第一行第二格开始逐格填写学生的辅助技术需求特征,然后从表格的第一列第二格开始逐格填写潜在的可能适用的辅助技术名称,然后对每行所列的辅助技术所具有的特征与第一行中所填写的反映学生需要的特征作对比,如果某行的辅助技术中的某个特征与第一行中所列的学生的某个需要特征相吻合,就在所查看的辅助技术产品的所在行和与之吻合的学生需要特征所在列交叉的格子上打一个记号"√"。对一个目标领域进行辅助技术适配的《SETT 脚手架:工具选择》的工具识别表中,可能列有多种辅助技术。例如,在选择帮助手写的辅助技术中,可能有粗柄笔、通过手指固定的笔、打字键盘、扫描、语音识别等技术。在逐行对所选的每种辅助技术与学生的特征进行匹配后,一个目标领域中备选辅助技术的特征与适合情况就得到清楚的识别。去掉工具识别表中那些得"√"极少者,即适配效果不佳者,就形成了该目标领域的辅助技术备选方案。由于一个特殊学生的辅助技术使用可能涉及多个目标领域,因此一个学生可能有多个目标领域的备选方案。

2. 选择、确定辅助技术解决方案

要确定辅助技术解决方案,除了由专业人员对学生的需求特征与辅助技术的特征进行适配之外,还需要对选定的辅助技术进行试用,查看使用情况。为了准确表达试用效果,测试者可以利用以《SETT 脚手架:工具识别》表格形式呈现的备选方案,逐个考察备选方案中每种辅助技术打"√"项目在试用时反映出来的效果,并在该格内填上用数字表示的试用效果。例如,用数字 1 表示无效,数字 5 表示非常有效。这样,一个目标领域中每一种辅助技术产品的试用效果就准确地表示出来了。

除了通过试用准确了解所选辅助技术的功能性效果之外,选择确定辅助技术解决方案还涉及其他方面的因素。在装置方面需要考虑的问题包括:装置是否可以获取、是否易于操作、是否轻便灵活、是否适应学生使用的环境、是否耐用与易于修理,以及是否与学生采用的其他装置兼容等;在学生方面,除了技术与学生需要及能力匹配之外,是否能独立使用、是否易于操作、是否有利于学生未来需要、是否有技术使用培训、学生与家长的满意度,以及技术在家庭与社区的可用性也是需要考虑的。装置的开支也是需要考虑的重要因素。在辅助技术选择中,通常会从购买开支较少的无技术、低技术产品开始考虑,价格相对便宜的通用技术也常常是需要考虑的。由于 IDEA 要求公立学校提供免费适当的教育,因此在美国,学生的辅助技术产品以及环境调整方面的开支是由学校提供的。对于一些特殊的、开支较大的辅助器具还涉及贷款或多方面筹款。

当各方面情况都得到仔细考虑,并明确其中的关键性因素之后,就可以通过对这些关键性因素的比较来确定最适合学生情况的辅助技术解决方案。

（五）将辅助技术方案写入 IEP 并执行

1. 将辅助技术方案写入 IEP

IEP 是对特殊学生进行教育的依据和指南。要使辅助技术得到有效利用,需要将其写入 IEP。在 IEP 中辅助技术的使用本身不是目标,辅助技术是协助个人实施计划,实现功能性目标的工具。在 IEP 中辅助技术可能出现在年度目标或短期目标,专门设计的教学（包括为考试所做的调整）、环境与学习方面的调整,对学校工作人员的支持以及相关服务等方面。例如,借助语音输出装置,学生 M 将在班上做口头读书报告……（作为年度目标或短期目标的一个条件）;利用计算机进行超过一个段落的词汇处理书写任务（专门设计的教学）;听觉障碍学生的教师将接受 FM 调频装置维修培训（支持学校人员）;学生和家长将接受辅助技术师的 AT 利用培训（相关服务）。在相关服务方面,又可能涉及物理治疗、作业治疗、言语治疗、社工、康复咨询、定向行走、听觉治疗、心理健康、家长咨询等多个领域。

为了客观地评估所采用技术的效果与学生的进步,在制订 IEP 目标时必须定义明确的目标,并使这些目标是可以检测的。例如,学生 T 用一个具有拼写检查程序的词汇处理器,写具有三个段落的至少 15 个句子的作文。在连续 5 次试用练习之后,这些句子在标点、大小写以及语法方面达到了 80% 的准确性,且在一个学年中有 5 项这样的作业。又如,借助计算机的拼写检查功能与调适性键盘,学生 J 将完成英语和数学作业。在书写中拼写、标点和语法方面的准确性将由 60% 提升到至少 80%。

此外,IEP 注重学生需要完成的课程以及日常活动的功能性任务,而不是辅助技术参与的片段。例如,借助调适性书写工具或便携式词汇处理装置,学生 D 将完成每天书写作业的 80%。学生在其所处的环境中的功能性的需要与特征方面的要求也是在 IEP 中需要突出的重点。例如,学生 K 视敏度有限,影响了她的阅读能力,她将通过闭路电视来放大和阅读印刷资料。利用辅助技术时需要的服务也包括在 IEP 中。例如,学生 Y 采用了沟通板,由于她动作受限,不能增添词汇,资源老师将每周到教室为其添加词汇。

2. 执行辅助技术解决方案

要执行辅助技术解决方案,需要制订执行计划。为此首先需要考虑为利用辅助技术完成目标领域所确定的目标和任务,需要做什么准备或采用哪些行动,并确定每个行动的负责人以及表明执行效果的目标数据。执行计划中的工作通常涉及所需的准备工作、有关人员的培训以及其他的行动需要;识别需要搜集的用以监控成效的数据种类,确定数据搜集的频率;确定会议与检查时间表。其次,在执行计划期间,搜集体现计划执行成效和学生进步的数据,评量目标领域和任务中学生重要功能改变情况。最后,还要检查计划执行情况。这包括检查有关学生进步和重要功能改变的评估、实验数据,在计划执行中出现新情况时对计划进行相应的改进等。

(六)辅助技术评估团队的人员构成

要做好辅助技术评估,需要了解学生的能力和障碍,了解学生所需承担的任务与所处的环境,还需要了解潜在可用的有关辅助技术,为此辅助技术团队通常需由普通课程教师、特殊教育教师、治疗师(物理治疗师、作业治疗师、研究治疗师、听力治疗师、视力专家等)以及辅助技术师组成。如果没有辅助技术师,则团队成员中需要有人具有辅助技术方面的知识。如果可能,团队应该包括正在考虑使用辅助技术的家庭与学生。针对不同的学生,辅助技术团队的成员构成可能不同。此外,社工、辅助教师、心理咨询师、学校管理人员等都可能需要加入辅助技术评估团队。

第二章　视觉辅助技术

由于视力的损伤,盲和低视力者在日常生活、工作、学习过程中会遇到很多困难。合适的辅助技术和器具能够为视障人士克服困难提供技术支持,为视障人士创造性地学习、工作,更好地享受生活助力。根据第六次全国人口普查得到的我国总人口数及第二次全国残疾人抽样调查我国残疾人占全国总人口数的比例和各类残疾人占残疾人总人口数的比例,推算出2010年末我国视力残疾人数将达到1 263万人。很多具有剩余视力的视力残疾者都可借助视觉辅助技术更好地融入社会生活。

第一节　视力残疾概述

一、视力残疾的定义

在身体其他各种感觉通道都没有被损伤的情况下,视觉仍是主感觉通道。视觉在感知外部世界时,具有信息量大、感知速度快、整体性强等许多其他感觉不具备的优势。作为主感觉通道的视觉损伤以后,个体部分或者全部丧失了自然、高效获得外部信息的途径,只能通过剩余视力或者其他感觉来补偿。这中间要用到大量的辅助技术,有了适当的辅助技术可以起到事半功倍的效果。

视力残疾是指由于各种原因导致双眼不同程度的视力损失或视野缩小,难以以平常方式从事普通人所能从事的学习、工作或其他活动。与之相关的概念有视力损伤、视觉障碍等。

应当指出,视力残疾造成的是"以平常方式"从事普通人所从事的学习、工作或其他活动有困难,换个方式或有了适当的辅助技术就可能没有困难或困难有所减少。例如,视力残疾人像普通人那样阅读印刷品有困难,有了适当的视觉增强技术就可以减少困难;视力残疾人不能像普通人那样自然地绕开障碍物行走,用手杖这样一个简单的辅助工具、以"不平常"的方式就可以从事行走的活动,达到行走的目的。当然,这需要系统的、正规的、个别化的训练。

二、视力残疾的标准

(一)我国的标准

视力残疾的具体标准在我国内地/大陆、香港、台湾、澳门略有不同。

表 2-1　我国内地/大陆的视力残疾标准(2006)

类别	级别	最佳矫正视力
盲	一级	<0.02～无光感或视野半径<5度
盲	二级	<0.05～0.02 或视野半径<10度
低视力	三级	<0.1～0.05
低视力	四级	<0.3～0.1

"最佳矫正视力"是指以适当的镜片矫正所能够达到的最好视力,或以针孔镜所测到的视力。视野是指单眼注视一个定点(目不转睛)所看到的范围,正常视野是一个近似的椭圆锥体,截面是近似的椭圆。正常视野在不同方向上是不同的,上方50度、下方70度、鼻侧60度、颞侧90度[1]。特殊儿童的视野截面就没有固定形状,可能周边视野丧失,可能部分周边视野丧失,可能中心视野丧失,也可能不规则地丧失掉某些斑点。

盲或者低视力均是针对双眼,如果一只眼睛视力正常,不论另一只眼睛符合哪一条标准,都不属于视力残疾的范围。如果一个人的视野半径小于5度,不论其视力多好都是一级视力残疾;如果一个人的视野半径大于5度而小于10度,最佳矫正视力大于0.02而小于0.05,是二级视力残疾;如果一个人的最佳矫正视力小于0.02,不论视野半径多大都是一级视力残疾。

我国香港特别行政区的视力残疾标准较内地标准有较大不同。

(1)完全失明(Totally Blind):没有视觉功能,即无光感。

(2)低视力(Low Vision)。

①严重低视力(Severe Low Vision):最佳矫正视力为6/120或更差,或最宽的视野直径所对角为20度或以下。②中度低视力(Moderate Low Vision):最佳矫正视力为6/60或更差,但好于6/120。③轻度低视力(Mild Low Vision):最佳矫

---

[1] Jose R. Understanding low vision[M]. New York: American Foundation for the Blind, 1985:98.

正视力为 6/18 或更差,但好于 6/60。

在这里,6/120 的含义是正常视力在 120 英尺(约 36.6 米)远的地方能够看清的目标,被试者在 6 英尺(1.83 米)远的地方才能够看清,6 和 120 的单位可以是米或英尺等相同的长度单位。

(二)世界卫生组织的标准

世界卫生组织作为联合国专业机构,在 1973 年制定了视力残疾的标准,这个标准方便了不同国家间的比较和统计,在国际上有法定意义。但是,它不能取代某个国家的标准,在具体某个国家内它的法定意义将消失,只具有指导意义。

表 2-2 世界卫生组织视力残疾标准(1973)

类 别	级 别	最佳矫正视力
低视力	1	<0.3~0.1
	2	<0.1~0.05
盲	3	<0.05~0.02 或视野半径<10 度
	4	<0.02~光感或视野半径<5 度
	5	无光感

前面提到的标准都是卫生界的标准。法律界对视力残疾的标准通常与卫生界的标准相一致,是确定视力残疾人的权利与义务,提供社会保障的法律依据。如一定的税收减免、盲文邮件免邮资、市内公共交通免费等。视力残疾儿童受教育的权利保障也是以法律的标准为依据的。

(三)教育性标准

不同行业、不同专业领域,从各自工作的角度,对视力残疾有不同的认识和定义。已经形成视力残疾定义的有法律、教育、卫生、体育、经济等行业,它们的标准是不完全相同的。卫生界的定义产生较早,也为其他行业的定义提供了直接或间接的参照。

由医学鉴定的视力残疾等级对儿童教育、康复的指导意义不大,无法从个体所属的视力残疾医学等级来确定个体是适应盲文、大字,还是适应普通字,需要什么样的辅助技术支持。视功能康复训练和助视器选配不能仅局限在"低视力"的范围内。

教育界的分类标准应当反映视力残疾儿童教育、教学活动的规律和特点,指导视力残疾儿童教育、教学活动的开展。视力残疾的教育性标准的表述有不同形式，其实质是相同的。教育盲（Educational Blindness）指视觉受损伤程度严重到无法经视觉进行学习者，这些人必须以听觉、触觉、嗅觉、肤觉等为主要的学习手段，在读写方面使用点字。教育低视力（Educational Low Vision）指远距离使用视力困难较大，近距离能够看见物体，视觉是这些人的主要学习手段，他们可以阅读印刷品，经过调整可以容易地掌握许多明眼人学习和生活的内容[①]。

完全不能依赖视觉进行日常生活的人只限于世界卫生组织标准中的第五级或我国大陆标准一级中的一部分人。他们在视力残疾人群中占的比例很小，他们通常采取替代方式进行日常学习、生活。例如，利用触觉辅助技术、听觉辅助技术和其他类型辅助技术来替代视觉。当然，其他级别的视力残疾人也可能完全不使用视觉，这不仅与剩余视力的程度有关，也与视力残疾发生的时间、性质以及个人的经验、习惯、教育康复理念有关，还与辅助技术的可达性有关。

三、视觉辅助技术对视障儿童的意义

尽管辅助技术不是决定视障儿童教育质量的决定因素，但是随着视觉辅助技术本身的不断发展，教师和视障儿童对辅助技术的重视和在应用上的探索，以及辅助技术对视障儿童教育、生活的影响越来越大，在很大程度上影响和改变着视障儿童的教育和生活。当然，每个儿童对辅助技术的需求程度不同，受益的效果也有很大差异。

（一）从"不能"到"能"

恰当地使用辅助技术可以把原来视障儿童"不能"进行的学习、探索变成"能够"完成的任务。特殊教具的制作与使用也是辅助技术的一个重要组成部分。如在双金属片加热弯曲实验中，使弯曲端与固定的锯齿状纸壳接触，弯曲过程会发声，弯曲到最低点接通电铃，视障儿童就能够完整地观察实验现象。把沉淀的化学物质洗净，让盲童触摸，盲童可以自己感知化学现象，而不是通过低视力儿童告诉盲童实验结果。通过触觉温度计，盲童可以自己测量温度。

通过辅助技术把"不能"变成"能"的过程可能直接简单，也可能曲折复杂。这与任务本身、辅助技术的成熟程度有关。目前的辅助技术还无法完全把视障儿童

---

① 钟经华.视力残疾儿童教育学[M].北京:华夏出版社,2006:11.

的"不能"都变成"能",但是随着辅助技术的发展,使用辅助器具方法的改进,越来越多的"不能"将会变成"能"。如《听书郎》这类软件的出现使得视障儿童能够阅读电子读物,读书机的出现又使得其阅读纸质读物成为可能。

(二)从难到易

通过恰当的高科技或低科技的辅助技术,可以降低视障儿童学习生活的困难。在环境中布置一些多感官标志,作用于触觉、听觉、嗅觉等其他感觉,能一定程度地弥补视觉缺陷。例如在男女卫生间门口挂不同材质的门帘(如女卫生间挂小风铃),视障儿童可以通过触摸或门帘撞击产生不同的声音判断男女卫生间的位置;或放置不同气味的香包,这对有些视障儿童来说,比在门口分辨盲文容易,并且不那么尴尬。

针对儿童个体的需要改善照明十分重要,有的视障儿童需要强光,有的需要弱光,但所有视障儿童都不喜欢眩光。提高对比度、增加色彩差异也是有效的技术,白墙上的白色开关对低视力儿童是很大的挑战,在开关上贴上彩色的开关贴,既美观又醒目。强烈的色彩差异可以在很大程度上引起视觉的注意,这一点对于视障儿童来说尤为重要。浅黄色的墙壁上装蓝色的门、白色的门把等,都会有显著提示作用。

由于我们的工业设计普遍缺乏无障碍理念,许多产品本身的色彩、对比度不能满足低视力者的需要,往往要特别搭配。比如白色的茶杯放在黑色的托盘上,或者反之。实际上,茶杯、托盘、汤碗、汤匙等都可以设计成自对比的。自对比设计(如图2-1)理念有广阔的应用前景,如增大课桌边缘与桌面的对比度。自对比的物品可以极大地提高视障者的寻找效率,降低难度。

图2-1 自对比设计

高倍电子助视器能够使有些视障儿童的阅读变得容易、高效、低疲劳；远近两用的闭路放大系统能够使有些视障儿童方便地看黑板和自己的笔记；而有了盲文插算算盘，盲童的竖式计算就不再是艰难无比的事情。但是，没有任何一项技术能解决所有儿童的问题，因此，辅具的配备要根据儿童需要的变化、新技术的出现而调整。

发挥辅助技术效果的首要因素是调动儿童使用辅助技术的动机，儿童想看，视觉增强技术才能发挥作用，他才能积极适应视觉增强技术，并尽力理解通过视觉增强技术获得的视觉信号。儿童想独立、安全地行走，盲杖技巧的训练才会有效果，盲杖才能发挥作用。如果儿童认为盲杖公开了他盲人的身份，并且感到不情愿，他会说出很多理由不使用盲杖，而不一定包括真实的想法。辅助技术的适配是教育康复的开始，而不是终结。

第二节　视觉增强技术

视觉辅助技术是指通过剩余视力发挥作用，开发视障者视觉潜能的辅助技术。视觉增强技术是视觉辅助技术的重要类别，它包括环境改善技术和物象改善技术。环境改善技术主要指采光、照明、背景等方面的改善技术；物象改善技术主要是指改变物体本身或者物体的影像的技术，如放大复印、大字键盘等是改变物体本身大小，助视器是改善物体的像。

发挥剩余视力的作用是补偿视觉缺陷的捷径，没有借助其他感觉通道，但是教师要充分认识使用剩余视力与使用普通视力的差异。没有任何视觉增强技术能够使得视障儿童使用剩余视力与普通儿童使用普通视力一样，视障儿童在视野、清晰度、速度、疲劳度等方面存在或多或少的劣势。其程度是因人而异的，也与具体技术及其产品的性能、使用技巧、使用经验有关。

助视器是实现视觉增强技术的主要辅具。助视器是对改善使用者视功能，提高其学习、生活能力的所有装置或设备的总称。助视器有四大类：光学助视器、非光学助视器、电子助视器、电脑助视器。助视器不是低视力儿童的专利，尤其是按照医学标准分类时，很多属于"盲"的儿童也需要各种各样的助视器。

早期的助视器只有光学助视器和非光学助视器两种，随着科技的发展，又出现了电子助视器和电脑助视器。人们通常会认为非光学助视器是非科技辅具，光学助视器是低科技辅具,电子助视器和电脑助视器是高科技辅具。高科技助视器由于其技术优势而备受关注,但是,也应当看到低科技乃至非科技辅具同样有不可替代的优势。把助视器的技术、价格同效果画等号是常见的误区。

不同助视器使用的注意事项不同,如外出使用望远镜时,一定要先找一个安全的地方站稳,不要边走边用望远镜看,以免发生危险。不同助视器保管与养护的要求也不尽相同。总体上,助视器应防潮,保持清洁及完好无损,避免化学腐蚀。当助视器有轻微污痕和灰尘时,可用清洁的镜头纸轻轻擦拭,注意不能用力,更不能用手、手帕、衣服及其他纸片擦拭,以免划伤助视器,影响视觉增强效果。

一、光学助视器及其相关技术

光学助视器是借助光学性能的作用,以帮助提高视觉功能水平的设备或装置。它可以是凸透镜、凹透镜、三棱镜、平面镜等。透镜可以改变目标的大小,改变程度取决于该透镜屈光度的大小;三棱镜或平面镜可以改变目标在视网膜上的成像位置。

光学助视器(如图2-2)的种类很多,有远用的(如眼镜式望远镜、单筒望远镜、指环式望远镜等),有近用的(如眼镜式助视器、手持式放大镜、立式放大镜等),有些光学助视器自带照明,效果更好。光学助视器有容易使用、携带方便、使用灵活、价格低等优点,但是其放大倍数有限,阅读范围较小。

图2-2 光学助视器

1. 手持式放大镜

手持式放大镜是儿童常用的近用光学助视器,可以有内置光源,放大倍数有较多的选择,可以通过改变放大镜和读物之间的距离改变放大率,令放大率有弹性。手持式放大镜可以用来阅读、抄写、购物等。把放大镜远离物品可以取得更高的放大率,当放大倍数越大的时候,视野越小。

2. 望远镜

望远镜是儿童常用的远用助视器,望远镜的功用主要在于当观察者与目标之间的距离固定不变的时候,能缩短两者间的成像距离,借此提高远视力。

单筒望远镜能将远处目标放大拉近,可有效地提高视障儿童的远视力。因为大部分视障儿童都是一只眼睛优于另一只眼睛,使用时一般用视力较好的一只。单筒望远镜小巧精致,携带方便。不足之处是使用时视野明显缩小,目标因变近、变大使视障儿童有时错估了与目标之间的距离和所看物的大小,且因视野小不好寻找目标。

(1) 正确的握姿。

在使用单筒望远镜时,用哪边的眼睛看就用哪边的手握住望远镜,四指并拢靠近目镜胶皮最边缘握紧,拿到眼睛前方,尽量使眼与望远镜的目镜接近,这样可以使视野更大一些;之后将食指、大拇指同时翘起,食指抵住眉骨,大拇指抵住鼻梁,胳膊尽可能地靠紧身体。这样的握姿可以固定目镜,可以避免他人误撞视障儿童造成目镜插入眼眶的危险。

视障儿童在使用单筒望远镜时,必须经过室内训练和室外训练,如调焦训练、寻找目标训练、注视训练、追踪训练等。

(2) 使用注意事项。

在使用单筒望远镜时要将望远镜挂在脖子上,以免掉到地上摔坏;镜片模糊时不要用手擦,要用眼镜布擦拭;不要因好奇而拆卸望远镜;不要戴上望远镜看太阳;有屈光不正的低视力者,应该戴上矫正镜后再戴望远镜;助视器不合适要随时调整;外出戴上望远镜看物体时一定要先找一个安全的地方站稳,不要边走边看望远镜,以免发生危险。

二、非光学助视器及其相关技术

非光学助视器可以通过改善周围环境的状况,如照明、控制反光、加强对比度等来达到视觉增强的目的。它们可以单独应用,也可以与各种光学助视器、电子助视器联合运用。常用的非光学助视器有特殊照明装置、阅读书架、阅读定行架、大字印刷品、太阳帽等,这些非光学助视器可以起到电子助视器无法起到的作用。

1. 低视力台灯

低视力台灯(如图2-3)无眩光、无紫外辐射、无高频电磁干扰、无噪音、无频闪,光源的位置、角度可调,能够满足部分视障儿童对照明的特殊需求,该低视力台灯还兼有放大功能。

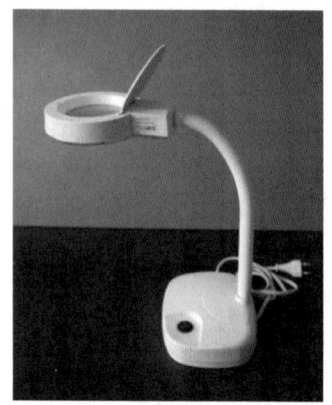

图2-3 低视力台灯

有些视障儿童使用普通台灯,能够达到满意的效果,那么他们用的那盏普通台灯也是好的低视力台灯。只要能够满足视障儿童个体对光线的强度、色彩、工作距离等特殊需要的台灯就是好的台灯,不一定要从残疾人用品目录中专配。

2. 阅读书架

阅读书架(如图2-4)的高度、角度、远近都可调,能够满足许多视障儿童近距离阅读的需要。阅读书架可以减少头颈部、背部、腰部疲劳。使用阅读书架,儿童可以采取舒适体位,减轻疲劳,而且把书放在阅读书架上,手也可以自由活动。阅读书架可有效培养或矫正视障儿童的阅读习惯。阅读书架也可以用于书写。

图2-4 阅读书架

三、电子助视器及其相关技术

1. 携带式电子助视器

携带式电子助视器(如图2-5)又称为扩视器,是助视器领域依据视觉增强技术在21世纪推出的新型产品,它颠覆了一般传统携带式电子助视器的设计,除了具备一般放大镜的轻便特性外,还有电子助视器相关高科技功能。携带式电子助视器即使在没有电源的场所,也能让视障儿童想看什么,就看什么。

图2-5 携带式电子助视器

携带式电子助视器具有的超大工作距离,能看清12厘米内的文字、标签、票据、地图及小图形,若光线和物体大小合适,甚至可以看6米内的目标。其可以放大范围为2~15倍,图像色彩的还原性强、清晰度高,连续真实、可调;且无论助视器移动速度的快或慢,图像均无拖尾、无重影、无闪烁、无模糊现象;支持全彩色、黑字白底、白字黑底等显示模式;具有图像冻结(画面定格)功能,可将重要的或瞬间的图像冻结(定格)后重复看;摄像头垂直书面,确保显示字体大小一样,避免镜头倾斜时字体呈现大小不一致的现象;扩视器支持书写功能,能书写作业、填写表格和银行单据,可以用来做一些简单的视功能训练。

携带式电子助视器最初是为看生活中的标签等短时间使用设计的,但国内许多儿童喜欢使用该类产品读书。应注意长时间使用电池容易发热而减少使用寿命。

2. 自动阅读型电子助视器

自动阅读型电子助视器(如图2-6)用于采集、处理及显示整页和多页文件(最大尺寸为A4纸大小);能够回放、阅读存储的文件;支持手动方式设置阅读速度,放大范围比较大;支持页显示、逐行显示、逐字显示三种阅读方式;有彩色、黑白及负片显示模式,具有56种字体前景/背景色组合模式,能和PC机共用显示器,并分屏显示。最突出的优点是,不会因放大倍数增加而出现阅读边界溢出显示屏的现象。自动阅读型电子助视器三折式一体成型,安装简单、携带方便,但价格非常昂贵。

图 2-6　自动阅读型电子助视器

四、电脑助视器及其相关技术

1. 台式电脑助视器

台式电脑助视器(如图 2-7)支持全彩色正片及负片模式,彩色及黑白显示,并可以随意设置并保存字体的前景色/背景色;放大范围比较大,具体倍数取决于显示器尺寸;能够阅读文本、观看照片、演示实物、书写作业、进行功能性视力训练等;颜色模式有黄字黑底、蓝字白底、白字黑底等多种;台式电脑助视器由多功能鼠标操作控制,鼠标右键控制颜色,鼠标滚轮定放大倍数。台式电脑助视器能保存几百万张图片。

图 2-7　台式电脑助视器

但台式电脑助视器的高度是固定的,不方便不同身高的儿童使用,且重量大,占据工作面积大,这是它不受欢迎的主要原因。

2. 便携式电脑助视器

便携式电脑助视器(如图2-8)配备可旋转330度的摄像头,可以阅读文本、观察实物,可以近用,也可以远用(观看教师板书或PPT);放大倍数比较大(17寸屏幕),具有USB/VGA接口,可连接笔记本和电脑显示屏;能够自动安装软件,即插即用;与常用放大软件兼容,支持Windows操作系统;体积小、重量轻,携带方便。它的缺点是价格昂贵,且国内尚没有同类型产品。

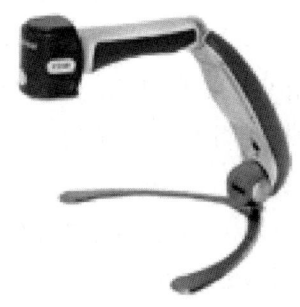

图2-8 便携式电脑助视器

第三节 视觉替代技术

视觉替代技术主要是指通过触觉或听觉发挥作用,开发视障者触觉或听觉潜能、替代视觉功能的辅助技术。利用恰当的视觉替代技术可以丰富触觉、听觉感知的机会,发挥触觉、听觉的潜能,补偿视觉缺陷。目前没有任何技术可以改变触觉、听觉感知的特点,这是在使用视觉替代技术时必须注意的。绝大多数情况下,通过替代技术提供的触觉、听觉感知体验与原本的视觉感知体验在感知速度、感知方式、理解程度上有本质的不同,辅助技术无法将视觉感知的优势移植到听觉、触觉上。

本书主要介绍开发视障儿童触觉潜能的触觉辅助技术和开发视障儿童听觉潜能的听觉替代辅助技术(又称为听觉辅助技术),因为利用其他感官补偿视觉缺陷的辅助技术效果微乎其微。

教育性盲的儿童主要使用视觉替代技术;教育性低视力的儿童主要使用视觉增强技术,间或使用听觉辅助技术,很少使用触觉辅助技术。目前,我国的视障儿童很少兼有听觉、触觉损失,因此视觉替代技术产品的适配都是基于正常的听觉、触觉感知能力,对辅具需求的个别差异不像视觉增强技术那样大,适配程序也比较简单。

一、触觉辅助技术

1. 盲文打字机及其相关技术

盲文打字机(如图 2-9)是书写盲文的工具,它是由铝合金和不锈钢制作,设有 9 个按键。利用盲文打字机比盲板、盲笔书写速度快,且凸点均匀、饱满。使用盲文打字机时,首先要正确进纸并固定,双手均匀用力,一次一方,自动换方,空方、换行分别按中间的空方键和左侧的高位换行键,右侧的高位键是修改重打用的倒方键。一行打满,先换行然后将机头操作杆拉到左端,继续书写,打满一页,松开压纸杆,倒转卷纸旋钮,将盲文纸退出,避免直接将盲文纸拽出。

图 2-9 盲文打字机

传统盲文打字机设有提把,携带方便,但重量较大,低年级视障儿童携带有困难。由于盲文的外在形式国际通用,盲文打字机适用于不同语言的使用者。

普通盲文字板、字笔以点为单位逐个点从右向左反向点写,写出的盲文向下凹,并夹在两叶盲板内,无法即时检查。盲文打字机是以方为单位从左向右正向书写,打出的盲文向上凸,可以让儿童即时读到自己打出的盲文。盲文打字机不仅速度较快,更重要的是能够使竖式计算成为可能(计算方向与打字机运行方向相反),对难以理解"反写正摸"过程中盲文符号点位转换关系的视障儿童特别有利。

在使用时,找到 6 个盲点键和空方键的位置。将左手的食指轻轻地放在 1 号盲点键上,中指、无名指依次放在 2 号、3 号盲点键上;将右手的食指轻轻地放在 4 号盲点键上,中指、无名指依次放在 5 号、6 号盲点键上;双手的大拇指自然地落在空方键上。需要打哪一点,就按下哪一号盲点键,可同时按下一个或多个盲点键。需要跳方时,按下空方键,可在两个盲符之间产生一方盲符所占的空白。

随着科技的发展出现了一种新机型盲文处理机(如图 2-10),这种电子打印机把现代化的文件处理系统与既美观又合乎人类工程学的外形设计融为一体,机上装有新型的同步打印器,其盲文打印质量高。它具有一台好的打字机的所有功能,如制表键、纸边定位器、可变行距,还有一个带有蓄电池驱动存储器的编辑器,用来存储和编辑文件,文件的字句段落能够删除、增补和修改。

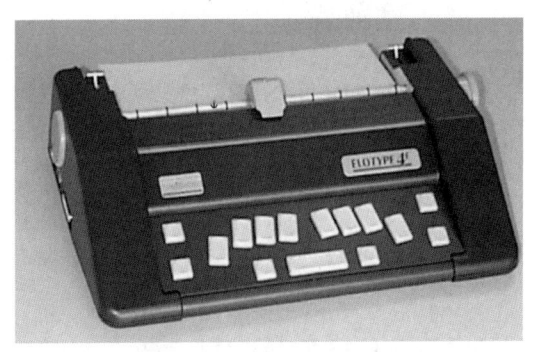

图 2-10　多功能电子盲文打印机

这还是一套为个人电脑使用的盲文输入系统,也是一套为个人电脑使用的盲文输出系统。由于本机支持串联和并联连接,所以可当作"个人打印机"使用,而且单页纸和连续纸(加装输纸架)均可使用。

该技术的使用使视障人士与明眼人士可以通过文字进行交流。明眼人用一个接在打印机上的电脑键盘所输入的文字,机器可立刻用盲文打印出来(不同盲文有差异)。由于转接插口是双向双通的,所以用多功能电子盲文打印机上的盲文键盘打写的文件同样也可通过并联转接插口直接发送到一台通用的普通文字打印机和电脑上。

在联网工作时,若干台多功能电子盲文打印机可通过连接插口连接成一个局域网,就好比一块墙上的盲文黑板一样,每个儿童都能读到教师所写的东西。这种工作方式同样能让来自一台电脑的文件在相连的所有机器上同时打印。这样就极大地提高了一体化教学班或联席办公室中的工作效率。

2. 盲文插算算盘

将插盘与底盒打开,并排摆放,从底盒中相应的存放格内取出需要的数字块(数字块设有定向标,省略数字号)插入适当的插孔内,视障儿童插下一个数字块相当于普通儿童写下一个数字,算法与普通竖式计算的算法完全相同。

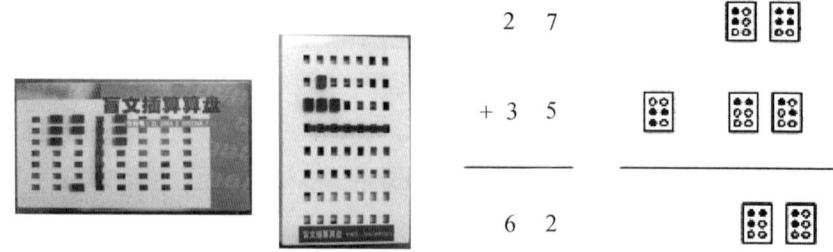

图 2-11 盲文插算算盘及算法

盲文插算算盘设有计算横条。利用倒置的数字块(0、3、6、8)作为加、减、乘、除的运算符号。视障儿童在使用盲文插算算盘时要养成按 1、2、3、…、9、0 的规律排放盲文数字块的习惯。打开插算算盘时,必须插板在上、储藏盒在下,防止数字块散落。

由于盲文写字板反写正读的特点,通过反复上板、卸板进行竖式计算几乎是不可能的,目前国内多数盲校放弃了视障儿童竖式计算教学。本插算算盘适用于低年级视障儿童对竖式计算的理解和进行简单的竖式计算。它的主要意义是帮助低年级视障儿童理解算理,但速度慢是它的主要缺点,作为高年级视障儿童的计算工具使用并不理想。高年级视障儿童不妨使用普通算盘或盲用算盘(增加算珠的摩擦力,防止算珠误动)。现在有很多视障儿童选择有声计算器,但是使用计算器进行计算不是视障儿童的自主计算,与使用算盘和插算算盘有本质不同。

3. 盲文绘图板及其相关技术

盲文绘图板(如图 2-12)是一种方便、快捷、简单、经济的盲人绘图和书写的专用器具,它的应用相当广泛,可用于多个领域,是常用的视觉替代辅助器具。

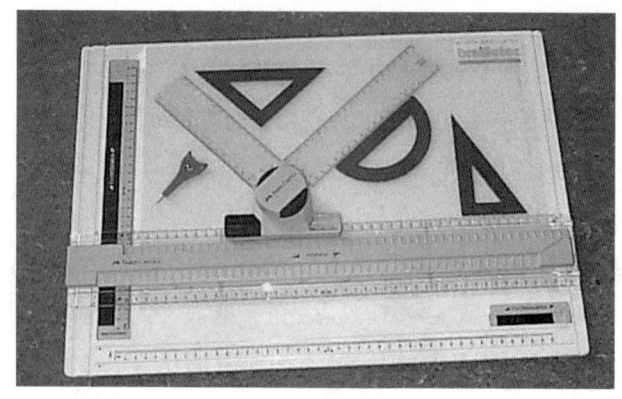

图 2-12 盲文绘图板

(1) 在学校教学上的应用:绘制草图、草稿;练习签名;用于几何、美术、地理课教学;替代或辅助配合在黑板上的书绘演示。

(2) 方便视障者与明眼人沟通:通过画示意图、平面图或位置图,可有效地帮助视障者与明眼人在讲解或理解时进行沟通。

(3) 写字:能以普通文字作些简单的记录,例如记下姓名、电话号码和一些简短的提示语。任何人稍加练习都能够用这种方式写字。用手指摸读写出的字需要一定的练习,而且不可能达到摸读点字盲文的速度。

盲人绘图板可用于绘图和书写,由于绘图塑膜纸夹固在板上,无需视障儿童再用手压纸并能马上摸读。可以使用普通圆珠笔或盲字笔绘图和书写。

4. 盲文刻印机

盲文刻印机(如图 2-13)是制作盲文的专业办公设备,需要专用盲文驱动软件,能够将盲文电子文件刻印成盲文,它对盲人的作用与普通打印机对明眼人的作用一样。

普通盲文刻印机能够以每秒 76 字符的速度双面打印点径 2 毫米的盲文;设有鲜明、布局合理的 12 个功能按键;配有 Win Braille 4.20 英文盲文编辑软件,并能用该软件设计和制作简单图形。在阳光专业单机版读屏软件或网络版读屏软件下稳定准确地运行,并配有帝助 HT01 型盲文图形制作及修正工具,能够修改并制作盲文和折线式盲文图形。

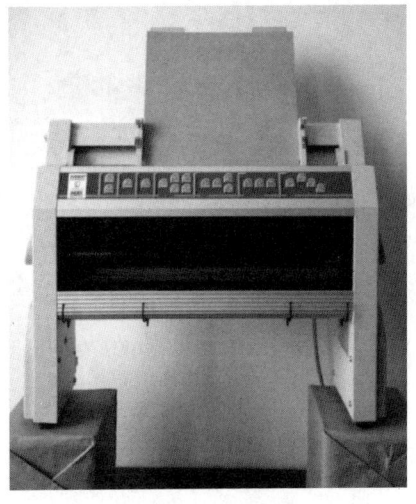

图 2-13 盲文刻印机

该设备噪音大,养护维修困难;经常出现进纸困难、多进纸、卡纸等现象,时常需要调整或更换锤头,否则容易出现点偏、不饱满等现象。这与其产品设计定位是办公用品有关,不具备大批量印刷的能力。国内很多盲校将其当作印刷设备使用,使用量大,容易出故障。

国外也有明盲对照一次成型的刻印机,在我国台湾称为"双视点字",方便特殊用户。中国科学院研发出了黏胶式盲文打印机,将特种胶水粘在普通纸张上速凝形成盲文点,目前仍处在试验阶段。

随着科技的发展,盲文高速刻印机(如图2-14)问世,它坚固耐用,能够以600页/小时的速度连续打印,可以满足大批量盲文制品打印需求;可打印6点和8点盲文,打印质量高;能够使用多种格式的标准折叠式复印纸,可同时双面打印;组合式设计,低噪音,价格非常昂贵。盲文高速刻印机是专业盲文印刷设备,可供出版单位、资源中心等大批量地生产盲文材料,使用量小的单位有可能造成其产能的浪费。

图 2-14 盲文高速刻印机

盲文图文刻印机(如图2-15)每秒100个盲文方输出,一分钟之内可打印5张盲文纸;能够穿插打印图形和盲文,可将盲文和图形打印在一张纸上;能够自动转换有色或深浅不一的图形为3D盲文图形。可兼容的软件:读屏软件,Microsoft Office图形编辑软件,Windows OS绘图软件。需要 Windows 2000/XP 或更高级别配置的操作系统。

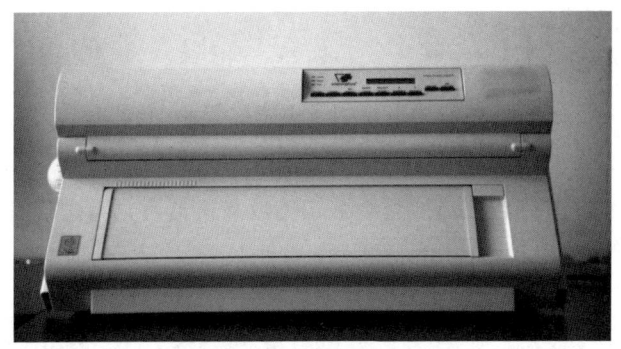

图 2-15 盲文图文刻印机

该盲文图文刻印机可选择打印力度,使用卷纸打印时可自动切断纸张。合理的工作量是 35 000 张纸/月,机器寿命为 5 年或 10 000 小时。该产品价格昂贵,操作较复杂。国外有许多同类产品,国内尚没有研发。

5. 盲文复印机

盲文复印机(如图 2-16)是以单面盲文为原件,可以较快速地大量复制单面盲文的专用设备。使用不太厚的物体(钥匙、牙刷等)还能够制作一些简单的立体图形。

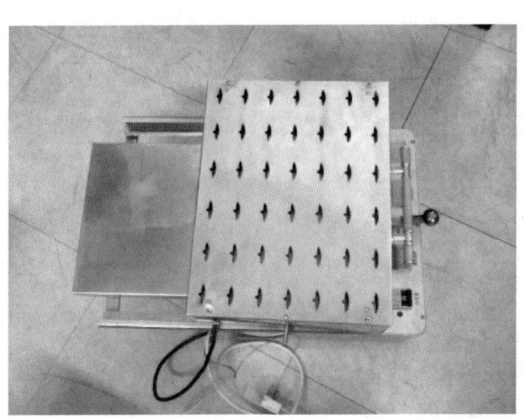

图 2-16 盲文复印机

该复印机为全不锈钢制作,可以复印不同大小的盲文文字和图形;单张纸与卷筒纸兼用,复印纸可反复使用 2~4 次,复印纸的手感没有普通盲文纸好;复印时会产生高温和少量有害气体,应当安装换气设备。

随着盲文刻印机的普及,盲文复印机的使用价值有所降低,其核心功能的地位已不再是无可替代。

6. 立体复印机

立体复印机(如图2-17)可以把用含碳素的笔画(复印)在专用纸张上的平面图复印成浮图;最大可以制作幅面为A3,制作一张A4纸只需10秒钟;设有发热管回路保护装置及过热保护装置,当纸张正确放入机器后,会有"嘀嗒"的一声提示音;高效低噪,易于操作;可制作出高品质的曲线、标志、点字、地图等。

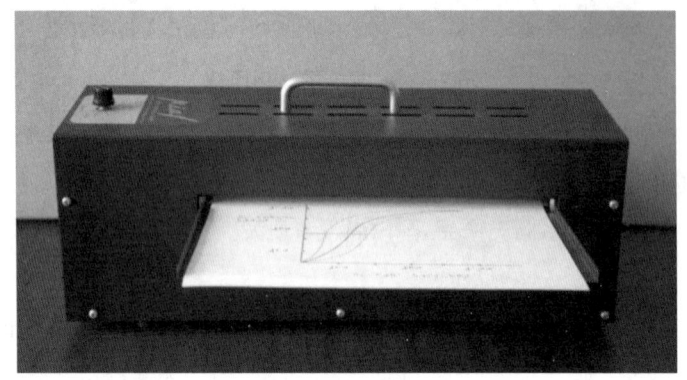

图2-17 立体复印机

该机器需要预热,随着使用时间延长,同挡位的温度略有增高。温度过低凸起不充分,可以再次加工;温度过高会损坏纸张。这种复印图形的技术含量在纸上,纸张离奇的高价格阻碍了它的使用。对该立体复印机制成的图形妥善保存,能够重复使用,可以降低成本。

这种被称为"立体"的复印机能够复印出的图形从心理学的意义来说,其实际属于平面图范畴(高度差无含义),其制作过程简单、高效。成品完全忠实于视觉原图,这既是优点也是缺点,它表面的"传神"效果很容易迷惑明眼教师,使教师放松对视觉与触觉感知差异的警觉,制作出"看"上去很好的"触觉图"。对于多数二维图形,该类型复印机能够制作出触觉可感知的图形。以复杂的三维物体平面原图所复印出的图形的触觉有效性需要接受视障儿童的检验。

台湾流行手工制作立体图。手工制作的立体图使用不同质地的材料,且高度上的差异对触觉有意义。这种真正意义上的符合触觉感知规律的立体图,目前只能采用低科技的手工费时费力地制作,这考验着教师的智慧和敬业精神。在适合触觉感知的前提下,使用色彩丰富的材料,有利于视障儿童的剩余视力发挥作用。

现有的立体复印图的触觉可感性普遍好于盲文刻印图，但是它们都无法制作出真正意义上的立体图形，未来3D打印技术也许可以显神通，但是教师的设计和打印材料的选择也会充满困难。

7. 盲文点显器

盲文点显器(如图2-18)是显示盲文的专用装置，是计算机的触觉显示屏，通常只能逐行依次显示。盲文点显器能够取代电脑的显示器，使盲人使用者能够用电脑工作。点显器适用于Windows 2000和Windows XP操作系统，能够将计算机中的盲文ASCII码以盲文点字的方式凸显在触摸屏幕上；它采用USB接口连接计算机，不需要单独电源，点显单元具有高强的触探力和上亿次的工作寿命；通过阳光盲用软件，可在该机上显示计算机上的点位，还可上网与汉字同步显示盲文点字；能兼容国内阳光单机和网络版读屏软件，根据软件设置，可以实现翻页、滚屏、换行等多种控制功能。

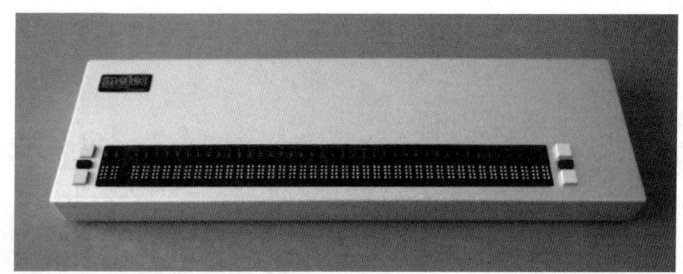

图 2-18 盲文点显器

这种点显器只能单行显示，难以回看，无法有效显示公式、图表等。因此，存在一些局限。

8. 盲用图形点显器

盲用图形点显器(如图2-19)旨在为视障者研制一种灵敏的接触式平面显示屏(多行点阵显示板)。

点阵显示板能将盲人电脑用户用双手可感知的信息量迅速扩大，并且还可获得空间结构和图标等附加信息。在满足前提条件的情况下，文章段落、表格、菜单和其他Windows用户界面的选项等标记都可以完整地在显示板上形成图示。此外，也可以为视障儿童在课堂上增添几何图、示意图等。

该项目除了研制硬件外，还研发控制平面显示屏所必要的软件以及相应的用户测试，其重点是所有常用的办公(Office)软件和互联网(Internet)应用程序，使盲

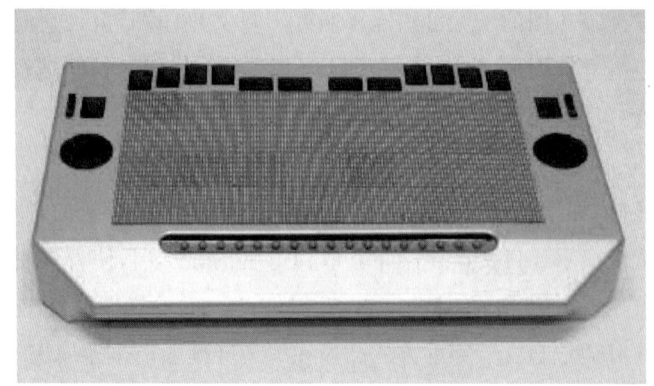

图 2-19 盲用图形点显器

人可以通过触觉以二维的方式掌控电脑界面。

与听觉只能遵循设计者决定的一维直线型感知电脑屏幕的模式相比,本技术有很大进步,使用者可以使用自己随意掌控的二维折线模式感知电脑屏幕。但是,离视觉的二维平面浏览普通屏幕仍然有很大距离。这不是本技术的缺陷,而是触觉感知特点决定的。

9. 盲人便携式电脑

盲人便携式电脑(PAC Mate Omni)(如图 2-20)是一种创造性的工具,使盲人能够使用主流 PDAs 的明眼人用户所能使用的所有功能。盲人便携式电脑采用大众化的微软 Office 的"Mobile"版本,并使用 ActiveSync 与台式计算机完美地同步连接。电子邮件、通信名单、提醒事件、文件、任务,甚至收藏夹在每次联机的时候都会轻松地被更新。全能型的盲人便携式电脑适应用户移动化的要求,无论是在单位工作,还是在学校学习或者进行任何其他活动,例如文字处理、制表,都可以接入移动网络使用。

图 2-20 盲人便携式电脑

盲人便携式电脑使用微软操作系统 Windows Mobile 6.0,有适合键盘操作的操作系统,完全支持在 Windows Mobile 系统中的自定义功能键。盲人便携式电脑可很容易地安装和轻松地操作各种各样现成的提供键盘支持的第三方 Windows Mobile 应用程序。

打开便携式电脑后,可以立刻注意到与读屏软件——JAWS 相似的声音。盲人便携式电脑自带系统化的辅助特征,能够迅速地使用预装好的 Mobile 系统的程序,包括 Word、Excel、Outlook、Inbox、Internet Explorer 和 Windows Media Player、日历、联络名单等。

盲人便携式电脑的特点在于软件有很大的提升空间,能够使 Omni 的功能更强大和便于操作。因为所有数据都保存在闪存中,所以所有文件和运行程序都能完好保存,即使系统重置或电池完全放电。

使用者可以随时为基本款的只有语音的 Omni 增加 20 方或者 40 方的 PAC Mate 便携式的点显器。该点显器与电脑和 JAWS 软件分开使用。点显器的字符之间结合紧密,有如同触摸纸的舒适感。

这里介绍的功能对英语用户是全部有效的;对汉语使用者而言,许多功能受限,大致相当于盲文电子记事本的功能,只能盲文输入、盲文输出。目前,国外生产的盲人便携式电脑操作系统没有汉化,由于我国没有高准确率的翻译软件,即使汉化了操作系统也没有实际的使用价值,计算机仍然不能进行可靠的盲文处理。

清华大学研制的盲人便携式电脑是汉语操作系统,为了提高盲文翻译的准确性,其对盲文全连写、不分词。这种处理办法避免了分词错误,但是不符合目前的《中国盲文》国家标准,背离盲人阅读习惯,也背离计算机为人服务的宗旨,其发展前景会受到制约。

盲人便携式电脑可以是多媒体辅助技术,普通笔记本电脑加读屏软件就是听觉辅助技术,外接点显器就是触觉辅助技术。

10. 盲文翻译软件

盲文翻译系统适应计算机主流操作系统,能将汉字文章直接翻译为盲文,可选用现行盲文和双拼盲文两种盲文文字,能够刻印纯盲文文本或打印盲汉对照文本明文版式,能够提供盲汉对照文本的同步编辑修改功能,虽然在编辑时,对照文本可能发生异常变动,但是盲文翻译系统实现了盲文出版的活字印刷的巨大飞跃。

该系统能自动处理盲文版式,具有制作简单图形、制表、处理标题、封面、封底、自动形成目录文件、校改、处理多音字等功能。本系统的 Bword 编辑器界面有自己的特色,与普通 Word 编辑器界面有较大不同。该系统可选择键入点位(一次性)、汉语拼音等各种输入方法,为明眼人和盲人使用提供方便。用户可对专业词库、人名库进行添加、修改、导入、导出。

该系统提供盲文点显器和盲文刻印机输出接口。点显器能够将计算机上的信息用盲文同步显示,便于盲人摸读;盲文刻印机能够将计算机上的文件在纸上刻印成凸起的盲文文件。

该系统有单机版和网络版可供选择。网络版有服务端程序和客户端程序,在域中指定一台机器为服务器,安装时要求先在服务器上安装服务端程序再在其他机器上安装客户端程序,把加密狗插在服务器上,每次运行时,先行启动服务器。

从为盲文制作服务的角度,可以把阳光专业版列为触觉辅助技术。它的主要设计目标是盲文编辑排版,也具有将电子版的中文翻译为盲文(现行、双拼、粤语)的功能,但多音字和分词连写的错误较多,需要繁重的人工校对。该软件还可以将盲文翻译成汉语,其准确率更低,基本没有实用价值。

目前,盲文翻译软件正在研发升级版,其翻译准确性、表格处理功能有望得到提高。但是,只有高质量的盲文语料库的支撑,汉语盲文信息化、汉语盲文语言科技进步才能有质的提升。

11. 触觉眼镜(BrainPort)

触觉眼镜(如图2-21)配有一副装有摄像机的太阳眼镜,以及一部手机大小的控制器。控制器会将拍摄到的黑白影像变成电子脉冲,传到视障儿童口含的感应器之中,(白色会有强烈的脉冲讯号,黑色则没有)并由感应器上的电极传到脑部,构成一幅低像素的图像。脉冲讯号的强弱通过神经传递至大脑,从而实现周边环境的可视化。

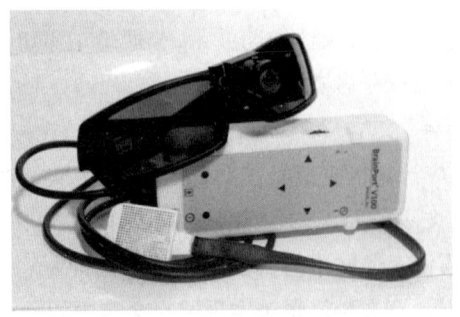

图2-21 触觉眼镜

触觉眼镜能够让失明者有效地利用舌头来"重获光明",摄像机拍摄到的黑白两色决定了脉冲强度的不同,而不同的脉冲强度通过舌头上的感应设施,能够将使用者周围的环境完整地还原出来。从某种程度上来看,视障儿童在这种装置的帮助下能够如同普通人一般地生活。

日本有类似产品,通过额头接受触觉信息,同样不能分辨精细影像,市场还没有普遍接受该类辅具。从原理上看,这类辅助技术经过较长时间的训练和适应,能够用于定向与行走等生活领域,很难用于书面阅读等文化学习。

二、听觉辅助技术

1. 读书机

读书机(如图 2-22)能够朗读简体中文、英文和数字,可设置朗读的音量;音响无噪音、音质高;大而鲜明的 10 键式按键,操作简单、使用方便;能够将普通明文资料转换成有声资料;材料放置稍有倾斜时,能够自动校正;能够实现零边距扫描,更适用于成册资料(厚书);能够存储百万页文字(A4 纸),文字资料扫描后即可保存文件。

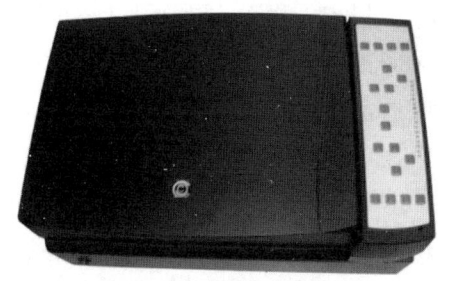

图 2-22 读书机

读书机体积较大、较重,不便移动。无基座式读书机已经面市,比较方便携带,用支架支起摄像头,采集视觉文字信息,转换成听觉信息输出。但是,盲人难以较准确地把待读材料放进摄像头采集区。国外同类产品非经汉化不能直接使用于汉语读物。

该技术的可贵之处在于使盲人能够直接听读普通视觉读物。汉语的多音字、同音词是技术研发的障碍,也是使用过程中的大问题,提高朗读准确率也需要高质量语料库的支撑。

2. 听书郎

阳光听书郎是一种便携式电子文本语音阅读器,通过语音朗读听书郎中的文档、电子书等实现即时语音读书读报服务。

听书郎是支持电子书朗读、MP3/WMA 格式播放的多功能便携硬件终端设备,除此之外其还带有语音菜单导航、通用 U 盘、FM 收音、录音、复读等多种功能。

听书郎具有语音导航功能,满足盲人用户操作需求。全系统菜单和操作方式语音导航,提供普通话、粤语和英文三种语音库。可设置多种语调、语速、男/女声,随时播报当前位置、电量、时间和存储空间大小等信息。

听书郎具有电子书阅读功能,满足用户对不同信息的不同阅读要求。语音自然,接近普通人朗读效果,能流利朗读电子版小说、新闻、故事。可自动识别 txt、ibook(智能书)等 eBook 文本。支持文本逐段、逐句、逐字朗读;支持复读、重点朗读、书签设置;支持朗读中的快进、快退等操作;支持屏幕文字显示和朗读内容同步。

听书郎具有内置麦克风,高压缩比数字录音,既可内录,又可外录;有通用 U 盘功能,能够高速传送文字;支持微 SD 卡,可根据需要扩展容量;提供 ibook 格式编辑软件,可在线升级。

国内外同类产品很多,本款因使用方便而受到用户欢迎,主要缺点是各种故障频发,时常需要维修。该产品已经开发了第二代,能够达到类似读书机的功能,能够直接朗读纸质文件,不局限于电子文档,其产品性能及稳定性还需要市场检验。国外产品需要汉化,才能朗读汉语文本。

3. 读屏软件

读屏软件通过语音提示朗读、智能鼠标等功能,摆脱了电脑显示器的约束,把电脑屏幕上的信息转化为语音,引导视障儿童操作使用,视障儿童可以根据语音提示独立完成安装。用户安装软件有语音引擎提示功能。支持 Microsoft Word、Excel、PowerPoint、Access、写字板、记事本等软件;支持全文朗读、逐行逐字朗读、朗读光标位置及光标所在处字体朗读。可连接 10 个终端客户,支持多种盲文点显器。

第四节 视觉辅助器具的适配

一、视觉辅助器具适配的原则与方法

由于视觉障碍人群习惯使用社会主流普遍不使用的触觉替代技术,所以他们需要的辅助技术和设备是最多的。大多数无障碍技术和设备对于视觉障碍的考虑是不够的,且不同视障儿童需要的辅助技术和设备也各有不同,但是都需要考虑以下原则。

(1) 安全原则:视觉辅助技术和设备必须表面光滑、无漏电、无辐射,不会对人体造成直接伤害或者潜在伤害。

(2) 适用原则:由于视障儿童需求的多样性,故而视觉辅助技术和设备适用范围要广,要能够满足视障儿童的不同需求。

(3) 易用原则:视觉辅助技术应当操作简便,方便不同操作能力的视障儿童使用。一般应提供声音反馈信息,帮助用户确认辅助技术设备的状态。

(4) 耐用原则:视觉辅助技术和设备必须可靠耐用,以减少因辅助技术和设备损坏而影响使用,减少因维修、更换等给视障儿童带来的精力和经济负担。

(5) 助视器要到正规的医院或者专门的有资质的机构去验配,配好以后还要坚持训练一段时间。刚开始用助视器时很多儿童会不适应,但掌握正确的方法后再坚持用一段时间他们就会慢慢习惯,并且能掌握使用的技巧。如果经过一段时间后,儿童仍不能很好地使用助视器,可能是适配有问题,要换一个机构重新检测、适配。

二、视觉辅助器具适配评估的内容

根据表 2-3 的内容，依次对儿童的视觉情况进行评估。

表 2-3 视觉障碍儿童辅助器具适配评估表

时间_____ 地点_____ 评估人_____

个人资料	姓名		就读学校		性别	
	班级		出生日期		家长姓名	
	地址		电话		手机	
生理情况	视障成因		□青光眼　□白内障　□黄斑部病变　□视网膜损伤　□视神经损伤 □意外伤害　□其他：_____			
	视障时间		（医生诊断证明）			
	障碍程度		□一级盲　□二级盲　□一级低视力　□二级低视力　□多重障碍 □其他障碍：_____			
	视觉状况		（1）近视力。 裸眼视力： 右眼视力_____，左眼视力_____，双眼视力_____。 矫正视力： 右眼视力_____，左眼视力_____，双眼视力_____。 （2）远视力。 裸眼视力： 右眼视力_____，左眼视力_____，双眼视力_____。 矫正视力： 右眼视力_____，左眼视力_____，双眼视力_____。 （3）放大需求。 裸眼_____ （4）是否怕光：□否　□是 （5）是否夜盲：□否　□是 （6）是否习惯使用台灯补充光线：□否　□是 （7）视力是否持续退化：□否　□是 （8）视野。 视野是否持续退化：□否　□是 视野是否缺损：□否　□是　□中心缺损　□周边缺损　□其他：_____ （9）色觉。 色觉功能：□正常　□色弱　□无，请自述：_____ （10）合适之对比色：_____ （11）是否眼球震颤：□否　□是			

续表

生理情况	计算机能力	（12）视力疲劳状态：儿童觉得使用视力_____分钟需要休息，如果过度使用视力，将会发生：□眼压升高　□流眼泪　□酸痛　□看不清楚　□想睡　□其他：_____ 评估者用的是：（评估者完全不会使用计算机，请直接回答"辅具使用状况"栏） ①适合盲生使用的计算机，使用软件有_____软件。 ②适合低视力儿童使用的计算机，且使用□Windows放大镜、□ZoomText、□其他：_____软件。 ③普通计算机，无特殊视障接口。		
辅具使用状况		曾经使用辅具	目前使用辅具	希望使用辅具
		□点字触摸显示器 □电子助视器 □大尺寸屏幕 □放大镜_____倍 □望远镜_____倍 □放大软件系统： □ZoomText □其他 □读屏软件 □其他辅具：	□点显器 □电子助视器 □大尺寸屏幕 □放大镜_____倍 □望远镜_____倍 □放大软件系统： □ZoomText □其他 □读屏软件 □其他辅具：	□点字触摸显示器 □电子助视器 □大尺寸屏幕 □放大镜_____倍 □望远镜_____倍 □放大软件系统： □ZoomText □其他 □读屏软件 □其他辅具：
		使用效果：	使用效果：	使用效果：

三、建立档案

建立档案是记录评估结果的主要途径，可以为儿童辅具的适配以及适配后的评估提供依据。视障儿童的辅具适配评估档案一般应包括以下几方面的内容。

（1）一般情况：包括该儿童的姓名、性别、出生年月、身高、体重、胸围、家庭详细地址等。

（2）眼病情况：包括眼病类型、发病时间、发病原因、是否先天、是否遗传、家庭中有否相同病史的成员、有否做过手术、手术后情况等。

（3）家庭情况：包括父亲母亲（或监护人）的姓名、年龄、工作单位、文化程度、联系方式等。

（4）视力及视觉功能情况：包括医生或教师通过对视觉障碍儿童进行视力测量或视功能评估获得的有关于远视力、近视力、放大需求、助视近视力、助视远视力、反差视力以及在交流、定向与行走、实际生活技能、持久近距离用眼等视功能方面的情况。

（5）还可以记录诸如儿童偏好什么颜色、不喜欢的或不容易区分的颜色，是否怕陌生人、与陌生人交往时的表现等心理情况，是否有揉眼、低头、仰头、摇头、驼背、自言自语等异常行为表现等。

四、辅具的适配案例[①]

案例一：

陈某，男，13岁，北京市盲人学校小学五年级儿童。

眼病：双眼先天性白内障，术后无晶体眼。视力：右眼0.02，左眼0.01；矫正不提高。视野、色觉、对比敏感度正常。病情稳定，近年视力无明显变化。

需求：以盲文为学习工具，希望能学习汉字；家校相距遥远且家长很忙，希望能看路标、站牌，独自乘车往返家校。

根据其眼部情况和需求，为其验配手持电子助视器用于阅读，借助助视器能顺利阅读小5号字，黑底白字模式最舒适；验配8倍单筒望远镜用于看远，助视力达0.4，经过训练，目前已能熟练使用。该生目前已自学了百余汉字，并已实现独立往返家校。

案例二：

于某，女，17岁，北京市盲人学校职教儿童。

眼病：白化病。视力：右眼0.1，左眼0.08；矫正不提高。视野、色觉正常，眩光对比敏感度降低。病情稳定，近年视力无明显变化。

需求：以汉字为学习工具，希望能看清小字及结构复杂的字以及黑板、路牌等远处的东西。

根据其眼部情况和需求，为其验配：6倍手持放大镜1个，用于看小字和结构复杂的字；6倍单筒望远镜1个，用于看远；滤光镜1个，用于解决畏光症状，并改善其眩光对比敏感度。目前已解决其看远、看近的困难和畏光情况。

---

① 本处案例由北京盲校朱志容老师提供，其中儿童使用了化名。

第三章 听觉辅助技术

听力与语言是人类相互交流和认识世界的重要手段,然而,听觉障碍给听障人士的日常生活带来诸多不便。合适的辅助技术能够为他们听到和听清声音提供支持,为听障人士说话、交流创造条件,从而使他们更好地融入社会。第二次全国残疾人抽样调查显示,到 2006 年,我国现有听力残疾人 2 000 多万、言语残疾人约 130 万,其中 7 岁以下儿童约为 80 万。这是一个数量众多、困难突出的社会群体,听力损伤与耳聋已成为影响我国人口素质的重要因素之一。随着科学技术的发展和应用,近几十年来,各种类型的助听器、人工耳蜗植入术等听力辅助技术已有较大改进,为听障人士的生活和学习提供了很大的方便。

第一节 听觉障碍概述

一、听觉障碍的定义

听觉障碍(Dysaudia)是指听觉系统中的感音、传音以及听觉中枢发生器质性或功能性异常,而导致听力出现不同程度的减退。

聋的概念与聋的定义有相同之处,但又不完全相同。聋的概念包括与"聋"相关的各个方面的意见和范畴,而定义是由各国的卫生组织明确规定的。关于聋的定义,世界卫生组织 1986 年报告中认为,只有听力严重减退才称之为聋(Deafness),其表现为患者双耳均不能听到任何声音。

二、听觉障碍的分类

(一) 按听力残疾等级分类

1. 听力残疾一级

听觉系统的结构和功能极重度损伤,较好耳平均听力损失大于 90 dB HL[①],不

[①] dB(Decibel,分贝)是一个表示声音相对响度的单位;HL(Hearing Level),中文意思是"听力级"。dB HL 是听力学界广泛应用的声音强度单位。

能依靠听觉进行言语交流,在理解、交流等活动上极重度受限,在参与社会生活方面存在极严重障碍。

2. 听力残疾二级

听觉系统的结构和功能重度损伤,较好耳平均听力损失在 81～90dB HL 之间,在理解和交流等活动上重度受限,在参与社会生活方面存在严重障碍。

3. 听力残疾三级

听觉系统的结构和功能中重度损伤,较好耳平均听力损失在 61～80dB HL 之间,在理解和交流等活动上中度受限,在参与社会生活方面存在中度障碍。

4. 听力残疾四级

听觉系统的结构和功能中度损伤,较好耳平均听力损失在 41～60dB HL 之间,在理解和交流等活动上轻度受限,在参与社会生活方面存在轻度障碍。

(二) 按病变部位分类

1. 传导性听觉障碍

任何外耳道的疾病、中耳结构和功能的异常均可影响声音的传导从而导致听力下降。较常见的有外耳道耵聍栓塞、异物存留、畸形(外耳和中耳畸形)、炎症(中耳炎)、外伤、硬化症、肿瘤等。

2. 感音神经性听觉障碍

由耳蜗和听神经病变引起的听觉障碍。根据发病机制可分为先天性(获得性和遗传性)、感染性、中毒性等。

3. 混合性听觉障碍

同时伴有中耳、内耳或听神经、听中枢病变所引起的传导性和感音神经性听觉障碍。

三、听觉障碍与辅助技术

科技的发展为听觉障碍儿童的发展提供了必要前提。从获得信息的层面来看,听觉障碍儿童不能全面地接受信息,对此类人群需要充分调动其各种感官的代偿作用,还需要利用其剩余听力的功能。使用具有增强、替代作用的器具或装置将有利于听觉障碍儿童接受教育与融入社会。

(一) 听觉辅助技术有利于声音反馈

聋使听障儿童缺少听觉的反馈,不能及时校正自己的发音,因此他们发音时会存在许多缺陷,比如发音不准、发音音量小、缺少声调变化,有时发假音、冒高调,有时又发低音等。面对这些问题,只要利用助听器或人工耳蜗,并利用视觉、触觉等其他感官的代偿作用,有计划、有目的、持之以恒地训练,听障儿童是能够学会说出清楚的话语来的。

在语言训练中应当使听障儿童在借助听觉辅助技术获得大量的语言刺激的同时,与语言的意义结合起来,发展听障儿童的语言理解能力,引导、启发听障儿童把口型、语音、实物和词有机地联系在一起,明白每个词都是有所指的。只要听障儿童理解了语言的意义,他就会逐步懂得世界上一切事物都有相对应的词,他就会产生一个由量变到质变的飞跃,在这个飞跃中由对语言的不理解到理解,由不会说到会说。研究表明,与听觉正常儿童相比较,年龄越小的听障儿童的智龄与健听儿童越接近,随着年龄增长,差距逐渐增大。从2岁起配戴助听器或者人工耳蜗并送到康复中心培训班接受听觉、言语康复教育的听障儿童,可以达到健听儿童的智力水平。

(二)听觉辅助技术有利于语言的形成

一些研究者认为听障儿童和健听儿童最大的区别就在于语言,而助听器的使用对及时补救听障儿童的语言能力、社会交往以及社会认知能力都有显著影响。

在听障儿童康复进程中,第一阶段应当是医学听力学康复,关注早期听力补偿或重建,当前业界的共识是在儿童3个月之前明确诊断,6个月之前实施干预措施。在所有措施中,助听器的使用需进行科学验配,诸多方案应进行效果优化,在助听器效果欠佳时应考虑以人工耳蜗替代。在对听觉障碍儿童进行听力训练时要和他们的生活实践紧密结合,教学过程既要遵循儿童认知发展总的规律,又要体现不同听障儿童不同认知结构的个性化教育原则。康复全过程既要有家长参与,又要有全社会广泛关注,以尽快提高听障儿童认知能力,缩小与健听儿童的差距。

(三)听觉辅助技术有利于对语言的理解

对于听障儿童语言康复,大家普遍认识到,要做到"早诊断、早补偿、早康复"。既然听障儿童掌握有声语言的过程与普通儿童掌握母语的过程有相似之处,及早实现听障儿童的听力康复、尽可能少地错失语言习得关键期,对于听障儿童掌握有声语言就具有重要意义。越早恢复听力，接受有声语言的刺激，则越容易激活语言能力，实现对有声语言的自然掌握，降低人工干预和后天学习的难度。区建国等对香港听障儿童的有关研究表明，听障儿童早期植入人工耳蜗的效果是令人满意的。早期植入人工耳蜗儿童可以察觉到各种声音并可以在辨别语言超音段（如长/短和强/弱声）测试中取得很好的成绩。此结果证明他们已具有了最基本的听力功能，可以应对今后语言发展所需。同时，对植入人工耳蜗的听障儿童进行的元音和辅音感知测试表明，植入人工耳蜗儿童可以察觉、辨别并理解测试音素间的区别。此外，植入人工耳蜗后，听障儿童对粤语6个声调的辨别测试成绩均高于术前，在需要较多语言和现实知识的故事理解测试中也取得了较高的分数，表明植入人工耳蜗后的儿童可以在日常生活中较好地理解言语的顺序与意义。

第二节　听觉增强技术——助听器

一、听觉增强技术概述

听觉增强技术，是指通过特定的听力工具、设备、装置和仪器等技术手段，运用电声学原理，并根据听障儿童的不同频率听力损失情况，有针对性地对其进行听力补偿。听觉增强技术主要用于改善或提高声音信号的清晰度、可懂度和舒适度，从而提高听障儿童与他人会话交际的能力。

对感音神经性听觉障碍目前医学上还没有一种有效的治疗方法，只能借助助听器（或人工耳蜗）进行听力补偿。助听器验配是听障儿童康复的一个关键环节，只有为他们选择合适有效的助听设备，达到最佳的听力补偿效果，才能有助于其听力、语言的康复。

二、助听器的分类

随着电声技术的进步和听力康复事业的不断发展，不同功能和式样的助听器相继面市。由于对助听器的着眼点不同，其分类方法也是多种多样。根据助听器的使用范围，可分为集体助听器和个体助听器两大类。

(一)集体助听器

集体助听器由一个话筒、一个放大器和若干个受话器组成,可以多个人同时使用,主要用于集体教学、室外活动、电化教育、大型会议等方面,多设于听障儿童康复机构、学校、影剧院、会议中心等场所,按其具体功能,一般有固定式有线集体助听器、无线调频或红外线发射集体助听器、闭路电磁感应集体助听系统等几种类型。

1. 固定式有线集体助听器

此类助听器在教师桌上设有主机,每个听障儿童桌上设有分机,主机和分机上都设有麦克风和专用耳机,主机上还可以连接录音机等辅助教学设施。主机与分机之间、分机与分机之间都有线路相连,可实现自由对话。教师还可以根据每个听障儿童的具体听力损失情况,调节每个耳机的音量、音调,使得不论坐在教室何处的儿童都可以听到清晰适度的语声。这为口语教学、加强听障儿童的语言能力提供了有利条件。缺点是,这类助听器仅局限在教室内使用,且对每一个使用个体来说,耳机的频响不一定与他自己日常使用的个体助听器相同。

2. 无线调频集体助听器

声源经过一个调频信号发射器(类似于无线话筒),被一台或多台调频助听器所接收。听障儿童配戴的助听器既可以连接上"解调制"部件来接收解调后的声信号,又可以作为普遍助听器使用,其参数选配也同普遍助听器一样。这种助听器使用方便,不受听障儿童活动的限制,可在百米半径内接收声音,非常适于听障儿童的户外教学。一对一的无线调频助听器更适合于那些经过听力和语言训练,已在学校和健听儿童一起学习的听障儿童。因为教师把麦克风别在衣领上,不论听障儿童坐在什么座位上,都可以清楚地听到教师的讲课。不少家庭把调频信号发生器置于电视机的音箱附近,便于听障儿童听清远处的电视伴音。

3. 红外线发射集体助听器

红外线发射集体助听器是利用红外线光导发射接收系统进行听力、语言训练的装置。它不受电磁场影响,放大声音后也毫无杂音、清晰悦耳,是一种新型的放大设备。

4. 闭路电磁感应集体助听系统

此种助听系统由放大、调频部件及预先安置在教室、家庭等室内场所的线圈、个体助听器组成。传声、放大、调频部件可把来自录音机、收音机、电视机或教师的声音以电磁波的形式发射到线圈所包括的范围。听障儿童可充分利用助听器的 T（拾音线圈，Telecoil）挡，在进入预先铺设有线圈的室内时，通过电磁感应原理，接收到清晰的声音。这种助听器的使用不受距离和人数的限制。具体的使用效果与线圈设置合理与否、T 挡的灵敏度直接相关。

（二）个体助听器

个体助听器是与集体助听器相对而言的，为个体所使用。通常有盒式助听器、耳背式助听器、定制式助听器、眼镜式助听器、骨导助听器等几种类型。

1. 盒式助听器

盒式助听器（如图 3-1）又叫口袋式或袖珍式助听器。体积似香烟盒，便于挂在胸前或放置于衣袋内。主机经一根导线连接耳机插入外耳道内使用。其主要缺点是导线较长，既不美观又不方便。但因体积较大，可装置多种功能调节开关，具有较好的声学性能，并易制成大功率型，以满足严重听障儿童的需要。中国生产的助听器以此型为主。

图 3-1 盒式助听器

2. 耳背式助听器

耳背式助听器（如图 3-2）又叫耳后式或耳挂式助听器。形似香蕉，伏于耳后，一般长约 4~5 厘米。受话器开口与一塑料管制成的导声钩连接，由此钩经塑料管将耳模、耳塞放进耳甲腔及耳道口助听。此类助听器现已能制成大功率型或低频残听为主的听障儿童所需的特殊式助听器。由于性能优良，机壳可制成各种肤色，伏于耳后为头发所遮蔽，往往不易为外人发现，能满足听障儿童的心理需求。此类助听器已成为一些国家最受欢迎的普及型助听器,使用率达到60%左右。

图 3-2 耳背式助听器

3. 定制式助听器

定制式助听器(如图3-3)是根据听障人士的耳甲腔和外耳道形状来制作的,是目前世界上应用最广泛的助听器类型。主要分为三种类型:耳内式助听器、耳道式助听器及深耳道式助听器。它能充分利用外耳的声音收集功能,外形比较不引人注意,可以以正常的方式来接听电话。其中深耳道式助听器外形最小,利用外耳收集声音的功能更接近人的真耳,最不易被他人发现,此类助听器抑制耳鸣的效果也最佳。但定制式助听器的价位相对较高。

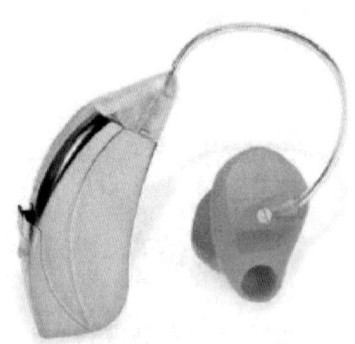

图 3-3 定制式助听器

除此以外,还有其他类型的助听器,如眼镜式助听器和骨导助听器。但由于这两类助听器都存在技术上的不足,因此使用并不广泛。

三、助听器的结构

助听器实质上是一个电声放大器。声信号经麦克风(传声器)转换成电信号,通过放大器放大后,由受话器再还原成声信号,传至人耳。耳背式助听器基本结构(如图3-4)包括耳钩、麦克风、放大器、受话器、音量开关、微调、电感、电池仓等部分。

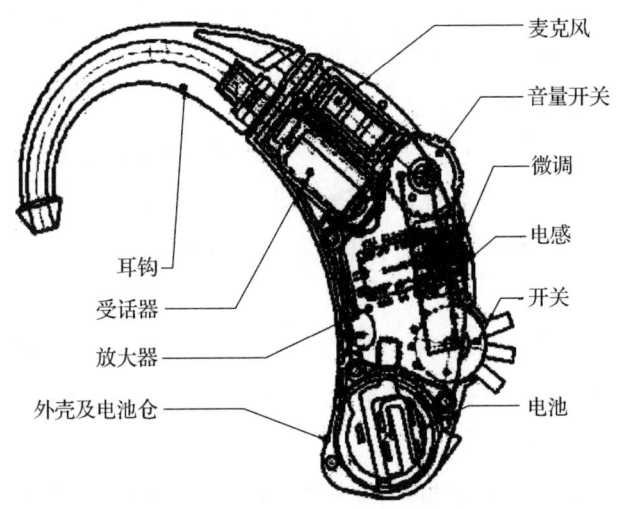

图3-4 耳背式助听器的基本结构图

1. 耳钩

助听器的耳钩都为月牙形状,是助听器传声系统的一部分,并与助听器耳模连接,起固定助听器的作用。

2. 麦克风

麦克风又叫话筒、传声器,是将声信号转换为电信号的换能器。可分为全向性麦克风和指向性麦克风。全向性麦克风等量接受所有方向的声音;指向性麦克风只接受来自特定方向的声音,其他方向的声音被控制,对于改善噪音环境下的言语分辨率很有好处。

3. 放大器

放大器即信号处理器,声信号经麦克风接收并转换为电信号后,就被送到信号处理器,由其对电信号进行放大,频率响应调整和输入、输出曲线调整。放大器根据需要将听觉障碍者原来听不到的声音处理成为能够听到的声音,它是助听器的核心部分。

4. 受话器

与麦克风相反,受话器把放大的电信号转换为声信号。经过处理和放大的电信号被送到受话器,由受话器转换成声信号,再经耳钩、传声管和耳模输出到外耳道内。受话器的外形与麦克风差不多,但内部结构和工作原理却完全不同,受话器是利用电磁原理把电信号转变为声信号的换能器。此外,还有一类特殊的受话器——骨导受话器,适用于耳道塌陷或其他传导性因素导致不能使用耳模者,此类受话器的原理是将电信号转换为机械振动。

5. 音量开关、微调

音量微调是一个可变电阻或电位器,调节通过放大器的电流。电阻大,通过的电流就小,音量就小;反之亦然。音量微调也是一种增益调控,大多数助听器都有轮盘式或按钮式的音量调控装置,使配戴者能自由调节音量。

6. 电感

电感是一个磁感应线圈,通过对电话机上的受话器泄漏的磁场发生响应,转换为电信号后放大,使助听器可用于听电话以及其他拥有感应线圈的场所。

7. 电池仓

电池为助听器放大板处理声音信号提供能源。一般而言,助听器的增益和输出越大,所需电池能量也越大,如果电池能量不足,将限制助听器的输出声压。中、大功率耳背式助听器通常使用 A13 电池,而特大功率的耳背式助听器则多使用 A675 电池。

四、助听器的使用

(一) 如何配戴助听器

(1) 手捏耳模,将耳模进声孔对准耳洞,轻轻塞好,可轻拉耳垂,使耳模完全进入外耳道口并紧密塞牢。要注意手拿助听器的方法(如图 3-5)。

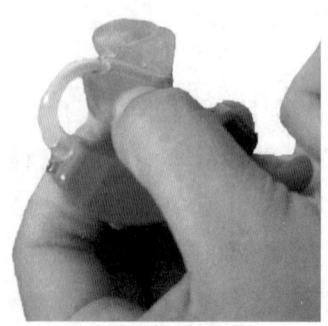

图 3-5 手拿助听器的方法

(2) 关上电池仓,打开开关,调至适合的音量位置。

(3) 助听器上如有 O、T、M 三挡开关,O 挡是没有信号挡,T 挡是电话线圈感应挡,M 挡是扩大助听挡。关机调至 O 挡,开机调至 M 挡,听电话调至 T 挡。

(4) 在装配电池时要注意电池的正负极,电池的正极必须对正"＋"符号,耳背式助听器的纽扣式电池同样要注意正负极。

(二) 如何判断助听器是否正常

(1) 教师每天上午要检查听障儿童助听器的情况,常用方法是在儿童背后喊其名字或用其他方式看其有无反应来确定助听器是否正常。

如果听障儿童没有反应,可能会有以下几种原因:

第一,助听器开关没有打开或电池仓没有关上;

第二,电池电量太低或没电;

第三,电池与电池夹接触不良;

第四,出声孔堵塞;

第五,麦克风口堵塞;

第六,助听器部件故障。

(2) 教师检查是否有啸叫声,如有,判断是什么原因,如何处理。

啸叫原因可能是:助听器耳模没有戴好;音量开得太大;助听器内部啸叫;导声管脱落或助听器内部零件损坏。

处理方法可以是:让儿童重新戴,让耳模进入外耳道口并紧密塞牢;减小音量;如发现是机器本身出现问题,提醒家长送厂维修。

(3) 如果听障儿童听不清楚教师说的话,教师可取下听障儿童的助听器听一听,分析可能是什么原因导致听障儿童听不清楚。

可能原因有:耳朵内耵聍过多;异物堵塞进声孔或出声孔;电池电量不足;开关接触不良;助听器损伤。

处理方法可以是:去医院清除耳内的耵聍;清除助听器上的异物;更换电池。

(三) 如何进行助听器的保养

1. 取下助听器时要注意的问题

(1) 把助听器开关关闭。

（2）手捏耳模处轻轻取下助听器，切忌直接拽拉助听器，以免导管处脱落。

（3）打开电池仓，把助听器放入干燥盒内，并盖上盒盖。

2. 助听器的清洁

每天应清洁耳模和麦克风口，用干燥的软布擦拭。每周应用中性肥皂液清洗耳模，清洗前，一定要将耳模与助听器分开，机体不要沾水；清洗后，安装前应将耳模和导管中的小水珠吸出或甩干，一定要保持耳模和导管的干燥。

3. 助听器电池的更换

电池使用一段时间后，在音量开关开启到最大挡时就应该更换电池，注意不可把电池使用到完全没电时再换。

第三节 听觉增强技术——人工耳蜗

人工耳蜗是一种替代人耳功能的电子装置，用以补偿耳蜗毛细胞受到损伤或无毛细胞（无法产生音感），帮助患有重度、极重度耳聋的儿童恢复或提高听的感觉。

一、人工耳蜗的基本组成及其工作原理

人工耳蜗系统由体内植入部分和体外部分组成。体内植入部分通过手术植入皮下，把电极插入耳蜗；体外部分像助听器那样戴在耳朵上，由传声器、言语处理器和传送线圈组成。人工耳蜗与助听器的不同之处是，助听器直接把声音放大，而人工耳蜗则是由体外言语处理器将声音转换为一定编码的形式的电信号，通过植入体内的电极系统直接兴奋听神经来恢复重建听觉功能。

1. 人工耳蜗体外部分

声信号由麦克风接收并转换成电信号后传送到言语处理器，言语处理器将声音进行滤波分析并且数字化成为编码信号。人工耳蜗体外部分（如图3-6）通过言语处理器将编码信号送到传输线圈，传输线圈将编码信号以调频信号的形式传入位于皮下的体内植入部分的接收/刺激器。

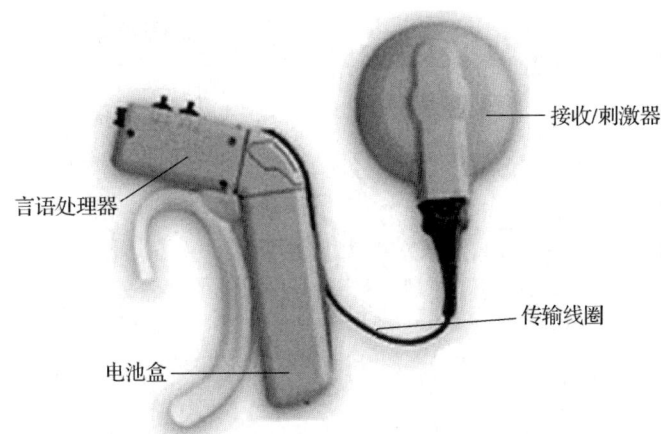

图 3-6 人工耳蜗体外部分

2. 人工耳蜗体内植入部分

人工耳蜗体内植入部分(如图 3-7)将适量的电能传至耳蜗内部电极序列,沿着在序列上分布的电极刺激耳蜗内的外周纤维。电声信息沿听觉通路传至大脑进行编译。

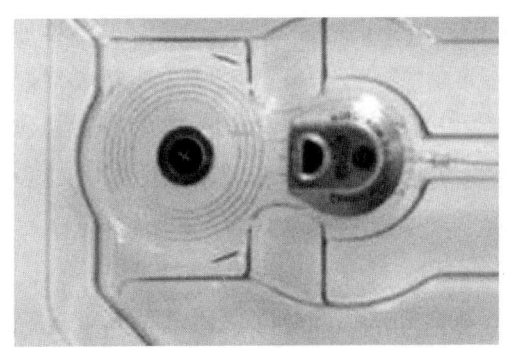

图 3-7 人工耳蜗体内植入部分

3. 工作原理

麦克风拾取声信号,并将声信号转换成电信号,言语处理器对拾取的电信号进行分析并决定如何刺激埋植于耳蜗内的各电极,言语处理器的指令传入体内感应器,从电极处产生电流作用于螺旋神经节细胞的周边末梢或细胞胞体,后者在电刺激的作用下产生神经动作电位,经听神经中枢端传入脑干的耳蜗核,并进一步产生听觉。

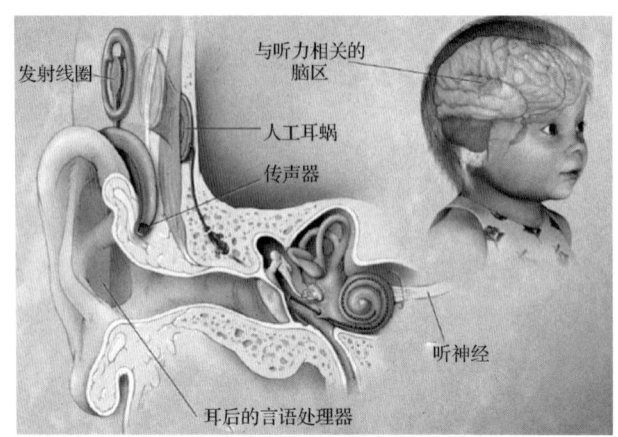

图 3-8 人工言语耳蜗植入原理图①

二、人工耳蜗的适应证及禁忌证

(一) 人工耳蜗的适应证

双耳重度或极重度听障,且不能受益于特大功率助听器,诊断病变位于耳蜗的儿童,可以选择人工耳蜗植入。

双耳重度或极重度感音性聋,年龄在 18 个月至 9 岁(美国食品药品监督管理局)的儿童选配双耳最佳助听器并进行听力康复训练后听力无明显改善,经影像学检查,无手术禁忌证;经医学检查,对全麻手术及术后训练无禁忌证,家长及患儿对人工耳蜗有正确认识和适当期望值,并愿意参加康复训练。

(二) 人工耳蜗的禁忌证

人工耳蜗是通过电刺激听神经而使病人感知声音,主要适合耳蜗性耳聋,不适合蜗后性耳聋,患者听力损失的程度为重度和极重度。但从理论上讲,患者必须具备一定数量功能正常的听神经才能适合人工耳蜗植入。目前还没有检查能准确、客观地检测听神经的数量、状态以及分布情况。

目前人工耳蜗植入手术的禁忌证,应该从以下几个方面考虑:

1. 耳蜗及听神经因素

(1) 耳蜗完全缺失和内听道严重狭窄。

---

① 图片引自中华思源工程扶贫基金会网站。

（2）内听道的直径不足 2 毫米。

2. 中耳感染因素

对于化脓性中耳炎病人，植入电极会把感染灶带入内耳，因此，应先将中耳炎病灶彻底清除，术后 6 个月无感染后才考虑进行人工耳蜗植入。但国外也有学者使用一期去除病灶，植入人工耳蜗后用腹部脂肪封闭术腔和外耳道的技术，避免二次手术。

3. 耳蜗骨折

耳蜗骨折很可能损伤耳蜗神经，导致人工耳蜗植入无效。

4. 精神病

电刺激可能会刺激大脑皮层，加重精神病患者的病症。

三、人工耳蜗的维护

除了每年定期去耳蜗公司对人工耳蜗进行调试和保养外，使用者还要注意人工耳蜗的日常保养，让人工耳蜗能维持在最佳状态，发挥最大功能。

1. 注意清洁护理

每月 1~2 次将体外机的各部件及导线拆开清洁，使用棉签或柔软的干布擦拭干净，并蘸少量医用酒精擦拭金属接头/接口，再放入干燥盒/箱内干燥。

2. 保持干燥

建议每天晚上将头件取下后放入干燥盒中干燥（最好用木棍将头件帽撬开），干燥剂应定期更换，严禁将干燥剂放入微波炉中加热后反复使用。平时要注意将干燥盒的盒盖拧紧，防止盒内的干燥剂吸收空气中的水分，盒内湿度控制在 50 以下。言语处理器上的麦克风护盖若潮湿可取下擦干，再重新装回。

3. 防止静电

儿童在参加易产生静电的活动前（如滑塑料滑梯等），应摘掉头件及言语处理器；开机使用时尽量避免触碰电视机和电脑屏幕。

4. 声音测试

建议家长定期用测试耳机测试麦克风收集声音质量的好坏，如有杂音或无声音，可使用辅助麦克风，同时与客户服务中心联系更换头件。

5. 更换电池

安装纽扣电池时要注意正极向上、负极向下。充电电池在充电之前最好先放电 3~5 秒以延长使用寿命。

四、人工耳蜗植入后的康复训练

（一）人工耳蜗植入后康复训练的原则

人工耳蜗术后的儿童与配戴助听器的儿童基本一样，一般也要进行听觉、语音和语言的康复训练，需遵循以下六个原则。

（1）术后加强听觉的培建，使儿童养成注意倾听的习惯。

（2）将识别和发音整合到活动中去，将听和说结合在一起进行。

（3）听觉训练和发音训练应寓教于乐。

（4）结合生活实际进行言语技能训练，激发听障儿童学习兴趣。

（5）言语技能训练应和语言学习相结合，达到交流的目的。

（6）创造丰富多彩的对话环境，胜过教师的个别辅导。

（二）人工耳蜗植入后康复训练的方法

1. 听觉培建

（1）人工耳蜗调试。

听觉培建只有在人工耳蜗调试达到优化的条件下才能获得理想效果。凡人工耳蜗植入者，术后均要进行调试，调试的目的是使人工耳蜗的听觉刺激电流量适合个体的需要，给植入者提供舒适、清晰、真实的声音信息。调试一般由两名专业人员共同完成，一人负责操作编程系统，另一人作为观察者与听障儿童游戏并观察听障儿童反应，方法类似儿童行为测听法。

每次调试后，可做林氏六音测试，测试者与儿童并排而坐，用正常说话声音强度，分别测试/ɑ/、/i/、/u/、/sh/、/s/、/m/，让被试者听到声音后进行复述，有一定言语能力的儿童也可依据《儿童言语测听词表》进行封闭式或开放式测试，或回避视觉进行语音模仿。听障儿童术后第一次调试（即开机）一般在术后2～4周进行；术后3个月内调试频繁些，特别是开机后一个月内，每周要进行一次调试。以后可每月或根据需要进行调试。

术后调试的质量将影响听障儿童的听觉效果，为使调试准确，达到重建听力效果优化，调试人员要掌握听力测试特别是听障儿童行为测听的技术和对听障儿童进行听觉训练的方法。

（2）听觉培建的内容。

听障儿童听觉能力的培建和聆听技能的掌握，直接关系到听障儿童听力语言康复的最终效果。其具体内容可根据聆听能力的发展分为如下四个阶段。

第一,声音察知阶段培建的内容:主要感知声音的有无及声音的强弱。听取的内容80%应是自然环境声,如动物鸣叫声、音乐声、人体声,20%应是言语声。训练的主要目标:儿童对声音能及时出现应答性听觉反应。

第二,声音辨别阶段培建的内容:主要通过对声音的音高、音长、音强及音色的感知辨别各种声音,如自然环境声、动物鸣叫声、音乐声、人体声及言语声。儿童掌握的词汇量增加,听言语声的比例也要逐步增加。训练的主要目标:儿童对声音能做出正确辨别。

第三,声音识别阶段培建的内容:此阶段的训练内容80%应是言语声,20%应是自然环境声。训练目标:儿童能对语音超音段特征识别,对音节相近的单词识别,对音节相同且辅音及元音信息相近的单词识别,以及在短语中对关键成分识别。

第四,声音理解阶段培建的内容:在前三个阶段训练的基础上,视个体学习差异逐步增加句长,提高言语识别难度。训练目标:儿童能达到对日常短语或熟语的理解、对连续语言的理解、对简短故事中顺序关系的理解、对拟声或抽象语言的理解,并能在背景声中理解对话。

(3)听觉培建的方法。

听障儿童听觉的培建方法可分为单一听觉强化法和多种感觉参与法两种。在康复教学中这两种方法通常并用。多种感觉参与法有助于听觉理解,单一听觉强化法有助于听觉记忆,两种方法的有机结合是人的听觉认识从感知到理解,从理解到识别,从识别到记忆,从记忆到形成听觉概念的重要途径。具体可分为以下几个层次的训练。

第一,听觉感知训练——可视音乐治疗法。听障儿童植入人工耳蜗后,经常听音乐是最好的听力训练方式。经过放大后的音乐刺激,可以激发听神经产生冲动,久而久之可使听灵敏度提高,在某种程度上达到听觉治疗的目的。如果伴随音乐同时增加视觉效果,则有利于建立听觉中枢与视觉中枢的神经联系,有利于脑潜能的开发和条件反射的建立。

第二,听觉理解训练——多种感觉参与法。多种感觉参与法强调充分利用听觉、视觉、触觉等感觉渠道进行听力练习,其中尤其重视视觉的辅助作用。对各种声音的理解可借助实物、图片提示法进行练习,建立音义联系;触觉利用法可帮助

听障儿童建立对声音的物理属性概念;音乐旋律与关于声音的心理体验可借助动作表现或表演(表情)法进行。此种方法可使大脑的听觉中枢、视觉中枢、言语中枢以及运动中枢处于兴奋状态,即全脑兴奋。在这种应激的条件下进行听觉训练对于人工耳蜗植入儿童在植入初期理解声音和语言十分重要。

第三,听觉记忆训练——单一听觉强化法。单一听觉强化法强调单独利用听觉途径去巩固和发展听障儿童的听觉记忆能力,这种方式对于人工耳蜗植入儿童听觉的培建非常重要。在回避视觉的条件下,初期可多以自然环境声和动物鸣叫声为主要刺激声进行听觉游戏,如听声移物、听声做动作、听声识图、听声指认等。在听觉理解积累到一定量的情况下,应以言语声为主要刺激声进行听觉强化训练,如听声复述,听言语声完成指令动作,用那些已理解的词汇、句子或小故事强化听的训练,完成培建的基本任务。所以听觉记忆训练多在理解的基础上进行语音的听觉强化,从而实现强化听觉记忆、形成听觉概念的目标。

2. 语言学习

听障儿童植入人工耳蜗后,需要通过人工强化的环境来学习口语,这样才能在语言发展关键期内获得口头语言。听障儿童早期康复教育的重要内容之一是学说话,这是一项艰苦的工作。

听障儿童的早期康复教育在健听儿童语言发展的规律的同时应遵循以下三项原则:

(1)以情境自然口语法为主导,形成和发展语言。

正常人的语言都是在周围环境的作用下自然获得的,这称为语言习得。情境自然口语法是促进听障儿童语言发展的重要方法,因此要积极为听障儿童创造良好的语言环境,使其通过反复听说和大量地交流,形成和发展语言。语言教育不仅仅是语言知识(语音、词汇、句式)的学习,更重要的是言语交往能力的培养。人们的言语交际受制于其言语行为的能力,而言语行为的能力只能在言语活动中获得,只有让听障儿童置身于交际的环境中,让其多听、多说,才能使他们掌握各种言语交际技巧。

(2)开展主题教学,在活动中学习语言。

兴趣是学习的前提,只有当听障儿童对学习内容产生浓厚的兴趣时,才能有求知的欲望。在教学中,一定要根据听障儿童生理、心理特点,遵循儿童身心发展规律,采用富有趣味性、形象性、灵活性的主题教育内容和方法,创设宽松和谐的环境,寓教于乐。在幼儿的基本活动、游戏和日常生活的情境中,听障儿童能较好地理解和掌握词义,把语音与客观事物相联系,经常联系就建立了有关这一客观事物的概念,使听障儿童较快地理解和掌握语言;同时教师要充分利用听障儿童熟悉的事物,进行情境教学、主题教学,或带听障儿童参观访问,进行实地教学,使词语记忆的材料建立在具体、形象的基础上,便于听障儿童记忆,逐渐积累概念和经验,使听障儿童语言得到发展。

(3) 以提高言语能力为主,有针对性地进行言语矫治。

普通儿童是在语言习得过程中,学会词、句,理解意群之后,逐渐自发地矫正语音的。随着年龄的增长,儿童的发音功能逐渐完善,如1岁的健听儿童语言清晰度为30%,2岁达到65%,4岁达到97%。听障儿童由于发音功能低下,在学习语言初期,语言能力较差、词汇量较小,如过多地矫正发音,会使听障儿童对试着说话失去信心,影响其说话积极性。因此,教师应以是否能完成交际为前提,不一定要求他们每个语音、每个字都说得十分准确,重点应放在让听障儿童用语言交流上,即言语的理解和表达上。当听障儿童词汇量及言语能力积累到一定量时,教师要有针对性地进行言语能力及发音水平评估,找出影响言语清晰度与发音异常的关键词汇,再制订言语矫治方案,进行言语矫治,才能收到实效。

人工耳蜗是一项精细的内耳手术,有一定的风险。虽然有许多听障儿童从耳蜗的植入术中获取很大益处,但离完全恢复听力这一目标还有一定距离。随着科技的发展,人工耳蜗植入术会有突破性地进展,必将发挥更大的作用。但人工耳蜗植入术带来效益的同时也伴随着高昂的成本,需要慎重选择。

第四节 听觉替代技术

一、听觉替代技术概述

听觉替代技术是通过调动人体其他感官系统替代听觉来帮助听障患者更好地感知声音或识别生活中各种声音信号的辅助技术。换句话说,听觉替代技术就是将声信号转换成可被听障患者感知的信号。特别是对于双耳重度和极重度感音神经性耳聋的患者,将声信号转换成视觉信号或触觉信号是十分有效的助听手段。

二、听觉替代技术分类

（一）视觉辅助技术

由于人类 80% 以上的信息是通过视觉获得的，听障辅助技术更应注重从视觉上为听觉障碍群体相互之间及其与正常人之间进行交流提供有效信息。视觉辅助技术就是采用声光技术用视觉替代听觉的技术。常见的有视觉报警器、电视字幕解码器、唇读辅助器、遥控闪光门铃等。

1. 视觉报警器

视觉报警器内置蜂鸣器能将 85 dB 的报警声传至 10 英尺（约 3 米）开外（相当于将 95 dB 的报警声传至 1 米开外），且以与视频信号同步的速率（每分钟 75 次）发出报警声。视觉报警器的工作温度为 $-35^{\circ}\text{C} \sim 66^{\circ}\text{C}$。聚碳酸酯外壳具有绝缘等级，能防雨。闪光灯为普通白炽信号灯，而频闪监测器能发出更为强烈的报警信号。

2. 电视字幕解码器

电视字幕解码器可以在维持电视音量不变的情况下，接收语音信号（文字），提高听障者感知声信号的能力。其工作原理是：在电视信号的一个频段内往往隐藏着说明字幕，该字幕称为封闭字幕。若想将这些字幕显示在屏幕上，需要一个外部或内置的电视字幕解码器。通过该解码器可以将字幕显示出来，使听障者一目了然，该技术称为封闭字幕技术。在美国，许多听障人士家庭备有这种解码器，使用后绝大多数频道都可以显示字幕。在我国，也有越来越多的电视节目运用了类似技术，为听障者提供了很大的帮助。

3. 遥控闪光门铃

该门铃可以使听障者感知门外有人敲门或按门铃。技术处理是在一般遥控门铃的接收装置上，安装上一个闪光灯，一旦有人按铃，铃声和闪光同步发生。听障者只要看到闪光，就知道有人在按门铃。

（二）触觉辅助技术

触觉信息是一种使听障者通过图形获取信息的辅助性方法。触觉信息的设置要注意材质的应用。如"震动闹钟"可使听障者知道时间，其强力震动功能具有响铃警示系统。

听觉信息频率高，触觉信息频率低（触觉感受到的是低频率的机械震荡，听觉频率高、震荡快，触觉来不及反应）；听觉信息频带宽，触觉反之；触觉要求空间、时间信息,转换速率慢。因此,用触觉替代听觉有很大的难度。但人们还是利用电声技术发明了一些触觉辅助技术产品,如常见的触觉助听器、腕式辨声器等。

触觉助听器利用麦克风拾取声信号,将重要的声信息提取出来以电信号的方式传递给振荡器,由后者振荡听障者的皮肤,听障者通过振荡的节律、时间以及幅度来获得声音信息。触觉助听器主要适用于使用耳级助听器不能受益的深度听障者,他们可以借助该设备辨别声音和进行语言训练,特别是在植入耳蜗术前,对听障儿童的助听器训练是十分有意义的。

还有一种腕式触觉及视觉听障者辨声器,其原理是通过触觉及视觉来代替听障者的听觉。该辨声器使用电子技术将声音信号转换为振动信号和光学信号,以帮助听障者感知附近发出的声音,达到感知相关事物或规避危险的目的。其外形如手表样,一旦附近有声响,底部的压电陶瓷振动器就会以相应的频率振动听障者腕部,使听障者可以感知并初步辨别声响;同时提示灯以相应的频率闪烁,再用视觉提示听障者。

另外,还有其他视觉和触觉相结合的辅助技术产品,如烟雾传感器、湿度传感器、压力传感器和爆炸传感器等。当警报信号出现时,相应的传感器将信号传给闪光或振动指示器,听障者就可以通过视觉或触觉等知道发生了什么危险。

第五节　FM 调频系统

FM(Frequeucy Modulation)调频系统是一种听觉辅助装置,它可以帮助听障者更好地感知声音或识别生活中各种信号,促进其日常生活的听觉活动,达到听力康复的目的。听觉辅助装置的作用就是将电信号转换成可被听障者感知的信号,此设备减少了背景噪声的干扰及说话者同聆听者之间的距离所带来的影响。

FM 调频系统是声信号放大技术之一,它提供了将声源无线传递给听障者的方式,有两种形式:一种是个人系统,用于一对一的交流;另一种是集体调频助听系统,即用于一人传送到多人的大场地交流,如会场、教室、剧院、教堂等。

一、FM 调频系统的组成

FM 调频系统是由一个发射器(如图 3-9)和一个或者多个接收(转换)器(如

图 3-10)两个部分组成的。

图 3-9　FM 调频发射器　　图 3-10　FM 调频接收(转换)器

1. 发射器

发射器由教师佩戴。发射器中含有内置的高质量麦克风、作用范围达 30 米的置于绳索中的发射天线,可将教师的声音转换成电信号,然后输入发射器,发射器再将电信号变换成调频电波信号,发射器利用天线发射出言语电波信号。

2. 接收器

接收器与听障者的助听器连接,利用耳机的连线作为天线,接收到发射器发来的言语电波信号,然后将电波信号还原成声音。在接收器内同时也装有话筒及发射系统,可以将听障者的说话声通过发射天线传送出去,帮助听障者之间互相交流。

二、FM 调频系统的使用方法

(一) FM 调频系统的配戴

1. 发射器的配戴

听障者将发射器上的话筒系在自己的衣领上,将发射器别在腰间,打开开关即可使用。

2. 接收器的安装

将接收器直接安装在助听器中,或用音靴安插在耳背式助听器的底部,用于接收与发射器相匹配的频率,拾取转换信号。

(二) FM 调频系统与助听器的耦合

从接收器传来的信号只有当它被送至使用者的耳朵时才是有用的。接收器最简单的输出形式是耳机,通常为纽扣形式的耳机,主要缺点是接收器不含复杂的音调控制、压缩、调整功能,这样就不可能按配戴者的需要来调整放大。如果频率调

制接收器与个人助听器相连,就可以更精确地满足单独的放大需求。FM 调频系统与助听器的耦合方式主要有:

(1) 通过连接线与助听器的音频输入连接器相连。

(2) 驱动配戴在使用者脖子上的感应线圈回路,该回路可以向助听器的电感输送磁信号。

(3) 通过轮廓线圈安装在一个小的塑料盒里,配戴在助听器的边上。

(三) FM 调频系统与方向性麦克风的结合

当听障者处于一个小组中,或需要听其他同伴谈话时,仅接收来自调频发射器的信号是不够的,因为有的讲话者可能离发射器较远。FM 调频系统用以下两种方法来解决这一问题:

(1) 把开关拨到接收器和助听器结合的位置上。在这个位置上,配戴者可以听到来自发射器和被助听器麦克风拾取的混合的声音,这样就能听到附近的谈话。

(2) FM 调频系统自动开关。也就是当信号来自发射器时,它就选择单独使用调频;当发射器没有音频信号时,它就选择局部麦克风。

三、FM 调频系统在语训中的应用

(一) 语训面临的现状

现在的听障儿童大多都配有助听器,有些有人工耳蜗,这些设备能在很大程度上帮助听障儿童获得听觉信息。但是在教室里,我们无法回避的问题是噪音、距离和回音,这些因素会大大降低听障儿童的语言识别能力,自然就会降低听障儿童语训康复的效率。如果听障儿童在普通学校随班就读,这三个因素就更明显。国外有很多研究表明,听障儿童在普通学校随班就读的时候,成绩要低于普通儿童,不是因为听障儿童智力存在问题,而是因为他们经常听不清教师说的话。

1. 理想的语训环境

首先,听障儿童在语训过程中,最佳的方式是在安静的环境里,采用一对一的谈话方式进行康复训练。但实际情况是听障儿童不是经常处在最佳的听环境中,大部分环境都很嘈杂,单靠助听器并不能让讲话者的声音更清楚或更大,有时候语音信号实际比背景噪音更小。

其次,助听器和人工耳蜗的良好工作距离是 2 米。而谈话者在说话时会经常移动位置,更何况,儿童天性好动,要限制儿童与谈话者的距离是不现实的。

2. 影响语训效果的三大障碍

（1）噪音。

背景噪音存在于大部分的环境中，充斥于家里或教室内外。一般学校教室背景噪音来源可分为三种：校外——马路上行车、飞过的飞机、工地施工等；校内——操场、走廊、隔壁教室、音乐教室等；教室内——同学讲话、桌椅碰撞、风扇运转、空调运行、教师走动等。这些噪音对听障儿童来说，不只是烦恼，还会影响其对语音的理解。

一些关于教师声音的研究报告指出，教师的声音必须比背景噪音大 15～20 分贝才能被听障儿童听到。教师的声音(不用麦克风)一般为 65 分贝，而教室背景噪音约 60 分贝，也就是说信噪比只有 5 分贝。对于听力正常的人至少需要 6 分贝的信噪比，而听力受损的儿童则需要更高的信噪比，这个值最少为 15 分贝，听力损失越严重，所需信噪比越大。所以在教室里，听障儿童即使配戴了助听器依然无法清楚听到教师的说话声，从而造成了学习效果不佳。此外，一般助听器不但扩大了说话者的音量，也同时扩大了噪音，而且助听器本身存在失真度，会让噪音听起来更嘈杂。

（2）距离。

听不只包括一种对声音大小的感觉，还包括对距离和范围的感觉。根据一般的教室设计，教师距离第一排儿童大约 2～3 米，若第一排儿童听到教师说话的音量是 65 分贝，教室噪音为 60 分贝，表示教师的音量只比背景噪音大 5 分贝；而坐在第三、第四排(距离教师大约 4 米)的儿童听到教师的音量只有 59 分贝左右。可见，距离每增加一倍，语音信号相对就会降低 6 分贝，那么背景噪音实际上要比教师的声音大 1 分贝。

虽然听障儿童可以选择坐在第一排，但实际上教师朝着黑板边写边讲，或者边走边讲时，听障儿童听起来仍然会比较吃力，阻碍了其语言的理解。

（3）回音。

回音是影响语音辨识的另一种阻碍。声波在一个物体表面反弹回来的声音实际上会遮盖住或消掉主要的语音信号，会降低语音的清晰度，降低信噪比，而使得说话者的声音更难被听清楚。

所有房间都有回音，教室内同样存在回音，大的空间及四面墙壁的教室回音现象就更严重，因为声波反射时间过长(大于 0.4 秒)，会混淆话语，影响聆听。而一般教室平均声波反射时间是 0.8 秒，这会严重影响听障儿童的听课效果。

(二) FM 调频系统在语训中的作用

使用 FM 调频系统可以有效地克服噪音、距离和回音对聆听效果的不利影响,大大提高言语信号的清晰度。听障儿童听得清楚,才能讲得清楚,而听得清楚的前提是提供尽可能高的信噪比。

1. 减少噪音

FM 调频系统比方向性麦克风助听器在降低噪音上更为有效,同时也可以大大提高信噪比,提供更多的语音信息给听障儿童,从而改善他们对语音的理解,这对他们语言的发展也有一定的帮助。

2. 缩短距离

FM 调频系统发射器上的麦克风将讲话者的声音用调频直接传送到助听器上,这就等于在听障儿童的耳边说话,因此距离不再是障碍。

3. 降低回音

FM 调频系统将声音直接传送到听障儿童耳朵,避免回音遮盖住讲话信息,克服了回音所造成的不利影响。

现在的技术已经可以使得 FM 调频系统能够很好地消除教室回音和噪音的问题,还有一种技术可以使 FM 调频系统随着环境噪声的改变动态调整,确保儿童接受到最佳的信噪比。更重要的一点是,这个系统不仅帮助了听障儿童,也帮助了教师,让教师告别了上课基本靠"吼"的教学方式。教师工作强度降低了,上课不那么累了的同时,也能更好地关注儿童。

(三) 使用 FM 调频系统应注意的问题

在使用 FM 调频系统时应注意以下 6 个问题:

(1) 检查是否常有干扰现象。

(2) 检查助听器与接收器的连线功能是否正常。

(3) 检查电池是否有足够电量,每日固定充电。

(4) 检查频道选择,确定信号能顺利接收。

(5) 避免在高温或潮湿的地方放置调频辅助器。

(6) 定期进行维护。

(四) FM 调频系统的常见故障及排除方法

表 3-1 是 FM 调频系统的常见故障及排除方法,可以帮助使用者快速检查 FM 调频系统的故障,找到最快的解决方法。

表 3-1 FM 调频系统的常见故障及排除方法

常见故障	排除方法
完全没有声音	①检查助听器是否正常运作； ②检查接收器开关是否切在正确位置； ③检查发射器是否切在正确位置； ④检查发射器与接收器频道是否一致； ⑤将电池充电或换新。
没有收到 FM 信号	①检查音靴、助听器及输入线是否连接好； ②检查接收器是否切到正确的模式； ③检查麦克风是否打开； ④检查发射器与接收器频道是否一致； ⑤将电池充电或换新。
声音微弱或失真	①检查耳模是否被耳垢塞住； ②检查耳导管是否破损； ③检查助听器设定是否恰当； ④将电池充电或换新。
声音断断续续或有回音	①远离干扰源(金属制品,如电脑、微波炉、手机等)； ②确定没有人在附近使用相同的频道； ③清洁并检查电池接触是否良好； ④检查设定是否正确,耳模是否有阻塞或破损。

第六节 听觉辅助器具的适配

一、听觉功能的评估

儿童处于生长发育阶段,也是言语和语言发展的重要阶段,开发和保护剩余听力将对其一生产生重大影响。由于儿童往往不能配合表达其主观感受,在为儿童调试助听器时,如果给予过多的补偿将会损伤该儿童的剩余听力;如果补偿不足的话,助听器又难以发挥作用,使儿童错过学习语言的最佳时期。因此,在为儿童选配助听器时首先得知道其听力损失的程度和性质,可根据儿童的年龄和认知成熟的情况,采用不同的测听方法,来评估儿童的听力损失程度。

(一)评估儿童听力损失程度的方法

1. 脑干诱发电位及多频稳态反应测试

脑干诱发电位测试已广泛应用于临床,作为新生儿及不合作儿童的客观听功能测试,以短潜伏期听性脑干反应(Auditory Brainstem Response,简称 ABR)最为普遍。它可客观评价儿童听功能和中枢神经系统的发育,不受被测者主观行为的影响,且可在睡眠、麻醉的情况下进行,因此,适用于自新生儿起不同年龄的儿童。在使用 ABR 时,需要具有频率特性的气骨导测试反应阈。因为 ABR 反应阈作为客观听敏度的判断指标,短声刺激的结果不能代表真正的听力试验,短声的能量集中在 2 000~4 000赫兹,不能提供其他听觉状态,另外,由于大多数听障儿童存在剩余听力,特别是在中、低频区,故对 ABR 未能引起反应者,应进一步推荐进行多频稳态诱发反应测试。

多频稳态反应是由多个频率持续的或者说是稳态的声音刺激信号刺激产生的反应。当调制频率大于 70 赫兹时,睡眠、麻醉等因素对反应几乎无影响。如果同时给出多个调制频率的刺激信号,根据快速傅里叶变换原理,借助计算机技术可同时得出多个频率的听觉反应。因该检测快速、无创、客观、具有频率特性,可应用于婴幼儿乃至新生儿。

2. 声导抗测试及耳声发射测试

声波在介质中传播需要克服一定的阻力,这个阻力称为声阻抗。被介质吸收和传导的声能叫声导纳。声导抗是声阻抗和声导纳的合称,是客观测试中耳传音系统功能的方法。当声音以声波的形式到达鼓膜时,一部分声能被吸收并传导,另一部分被反射回来。中耳声阻抗越大,声导纳越小,则传导越少,反射越多。从反射回来的声能可以了解中耳传音功能的情况和获得听力障碍的定位资料。

耳声发射是一种产生于耳蜗,经听骨链及鼓膜传导释放入外耳道的音频能量。声发射是指材料内部迅速释放能量所产生的瞬态弹性波,源自声学。耳声发射即指这种在外耳道中记录的来自耳蜗内的弹性波能量,这种能量来源于外毛细胞,当外毛细胞受到损伤后,耳声发射的现象就会消失,因此耳声发射测试有助于我们诊断儿童的听觉障碍。

3. 行为测试

随着儿童年龄的增加,声定位能力逐渐发育成熟,可采用视觉强化测听法进行听阈测定。3岁以上的儿童可采用条件游戏测听法测得听阈;5岁以上的儿童通常能够做行为测听,可采用标准测听方法,而不需采用视觉强化测听法。

获得可靠的听力数据是为听障儿童选配合适的助听器的依据,我们应获得两耳的低频和高频听阈才可以进行验配。

(二) 助听器选配效果的评估

听障儿童的助听器效果评估的主要指标有：助听后的听力水平、言语识别能力、主观评估助听器的获益程度、不适评估等。对于那些患有先天性耳聋或语前聋的儿童还可增加言语发展水平评估，这也是人工耳蜗植入后评估其效果的常用指标之一。

1. 助听后的听力水平

有几种测听方法可以测试出听障儿童在不同频率范围的听阈。其中一种切实可行的方法是测试在声场环境下的助听后听阈，前提条件是在这种测听环境下听障儿童可以合作。例如，用视觉强化测听法或条件游戏测听法等行为测听方法进行测试，将测试所得的助听后听阈与裸耳听阈相比较，可得到功能性增益。该检查对验证能否听到较轻的声音有用。

2. 言语识别能力

助听器选配效果可通过言语测听来评估，言语是人类进行交流的最重要的一种声音，因此根据言语测听进行评估是比较完整的评估。但婴幼儿正处于语言学习的活跃时期，受其年龄和听力损失程度的限制，通常难以测出其言语识别能力。有报告指出，不太可能测出3岁以下的儿童可靠的言语识别能力，因此这种测试方法适用于3～5岁的儿童。该测试的前提是要有一套为该年龄段儿童所熟悉的词语、相应图片和物品。在做测听选择言语材料的类型时，要考虑这个受试儿童词汇表中已有的词汇。对言语识别能力测试的结果可进行横向比较，即与同年龄普通儿童相比，以找出差距，也可进行纵向比较，即比较同一儿童不同时期的言语识别能力，以显示其进步程度，但后一种更有意义。对于较年长的儿童有较多的言语测听方法可供选择，其中包括适用于成人的测听方法。

3. 主观评估助听器的获益程度

主观评估通常指助听器使用者在每天经历的各种各样的环境里，在评价从配戴助听器中获益程度的同时也评价助听器的缺点及限制。显然我们不能期望婴幼儿在这个过程中能够主动合作。但8～12岁年龄段的儿童可以在这方面提供有用的信息。因此，可通过询问儿童、其父母或教师，了解助听器在实际生活中对他们的帮助程度，以评估助听器效果。并可根据儿童当前的能力，参考健听儿童的听觉和聆听发展指数，制订相应的听力康复目标。若不能达到预期的有关目标，应检查助听器的调试是否合适，功能是否正常。

4. 不适评估

评估每个儿童对助听器的适应情况,主要是为了保证助听器不会引起响度不适。

5. 言语发展水平评估

在评估听障儿童配戴助听器的效果时往往很少考虑言语发展水平评估。言语发展水平可用清晰度指数(Articulation Index,简称 AI)来表示,即测试某些特殊类型的言语(如句子)的可懂度,这方面测试对受试儿童的年龄和语言能力有一定要求。通过长期对年龄较小的听障儿童的言语水平与同年龄的普通儿童的相应言语水平相比较,可跟踪评估儿童个体言语的发展水平。

(三) 人工耳蜗植入前的听力评估

在整个人工耳蜗植入活动过程中,术前对听障儿童的选择和评估是至关重要和必不可少的环节,其主要目的是从医学、听力学等多方面综合评价和决定该儿童是否适合实施人工耳蜗植入手术。

1. 医学与影像学评估

通过术前的医学评估,可以确定听障儿童目前的身体情况是否可以手术等。术后听障儿童也应定期检查,以便观察是否有继发其他耳科疾病的可能。术前影像学评估也是术前检查的一项重要内容,指对耳蜗发育状况和结构进行计算机断层扫描(Computed Tomography,简称 CT)或磁共振成像(Magnetic Resonance Imaging,简称 MRI),了解儿童耳蜗结构发育的完整性以及有无畸形,为选择合适的手术方案或手术测评提供依据。

2. 电生理评估

电生理评估可以验证其他听力学检查结果,尤其对幼儿听障者十分有益,并且可以排除功能性耳聋存在的可能。

3. 听力学评估

人工耳蜗植入术前听力学评估主要目的是确定听力损失的程度和类型,常规评估项目应包括裸耳电测听、声阻抗、声反射、耳声发射和脑干诱发电位等。

二、听觉辅助器具的适配

(一) 助听器的适配

1. 助听器的适用对象

任何具有听力损失的听障儿童都是助听器的适用对象。配戴助听器的目的是为了克服听觉障碍。听障儿童的需要和愿望是定制助听器的决定因素,也是其使用助听器的动力。

2. 助听器的配戴效果估计

一般而言,听力损失越重,选配助听器越难。具体的选配效果与听力损失的程度和类型、配戴助听器的动机、听障儿童年龄、听障儿童的装饰要求和个人愿望等相关。在某些时候听障儿童的个人愿望与助听器的音质效果同样重要。

(1) 配戴助听器的动机。

听障儿童因知识水平、生活环境、家庭经济水平等的不同,对听力损失所感受到的影响也不同。一些听障儿童一旦稍微有听力损失就会对他们的生活产生严重影响,而一些听障儿童在听力损失达到相当程度时才会去检查听力。同时对听力改善的期望值也会随着这些背景的不同而不同。

(2) 年龄。

听障儿童的年龄与反应速度会直接影响配戴助听器的效果。

(3) 装饰要求和个人愿望。

不论什么层次的听障儿童均会对助听器的配戴外观提出要求,同时每个听障儿童均会有自己不同于他人的听觉个人愿望。这种愿望与要求的心理实现程度对听障儿童配戴与适应助听器有最直接的影响。

(4) 听力损失程度。

听力损失程度往往决定了听障儿童对助听器的满意程度和使用时间。

轻度:仅在听觉要求较高的环境下使用助听器,一般性的语言交流没有影响。

中度:一般情况下,与讲话者距离近时交流不存在问题,但语言中有音节遗漏、替代和失真现象,在多数情况下需要使用助听器,配戴后的言语分辨率、清晰度均得到提高。

重度:需要很大的声音或贴近耳边才能听见,助听器可满足他们一般的要求,但听障儿童的言语分辨率欠佳,需借助视觉来帮助听。

极重度:听障儿童不能依赖剩余听力进行交谈,助听器也不能补偿他们的听力损失。此时助听器的作用在于使他们能够利用听觉上的信息,保持和外界的接触,感觉周围所发生的事情。

(5) 听力损失的类型。

传导性耳聋:一般在达到听障儿童的听力阈值后改善情况会非常明显。

感音神经性耳聋:因其耳聋并不仅仅表现为听阈上升,同时伴有动态范围减小、分辨率下降等现象,其听力改善的程度就相当个体化。

总之,任何听力损失所造成的交流困难,均有可能通过选配助听器得以改善,但助听器不能使听力恢复正常,也不能完全补偿听力损失。随着助听技术的发展,助听器将可以更大程度地帮助听障儿童获得听觉改善。

3. 不适宜配戴助听器的情况

一般情况下,听力损失均可通过助听器得到弥补,但以下情况应注意:

(1) 儿童有极重度感音神经性听力损失,即使采用最大的放大量也不能达到听障儿童的听阈。

(2) 儿童有重度或极重度混合性损失的耳道闭锁。

(3) 听阈动态范围很窄,舒适阈与不适阈只差 5 dB。

(4) 好耳的言语识别率极差。

(5) 耳朵正接受治疗。

(6) 经耳科专家诊断不宜配戴助听器。

(二) 耳模的制作

耳模应易戴具有良好的密封性、稳固性、舒适性以及对声音的方向性。根据耳模所用的材料可将耳模分为软耳模、半软耳模、硬耳模。软耳模具有良好的密封性、舒适性,但不易配戴,易老化,透气性差;硬耳模有较好的耐久性及可塑性,可制作成各种形状,但其密封性较软耳模差;半软耳模的性状介于硬耳模和软耳模之间。

1. 耳模的材料

耳模材料要求有一定的密封性、舒适性以及抗过敏性。常用的材料包括:合成荧光树脂、可弯曲的乙烯树脂、软乙烯树脂。

(1) 合成荧光树脂是一种硬材料,它易于修改及配戴,有良好的耐久性。它不仅可做成透明的,还可以有多种颜色。它的缺点是密封性稍差。适合轻微至中度弱听人士选用。

(2) 可弯曲的乙烯树脂是一种遇热固定的半软材料。可随配戴者体温的上升而变软,并有各种颜色,但它不易被修改。适合中度至重度弱听人士选用。

(3) 软乙烯树脂是最普通的软性材料,具有较高的抗过敏性,但长期使用耳模易老化。适合重度至极重度弱听人士选用。

2. 耳模的制作方法

耳模制作可因使用材料的聚合条件不同,如热凝、自凝、光凝等,工艺流程略有不同。

3. 耳模的修改

助听器选配时,因耳模式样或听障儿童的不同,常会发生如下情况:

(1) 不舒适:听障儿童配戴耳模数周后,感觉耳朵不舒适或有疼痛感。可详细询问其疼痛部位并仔细观察听障者的耳道有无红肿,确认听障儿童的耳模配戴方法是否正确,再结合耳模形状,对相关部位进行修改。

(2) 反馈啸叫:听障儿童配戴助听器常听到啸叫声。首先确认听障儿童耳模配戴是否正确,然后用手堵住助听器的耳钩出口,将其贴近耳朵,判断啸叫声是助听器的内反馈还是外反馈。若能听到啸叫声,则为内反馈,应将助听器送往厂家维修;若无啸叫声,则为外反馈,此时若耳模有通气孔,则将其堵上,再把耳模戴在听障者的耳上,若啸叫消失,则应缩小通气孔的尺寸,若还有啸叫声,则需加厚耳模的耳道部分或重做一个密封性更好的耳模。

(3) 不易配戴:可结合听障者的听力损失程度,适当缩短耳模耳道部分并对耳轮锁进行修改。

4. 耳模的保养

(1) 耳模的导声管内常因较大的温差或耳道内蒸发出来的水分产生聚集的水珠,影响助听器的功能。在发现此类情况后,应从助听器上取下耳模,消除水珠,使之干燥后方可使用。

(2) 装卸助听器时,应尽量避免用力牵拉导声管,以免使耳模受损。

(3) 助听器长期使用后,耳模会聚集灰尘、耵聍和细菌等,应定期清洗耳模,保证声音传导畅通,避免耳道发生感染。

(4) 耳模使用6个月到一年后,导声管将会老化、变硬,此时需要更换;听障儿童随着身体的发育成长,耳道也将发育变宽,耳模也需随之更换。

三、听障儿童辅具适配案例

儿童描述:吴某,男,12岁,患有感音神经性耳聋,配戴瑞声达CANTA780助听器10年,曾经在苏州盲聋哑学校语训班语训,语训效果不错,能基本流畅地与人进行交流,目前在西宁城西小学上六年级。

选配原因：所使用助听器年限较长，无法满足其成长后各项能力提升的需求，如在复杂环境下的使用交流，需更新助听器以改善在教室、操场，甚至马路上嘈杂环境下的使用交流效果。

（一）纯音听力测试

首先要对吴某现有听力进行纯音测试，得到其真实的听力损失情况。纯音听力测试图是正确验配助听器的主要依据，可依据它选择合适的助听器，调整助听器的频响曲线，使整个言语频率得到针对性的补偿；调整助听器的输出放大状态，以在保护听障儿童宝贵的剩余听力的同时，使其获得更好的听力补偿及康复状态。

（1）测试音：纯音。

（2）测试仪器：DA65 听力计。

（3）测试地点：张工听力工作室测听室。

（4）测听室环境：小于 30 分贝的环境噪音。

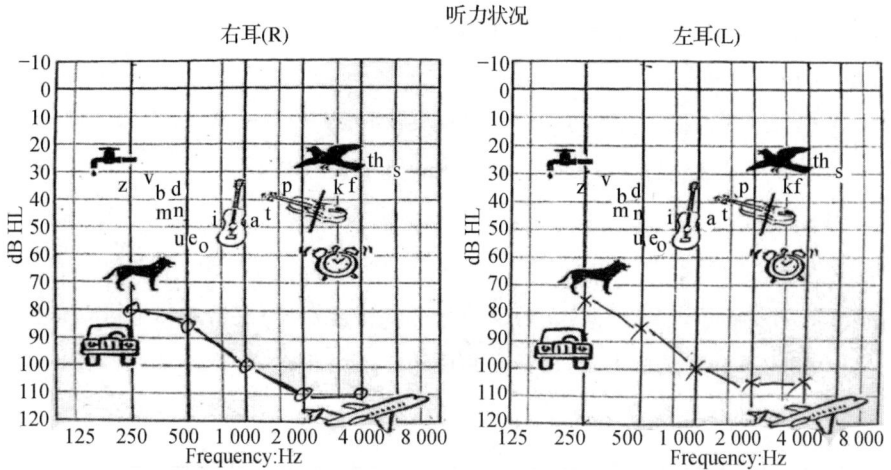

图 3-11　纯音听力测试图

受测的听障儿童是小学六年级儿童，年龄相对较大，理解能力好，主观判断能力较强，所以此纯音听力测试图测得的结果很准确。从图 3-11 可以看出他的听力损失程度，从而得知听力损失的性质、剩余听力情况。听力检测的范围在 250～6 000 赫兹之间，而人的主要语言频响范围大约在 300～3 000 赫兹。根据以上纯音听力测试图可知：吴某左耳听力损失为 95 分贝，右耳听力损失为 100 分贝，双耳均达到极重度听力损失。

（二）选择助听器

1. 功率的选择

吴某的听力损失为极重度听觉障碍，根据该儿童的实际听力情况可以确定其需选择超大功率助听器。

2. 功能的选择

（1）言语聚焦功能及降噪功能。

儿童在成长到一定程度后，小学教学环境改变，且儿童户外活动时间相对增长，对于儿童而言，助听器在复杂环境下的聚焦言语功能和降噪功能显得尤为重要，这可以有效提升儿童聆听语言的清晰度。

（2）高频重塑功能。

该儿童高频听力损失较重，且儿童对6 000赫兹以上的频响听力完全丧失，这样会影响到该儿童对高频音节的捕捉能力，将丧失听力部分的高频音节进行频率转换至剩余听力范围放大，可有效提升儿童对高频音节的捕捉，从而提升言语可理解度。

（3）防啸叫功能。

对于高频听力损失较重的儿童，传统助听器在声音放大后，极易造成啸叫，而选择具有防啸叫功能的助听器可有效防止啸叫带来的烦恼。

（4）其他功能。

防止风对助听器造成的噪音。双耳同步功能可在不同环境下自动进行程序切换并保持同步以保证复杂环境下的使用效果。蓝牙功能，可满足儿童对电话交流的需求，且双耳同时聆听电话，可提高其电话交流能力。

3. 最终品牌及型号选择

综合考虑以上两点，为吴某选择超大功率助听器，其最大增益可达80分贝，最大声输出可达141分贝，完全满足该儿童听力损失补偿的需求。

（三）耳模制作

因吴某听觉障碍为极重度，所以采用全耳式耳模，避免啸叫。其听力曲线表现为高频听力损失较重，所以在声学改进上采用喇叭孔、号角效应，有效地提高了高频输出，以增加言语清晰度。

（四）验配过程

将该儿童实际听力相关数值输入电脑验配软件，通过软件自动匹配并运算出该儿童各个频率的理论最佳放大值;通过配戴助听器，该儿童调整、放大并确认音量达到其认为的最佳音量;该儿童感觉并表达出其助听器音质是非常不错的,并表现出愿意配戴这款助听器;该儿童在马路嘈杂环境下交流并没有感觉到噪音对交流的影响;后通过DA65测听设备进行纯音测试(未出现啸叫的情况下,可直接使用测听耳机进行测试),其测试结果如图3-12。

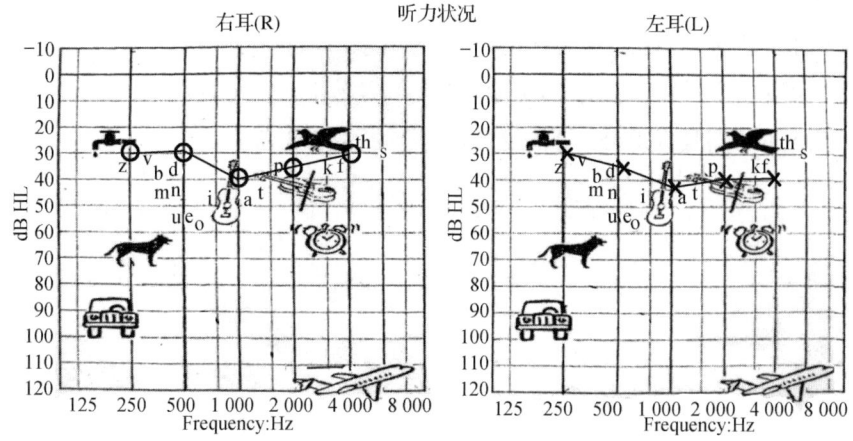

图3-12 配戴助听器后的纯音听力测试图

（五）后续跟踪

七天后的跟踪了解中,其母亲表示该儿童对家长的声音敏感度降低,家长让该儿童戴旧助听器,但儿童表现出不愿意戴以前的助听器。这是因为对新助听器的音质有一个熟悉的过程,这个过程可能需要半个月到六周的时间。

二十天后的跟踪了解中,其母亲表述说该儿童对声音的判断能力逐步提高,对从远处传到他耳边的较轻的声音能有效地作出判断并说出声音的特征。配戴效果逐步开始体现。

因该儿童处于外地,我们赠送给该儿童一个助听器编程器,这样,以后该儿童在外地出现问题时,可以为之提供远程电脑调试服务,调试可以随时通过网络进行,可使其避免长途奔波。

四、听障儿童辅具的保养

建议在表面柔软的物体(如床、沙发等)上配戴或除下助听器,切勿让助听器跌落到硬的表面上。切勿让助听器接触到高温,应避免受阳光直射,同时要远离辐射。千万别尝试自行修理助听器。配戴儿童在淋浴、进入浴缸或游泳之前,必须先除去助听器。应保持助听器干爽,除去助听器中的湿气。晚上应取出电池,打开电池盖用柔软的布拭抹助听器。如果生活在潮湿的环境中或容易大量出汗,应每日保持助听器干爽,并除去助听器中的湿气。不要让宠物尤其是狗接触到助听器,因狗听到反馈信号会被激怒,此外,又会被主人的气味所吸引,在这两种情况同时发生时,便经常会导致损坏助听器的情况发生。切勿让助听器接触到喷胶、油等物质。在未完成每日润肤护肤程序前,切勿配戴助听器。在理发店中亦切勿配戴助听器。要保持耳道及胶管清洁,去除耳分泌物及屑堆。定期约见听觉检验师,请他检验儿童助听器是否积聚有耳分泌物,以及是否操作正常。

第四章 肢体障碍辅助技术

第一节 肢体障碍的概述

根据第六次全国人口普查我国总人口数及第二次全国残疾人抽样调查中我国残疾人占全国总人口的比例和各类残疾人占残疾人总人数的比例推算,2010年我国肢体残疾总人数达2 472万人,与1987年第一次全国残疾人抽样调查的755万人相比,肢体残疾人总数大幅增加,所占比例成为各类残疾中的第一位,肢体残疾的现患率也大幅增加。

在所有残疾人中,有半数以上的人通过康复治疗(含康复辅助器具的适配)和康复训练就能部分恢复或完全恢复其功能。特别是肢体残疾者中相当一部分人可通过辅助技术达到生活自理并融入社会生活。肢体障碍辅助技术涉及肢体障碍儿童日常生活的方方面面,是发挥其肢体的潜能、辅助其自理生活的重要支持。

一、肢体障碍的定义

2006年第二次全国残疾人抽样调查残疾标准中规定,肢体残疾是指人体运动系统的结构、功能损伤造成的四肢残缺或四肢、躯干麻痹(瘫痪)、畸形等,导致人体运动功能不同程度的丧失以及活动或参与的局限。

肢体残疾包括:上肢或下肢因伤、病或发育异常所致的缺失、畸形或功能障碍;脊柱因伤、病或发育异常所致的畸形或功能障碍;中枢、周围神经因伤、病或发育异常造成的躯干或四肢的功能障碍。

二、肢体障碍的分级

2006年第二次全国残疾人抽样调查残疾标准把肢体残疾分为四级。[1]

---

[1] 民政部假肢科学研究所.残疾人个人移动辅助器具分类和术语,中华人民共和国国家标准[S],GB/T16432—2004/ISO9999:2002.

（一）肢体残疾一级

不能独立实现日常生活活动，包括：四肢瘫，四肢运动功能重度丧失；截瘫，双下肢运动功能完全丧失；偏瘫，一侧肢体运动功能完全丧失；单全上肢和双小腿缺失；单全下肢和双前臂缺失；双上臂和单大腿（或单小腿）缺失；双全上肢或双全下肢缺失；四肢在不同部位缺失；双上肢功能极重度障碍或三肢功能重度障碍。

（二）肢体残疾二级

基本上不能独立实现日常生活活动，包括：偏瘫或截瘫，残肢保留少许功能（但不能独立行走）；双上臂或双前臂缺失；双大腿缺失；单全上肢和单大腿缺失；单全下肢和单上臂缺失；三肢在不同部位缺失（一级中的情况除外）；二肢功能重度障碍或三肢功能中度障碍。

（三）肢体残疾三级

能部分独立实现日常生活活动，包括：双小腿缺失；单前臂及其以上缺失；单大腿及其以上缺失；双手拇指或双手拇指以外其他手指全缺失；二肢在不同部位缺失（二级中的情况除外）；一肢功能重度障碍或二肢功能中度障碍。

（四）肢体残疾四级

基本上能独立实现日常生活活动，包括：单小腿缺失；双下肢不等长，差距在5厘米以上（含5厘米）；脊柱强（僵）直；脊柱畸形，驼背畸形大于70度或侧凸大于45度；单手拇指以外其他四指全缺失；单侧拇指全缺失；单足跗跖关节以上缺失；双足趾完全缺失或失去功能；侏儒症（身高不超过130厘米的成年人）；一肢功能中度障碍或二肢功能轻度障碍；类似上述的其他肢体功能障碍。

肢体障碍儿童残疾程度的划分主要是依据残疾对儿童多种动作技巧的影响程度，通常分为轻度肢体障碍、中度肢体障碍及严重肢体障碍。轻度肢体障碍指儿童具有一定的残疾特征，但可以自行行走；中度肢体障碍指儿童可以依靠拐杖及支架行走，或可以行走但在精细动作及发音上有困难；严重肢体障碍指儿童必须依靠轮椅以及摆位辅具的协助才能正常生活。

三、肢体障碍儿童的类别

造成儿童肢体残疾的原因多种多样，不同肢体障碍儿童的残疾程度也千差万别，但导致儿童肢体障碍的主要原因有神经系统（脑、脊髓及神经）的损伤和运动系统（肌肉、骨骼及关节）的损伤两大类，而且绝大多数肢体障碍是由于脑神经和脊椎神经的损伤和肌肉的萎缩造成的,小部分是由于意外的肢骨折断、肢体切除或者关节病损所致。

(一)脑瘫

脑性瘫痪(Cerebral Palsy,简称 CP),简称脑瘫,是指从出生前到出生后一个月内的脑发育早期,由多种原因引起的非进行性的脑损害及发育缺陷所致的中枢性运动障碍及姿势异常。

脑瘫一般是由于在孕期、产前多种因素影响了神经中枢的发育。脑瘫常常还会伴有癫痫、智力低下、感觉迟钝、行为异常、性格怪异、语言落后等症状,最明显的特征是运动发育落后。

脑瘫的类型有很多种,根据脑瘫儿童全身的肌张力情况分为:痉挛型、手足徐动型、肌张力低下型、共济失调型及混合型。

(二)脊髓灰质炎

脊髓灰质炎(Poliomyelitis)又称小儿麻痹症。这是一种由于病毒侵入脊髓灰质体引起的传染性骨膜炎或骨髓炎而造成的脊髓神经的伤害,幼儿期尤其容易受到感染。具体病症体现在躯干和肢体,以下肢常见。

20 世纪 80 年代至 90 年代初,我国已由以省为单位到以县为单位实现儿童计划免疫,接种脊髓灰质炎三价混合型疫苗(糖丸)。婴儿出生后满 2 个月起初种,连续 3 次,每次至少间隔 1 个月,4 周岁时加强接种一次。1995 年又全国性强化计划免疫接种一次。据世界卫生组织报道,目前世界上有 145 个国家已彻底消灭小儿麻痹症,中国是世界上做得最成功的国家之一。

(三)肌肉与骨骼方面的疾病

肌肉与骨骼方面的疾病主要有:脊椎结核症、骨关节结核症或非结核性关节炎、肌炎、骨髓炎、渐进性的肌肉无力(肌肉萎缩)、丧失身体的某个部分(截肢等)及严重的脊柱侧弯等。大多数肌肉与骨骼系统受损的儿童都有正常的智力,他们不一定有学业上的困难,但是肢体上的残疾限制了他们的社会交往,从而导致他们情绪和心理上的问题。

肌肉萎缩主要表现为肌肉逐渐萎缩及肌肉坏死,多发于男性。儿童初发病的年龄在三四岁左右,然后随年龄增长病情恶化,直至不能行走。另外,有一些儿童是由于新陈代谢失调而导致的肌肉萎缩,如肌营养不良性退化、先天性肌无力症等。

（四）先天性畸形

先天性畸形指胎儿在子宫内发生结构或染色体异常而引起的器官或身体某部位的形态学缺陷，又称出生缺陷。常见的先天性畸形有先天性畸足、脊柱裂和斜颈等。

以上四类中，脑瘫引起的肢体障碍的比例最高。

第二节　矫形器与假肢技术

一、矫形器及其相关技术

（一）矫形器的定义

矫形器是用于人体四肢、躯干等部位，通过力的作用预防、矫正畸形，治疗骨骼、关节、肌肉和神经疾患并补偿其功能的器械。历史上，矫形器曾被称为夹板、支具、矫形支架、矫形装置等。矫形器作为一个新技术词汇，1950年开始在美国出现；1960年原美国人工肢体制造者协会改名为假肢矫形器协会时，正式使用了"矫形器"这一词汇。矫形器根据人体解剖学、生物力学知识，对先天或由后天因素导致的畸形，经诊断而进行固定、调整和矫正，使疾患肢体得到矫正和保护。

（二）矫形器的功能①

尽早使用矫形器，可以使儿童尽早进行功能锻炼、减少并发症、加快康复进程、提高生活质量。矫形器的功能如下。

1. 支持与稳定

这一功能为大多数矫形器所具备，即通过限制关节的活动范围，稳定关节，减轻疼痛或恢复其所承重的功能，防止异常运动的出现。例如松弛性瘫痪、痉挛性瘫痪、关节疼痛、无力以及其他原因引起的功能障碍，均可通过矫形器的稳定与支持功能得到一定程度的改善。

2. 固定和保护

即通过对病变肢体的保护来促使肢体愈合。从最简单的木夹板到复杂的牵引器械以及承重矫形器等均属于本范畴。保护性矫形器多用于治疗骨折或髋关节疾

---

① 卓大宏.中国康复医学[M].北京：华夏出版社，2003：7.

患、股骨头软骨病等。

3. 预防或矫正畸形

即通过力的作用,矫正肢体畸形或防止畸形的加重。多用于预防儿童畸形,如先天性髋关节脱位、胫骨扭转、特发性脊柱侧凸等。儿童生长阶段,由于肌力不平衡,骨发育异常或外力作用常引起肢体畸形,对此应以预防为主。生长发育期间,由于骨、关节的生长存在着生物可塑性,使用矫形器能得到一定的矫正效果。

4. 助动

即通过一定装置来代偿失去的肌肉功能,使麻痹的肌肉产生运动。其中最常用的是弹簧弹片,这一装置可通过肢体承重或肌肉运动使力得以储存;当肢体不承重时,弹簧将力释放给矫形器而产生动力。近年来已经出现了利用气压或液压技术的动力矫形器。不过,最简单而且最有效的动力装置要属橡皮筋或弹力带,例如足下垂者经常使用的弹性拉力带能改善其行走时的步态。

5. 抑制痉挛

矫形器可以通过控制关节活动,达到抑制站立、步行中肌肉的反射性痉挛的目的。主要用于改善脑损伤(如脑瘫、脊髓损伤)者的步行功能。如将硬踝足塑料矫形器用于脑瘫儿童可以减少其步行中出现的挛缩性马蹄内翻足,改善其步行功能。

6. 减轻轴向承重

指减轻肢体或躯干的长轴承重,如坐骨承重矫形器用于股骨头无菌性坏死。

(三)矫形器的分类

矫形器的品种繁多,分类方法也很多,比较常用的分类有:

1. 按矫形器的装配部位分类

对应人体疾患部位可将矫形器分为上肢矫形器、下肢矫形器、脊柱矫形器三大类。

2. 按矫形器的作用分类

可分为固定性矫形器、矫正性矫形器、免荷性矫形器、功能性矫形器、牵引矫形器等。

(1)固定性矫形器又称为静态矫形器、被动矫形器,是将肢体保护在固定位置上的矫形器,该类型矫形器可促进消炎和骨折愈合。

(2)矫正性矫形器是用于矫正肢体变形的矫形器,可以矫正畸形或防止畸形的发生。

（3）免荷性矫形器是为减轻下肢承载的负荷而使用的矫形器。

（4）功能性矫形器是具有辅助肢体运动功能的矫形器，可以稳定已松弛的关节，代偿麻痹肌肉的部分功能。

（5）牵引矫形器是以牵引为目的的矫形器。通过牵引来缓解神经压迫症状，如颈椎牵引器和腰椎牵引器。

除此之外，还可根据主要制作材料、产品状态、医疗目的等分类。

二、假肢及其相关技术

（一）假肢的定义

假肢是为截肢者或者肢体不全者弥补肢体残损和代偿其功能而设计、制造和装配的人工假体，是用于替代整体或部分缺失或缺陷肢体的体外使用装置。

（二）假肢的功能

一般而言，上肢截肢者的主要功能障碍是日常生活所需的功能，如穿衣、吃饭、写字、梳洗等；下肢截肢者的主要功能障碍是支持和平衡，如站立、行走。截肢者因为失去肢体，造成身体的缺损和残疾，补偿方法是为他们配戴上假肢，以补偿其功能，使假肢受残肢的支配。

（三）假肢的分类

假肢通常可按以下几种分类方法进行分类：①

1. 按结构分类

（1）壳式假肢。

壳式假肢亦称为外骨骼式假肢，由制成人体肢体形状的壳体承担假肢外力。使用的材料一般为木材、铝合金、塑料板材或合成树脂等。特点是结构简单、重量轻，但是其外表面为硬壳，易磨损衣裤。

（2）骨骼式假肢。

骨骼式假肢亦称内骨骼式假肢，特点是假肢的中间为类似于骨骼的管状结构，外包海绵物，最外层覆盖肤色袜套或人造皮，外观较好，穿着不易磨损衣裤，调整假肢对线也容易，但结构较复杂、相对较重。（如图4-1）

---

① 李建军.综合康复学[M].北京:求真出版社,2009:5,90-92.

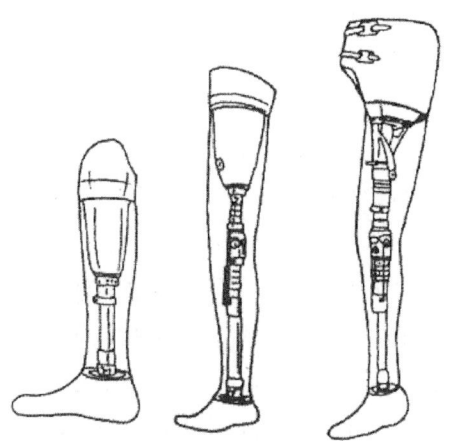

图 4-1　下肢骨骼式假肢

2. 按安装的时间分类

（1）临时假肢。

临时假肢是用临时接受腔和假肢的一些其他基本部件装配而成的简易假肢。一般用于截肢的早期康复，促进残肢定型。

（2）正式假肢。

正式假肢是为正常长期使用而制作的完整假肢。

3. 按截肢的部位分类

（1）上肢假肢。

根据上肢截肢的部位，分为肩离断假肢、上臂假肢、肘离断假肢、前臂假肢、腕关节离断假肢及手部假肢。

（2）下肢假肢。

根据下肢截肢的部位，分为髋离断假肢、大腿假肢、膝离断假肢、小腿假肢、塞姆假肢及足部假肢。

4. 按驱动假肢的动力分类

（1）自身力源假肢。

自身力源假肢又称内动力假肢，如用钢索牵动的机械假肢。

（2）外部力源假肢。

外部力源假肢又称外动力假肢，如采用电动、气动机构成力源的电动、气动假肢。

5. 按假肢组件化情况分类

（1）由单元化标准组件组装而成的假肢。

这类产品已经实现工业化生产，装配方便、快捷，产品质量好，价格相对较低，也便于维修，是现代假肢中发展最快的品种。

（2）非组件式假肢。

非组件式假肢与组件式假肢相反，是由非单元化标准组件组装而成的假肢。

6. 按假肢的主要用途分类

（1）装饰性假肢。

这种假肢没有主动运动功能，只是为了弥补肢体外观缺陷而设计的，它只起到外观装饰及平衡肢体的作用。多用于截肢、上肢残肢过短、肩关节离断、上肢带解脱术（肩胛骨和锁骨截肢）等难以发挥残肢功能，又不便安装功能性假肢的截肢者。当然，不能或不便安装功能性假肢的前臂或上臂截肢者，也可以装配装饰性假肢。

（2）功能性假肢。

这种假肢一般有较好的仿生功能，可以替代人体的部分功能。

7. 按接受腔口型分类

上肢假肢可分为明斯特式、诺斯伟思顿式。下肢假肢有传统的插入式和现代的全接触式、吸着式，又可根据口型分为髌韧带承重小腿假肢（PTB）、包膝式小腿假肢（PTS）、插楔式小腿假肢（KBM）、免带小腿假肢（PTK）等小腿假肢。大腿假肢根据其口型分为四边形树脂接受腔、软透明接受腔和坐骨包容式接受腔（CAT/CAM式）等大腿假肢。

8. 按假肢的制造技术水平分类

（1）传统假肢。

传统假肢是指应用一般的金属、木材、皮革等传统材料与制造技术制造的各种假肢。接受腔多为开放式的，假肢比较重，但一般都比较耐用，也较便宜。

（2）现代假肢。

现代假肢主要是应用现代树脂材料制造的各种假肢。假肢接受腔都是密闭的，全面接触、全面承重，假肢功能好、重量比较轻、外观好，但是一般较贵。

第三节　个人移动类辅助技术

一、移动类辅具技术概述

移动类辅助技术顾名思义是指帮助肢体障碍者个人移动的相关辅助技术。其中除了包括步行移动辅具和轮椅类辅具这些技术辅具，还包括在使用这些辅具时的相关服务等。

二、拐杖及其相关技术

根据拐杖的结构和使用方法，拐杖分为手杖、肘(拐)杖、前臂支撑杖、腋(拐)杖、多脚拐杖和手杖凳等。本节仅介绍与肢体障碍儿童相关的几类拐杖及其使用时的相关技术。

（一）手杖及其相关技术

1. 手杖的分类

根据手杖的结构可分为单足手杖(如图4-2)和多足手杖(如图4-3)。

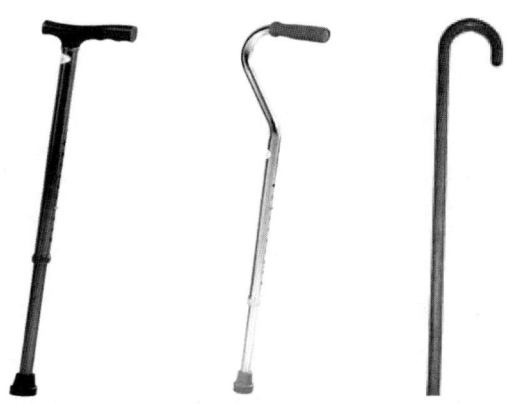

图4-2 单足手杖

（1）单足手杖呈"T"型、倒"L"型或"?"型；基本结构包括把手、杖身和脚垫；材质有木质、铁/钢质或铝合金质；按能否调节高度可以分为可调式、固定式（不可调式）和折叠式。特点为结构简单，使用方便。

（2）有两足以上的手杖称为多足手杖，基本结构包括把手、杖身、足和脚垫。多为钢/铁质或铝合金质，高度可调节。常见的多足手杖有三足手杖和四足手杖（如图4-3）。

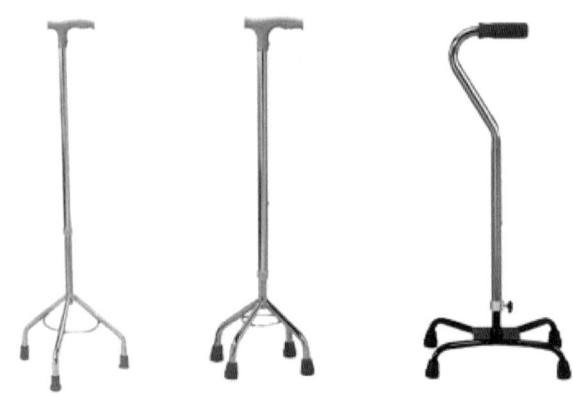

图4-3 多足手杖

2. 手杖的使用

手杖的基本使用方法是使用者手握把手,利用手和上肢的力量(尤其是伸肘的力量)支撑。根据不同肢体障碍有不同的手杖步行方法。

(1)截瘫儿童的步行方法。

两点步行:一侧手杖和对侧足同时伸出,然后另一侧的手杖和对侧足再同时伸出。

三点步行:先将肌力较差的一侧足和两侧拐杖同时伸出,然后再将对侧足(肌力较好的一侧足或健足)伸出。

四点步行:依次为伸出左手杖,迈出右脚;伸出右手杖,迈出左脚。

(2)偏瘫儿童的步行方法。

两点步行:先同时伸出手杖和患侧足,再伸出健侧足。该方式步行速度快,适合偏瘫程度较轻、平衡能力好的肢体障碍儿童。

三点步行:绝大部分偏瘫儿童是伸出手杖,然后伸出患侧足,再伸出健侧足;少数是先伸出手杖,然后伸出健侧足,再伸出患侧足。

(二)肘杖及其相关技术

1. 肘杖的定义

肘杖(如图4-4)是一种带有一个立柱、一个手柄和一个向后倾斜的前臂支撑架的助行架。由于支撑架上部的肘托托在肘部的后下方,因此命名为肘杖。肘杖可以单用,也可成对使用。适用于肱三头肌肌力减弱的肢体障碍者,下肢肌力减退、肌肉萎缩等下肢负重障碍者及截肢者。

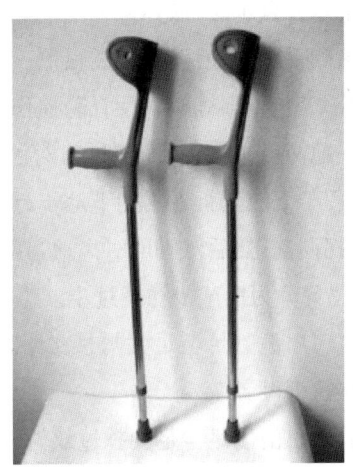

图4-4 肘杖

2. 肘杖的使用

在康复早期及康复后期使用的步态模式均为"四点步"。康复早期四点步为：将一侧肘杖前移，然后迈对侧下肢，再移动另外一侧肘杖，最后迈出另外一侧下肢；康复后期四点步为：一侧肘杖及其对侧下肢向前移动，然后另一侧肘杖及其对侧下肢向前移动。

（三）腋杖及其相关技术

腋杖（如图4-5）稳定性好，但较笨重。腋杖的基本结构为腋托、把手、侧杆、伸缩杆和脚垫，多为铝合金材料制成，也可以用木材自制。适用于上肢支撑力较强、握力较好，下肢功能严重障碍且手杖、多足手杖无法提供足够稳定功能者，如双下肢假肢、脑中风、偏瘫、下肢骨折手术后及配戴膝踝足矫形器后的截瘫及小儿麻痹症等肢体障碍者。有固定式、可调式两种。

（1）腋杖通常双侧使用，使用方法如下。

第一，腋杖双侧使用平地四点步法：将一侧腋杖前移，然后迈对侧下肢，再移动另外一侧腋杖，最后迈出另外一侧下肢。常用于双下肢运动功能障碍者，如脊髓损伤者及双侧下肢损伤者。

图4-5 腋杖

第二，腋杖双侧使用平地三点步法：肢体障碍者稍可或完全无法负重时，双侧腋杖同时前移，然后迈出患侧下肢，最后健侧下肢跟上。双拐只作为一点。常用于下肢骨折肢体障碍者开始部分负重训练时以及脊髓损伤患者。

第三，腋杖双侧使用平地两点步法：一侧腋杖与对侧下肢前移，然后另一侧腋杖与另一侧下肢前移。常用于下肢骨折者早期下地步行时，以及患肢不能负重者。

第四，摇摆法：首先双拐向前，然后双脚同时离地，身体以摇摆方式向前。

（2）按照健侧迈出的位置分为摆至步和摆过步。

第一，摆至步：先出杖，迈出健侧足至足尖与杖水平，这种步行方式步幅较小，也相对安全，多用于开始步行训练者。

第二，摆过步：先出杖，迈出健侧足至足尖越过双侧杖水平线，这种方式步幅较大，速度较快，需要患侧的上肢和躯干有较好的控制力。

三、助行架及其相关技术

助行架是一种能够辅助人体支撑体重、保持平衡和行走的康复辅助器具，也可称为步行器、步行架或步行辅助器。助行架可将肢体障碍者保护在其中，支持其站立或步行。其支撑面积大，稳定性好，因而安全性较高。按国家标准《残疾人个人移动辅助器具分类和术语》(GB/T16432—2004)，助行架包括标准型助行架、轮式助行架、助行椅以及助行台，按结构分为框式、轮式和平台式等，按支撑方式分为手撑式、手扶式和臂支撑式。助行架主要用于上肢功能完善而且下肢功能损伤较轻的患者。

（一）标准型助行架及其相关技术

标准型助行架（如图4-6）是一种三边形（前面和左右两侧或后面和左右两侧）的金属框架，没有轮子，是由手柄和支架提供支撑的步行辅助用具。其主要用于单侧下肢无力或截肢，需要提供比杖类助行架更大的支持，适用于骨关节炎、关节转换手术或股骨骨折愈合后、多发性硬化症、帕金森病、不完全脊髓损伤、脑卒中等的肢体障碍者。助行架可以帮助全身或双下肢肌力降低或协调性差的肢体障碍者独立、稳定站立。

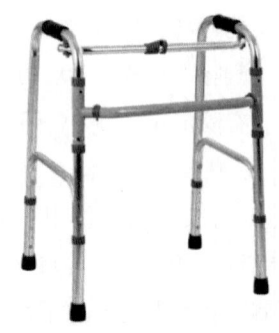

图4-6　标准型助行架

根据肢体障碍者患侧肢负重情况的不同,标准型助行架的使用方法也有所差异。在不负重的情况下,使用者首先双手握住助行架站稳,然后提起助行架放置于离身体一臂的距离,再迈出健侧肢,并使脚落于助行架后腿位置,最后迈出患侧肢至健侧肢平齐;在完全或部分负重的情况下,首先双手握住助行架站稳,然后提起助行架放置于离身体一臂的距离,再迈出患侧或肌力较弱下肢,并使脚落于助行架后腿位置,最后迈出健侧肢与患侧肢平齐。

有的助行架带有铰链结构,因而左(或右)侧可以先向前移动,然后右(或左)侧再向前移动,这种助行架称为交互式助行架。交互式助行架的应用虽然不如标准型普及,但当肢体障碍者需要自己站立在地面上交互步行时,这种步行架非常实用;尤其当肢体障碍者同时伴有上肢无力时,交互式助行架可使其不必提起整个架子,只需先从一侧,再从另一侧将助行架推向前方。此外,使用交互式助行架如厕也很方便。

（二）轮式助行架及其相关技术

轮式助行架(如图4-7)是由轮子、手柄和支架提供支撑的双臂操作助行架,带脚轮,行走时助行架始终不离开地面,由于轮子的摩擦阻力小,易于推行、移动。适用于下肢功能障碍,且不能抬起助行架前行的肢体障碍者,但其稳定性稍差。轮式助行架又分为两轮式、三轮式、四轮式,可具有带座位、手闸制动及其他辅助支撑功能的多种形式。

轮式助行架的适用对象有:下肢功能障碍,需要使用助行架或前臂支撑拐,而合并上肢功能障碍或不协调的肢体障碍者,如进展性类风湿性关节炎、脑瘫、偏瘫等。前臂有明显畸形,前臂支撑拐不适用时,可选用助行台,使用者将前臂平放于支撑架(台面)上,利用助行架带动身体前移。助行台支撑面积大、稳定性能好,易于推动。但比较笨重,在有限的空间内和户外操作都比较困难,但其仍为许多肢体障碍者唯一的辅助活动用具,因此必须适应。

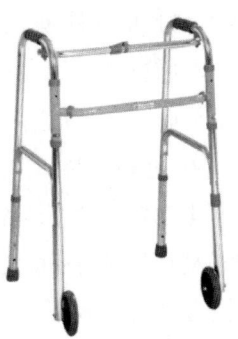

图4-7 轮式助行架

四、轮椅及其相关技术

（一）轮椅的分类

轮椅是指带有轮子的座椅，主要是提供给下肢残疾者或其他行走困难者作代步之用。它是丧失了行动能力的残疾人的主要交通工具，也是肢体障碍者康复的重要辅助用具之一。

依照不同的分类标准，轮椅有不同的类别。通常将轮椅分为普通轮椅、电动轮椅、特制轮椅、特殊用(运动)轮椅和代步车五大类。

1. 普通轮椅

普通轮椅的动力来源于人力推动，故又可称为手动轮椅。按推动力量施加者的不同，可分为自行推动轮椅和他人推动轮椅。自行推动轮椅是由使用者自己推行的，特点是有驱动手圈、后轮直径较大；他人推动轮椅是由照顾者推行的，特点是有推动手柄、无驱动手圈、后轮直径较小。

普通轮椅需要肢体障碍者自己用手或者依靠看护人推动轮椅前进，它的重量一般较轻，特别是可折叠式，其车架可折叠，便于携带及运输。普通轮椅也是目前国内外最常见与应用最广泛的一种。

普通轮椅由轮椅车架和另外三个基本系统，即身体支撑系统、驱动转向系统和制动系统四个部分组成。其中身体支撑系统包括座椅、靠背、扶手、脚踏板及附件(轮椅常用的附件包括坐垫、前臂手托、头托和颈托、固定带、防翻轮、小滚轮、轮椅桌、驱动轮挡板、制动手柄加长杆、轮椅手套等。)；驱动转向系统包括大车轮、手动轮、转向轮(小车轮)；制动系统包括制动操作系统和传动装置。

2. 电动轮椅

电动轮椅除了具备普通轮椅的基本组成部分外，还增加了电机驱动装置。电动轮椅根据使用环境的不同，分为室内式、室外式及室内/室外两用式。其最大的优点是节省体力，乘坐者只需要通过操控一些控制按钮即可轻松前进、后退或者拐弯，速度较快，可提供较大的活动范围；不足之处是体积较大、重量较重、搬动难，需要定期充电，购置和维护费用也较高。

电动轮椅这几年发展迅速，并且出现了许多具备特殊功能的电动轮椅，特别是与电脑技术相结合而产生的新型智能轮椅，可以更好地满足身体不同程度障碍者或行动不便者的需要。如对于无法用手操作者，有靠语音驱动其前进的智能电动轮椅,而且这种轮椅具有自动避开障碍物等功能;还有能上、下楼梯的电动轮椅,通过加装的履带可实现上、下普通楼梯;对于手或前臂完全丧失的肢体障碍者,有可以用下颌进行操纵的电动轮椅。

3. 特制轮椅

根据患者的身体情况,按不同的要求可以设计出不同外观和动力装置的轮椅,另可加装多种不同的配件,例如特殊坐垫或靠背、颈部支撑系统,还可加载坐便器、加强载重量等。这类轮椅通常用于重症或严重躯干变形者。

(1) 可躺式轮椅。

这种轮椅(如图4-8)的特点是靠背高,其顶端高至乘坐者的头部;枕托能拆卸,脚踏板可升降并能做90度旋转;腿部支架可调至水平位置;背部可分段或任意角度调整,使用者可将靠背调整至接近水平的状态,包括靠背倾躺和靠背与座椅同时倾躺两种类型。适用于高位截瘫者和年老体弱、身体多病、状态不佳者。

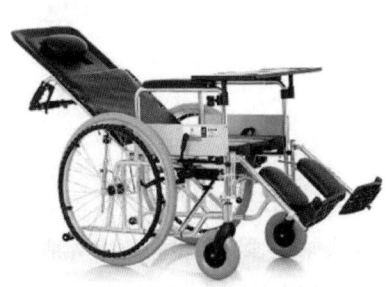

图4-8 可躺式轮椅

(2) 坐便(座厕)轮椅。

这种轮椅带有可拆卸的便桶,可供不能自行如厕的肢体障碍者或老年人使用。这种轮椅(如图4-9)的特点是结实稳固、移动方便。小轮型座厕轮椅高矮可调,便桶放置、拆卸方便,座位上开有圆孔,下面放置便盆,可以随时取放。平时可在便桶上盖上坐垫,当作普通轮椅来使用。

(3) 洗浴轮椅。

这种轮椅的特点是经过防水处理,抗氧化;面料防水、透气性优良;具有防滑特殊设计;座椅面有较多的小孔,有利于透气和透水。适用于肢体障碍者在冲淋洗浴时使用。

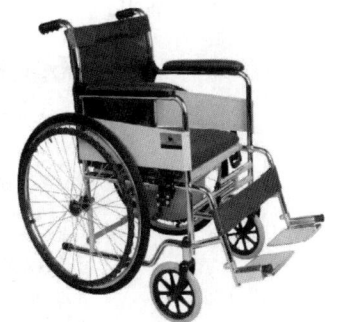

图4-9 坐便(座厕)轮椅

(4) 单侧驱动轮椅。

这种轮椅(如图4-10)是利用健手单侧驱动手圈或推杆的轮椅。使用者利用单侧上肢通过轮椅后轮的两个驱动手圈,分别控制前进和后退。适用于偏瘫及单侧上肢功能障碍者。

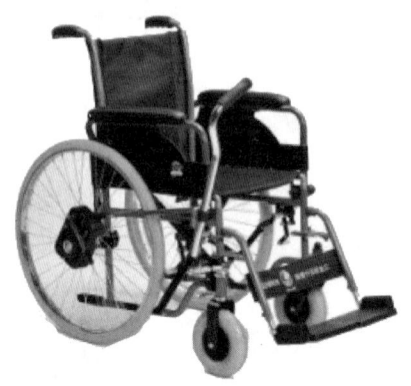

图 4-10 单侧驱动轮椅

（5）站立轮椅。

站立轮椅（如图 4-11）主要用于肢体障碍者的康复训练，能够使截瘫患者独立完成站立、卧躺、坐和行走等活动，并解决内急，做到生活自理。站立轮椅可帮助肢体障碍者伸展身体、舒展关节，增强心肺功能并减少褥疮的发生。一方面，站立轮椅可以防止骨质疏松，促进血液循环和增强肌力；另一方面，还能方便乘坐者拿到较高处的物品。可用于截瘫或脑瘫者的站立训练，或预防其他病程较长的患者卧床并发症的发生。

图 4-11 站立轮椅

4. 特殊用(运动)轮椅

这种轮椅(如图4-12)的特点是重心较低,稳定性好;转向灵活,减震好;符合人体力学,保护性强;由强度较高的轻金属材料制成,结构简单、轻便坚固;驱动轮与垂直线呈固定角度,座位深度和宽度可选,并带有固定搭扣,脚踏板前安装保护杠或固定搭扣。这种轮椅可分地面球运动轮椅、桌球运动轮椅和竞速轮椅等。此类轮椅专供残疾人进行体育活动时使用。

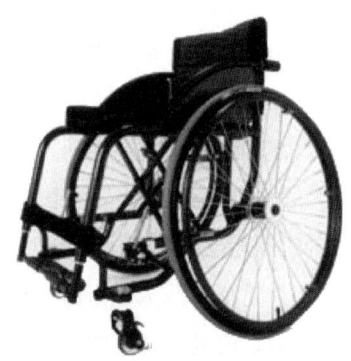

图 4-12 特殊用(运动)轮椅

(二)轮椅的使用

1. 打开与收起

(1) 打开:双手掌分别放在座位两边的横杆上,同时向下用力即可打开。

(2) 收起:先将脚踏板收起,然后,双手握住坐垫中央两端,同时向上提拉。

2. 自己操纵轮椅

(1) 向前推:操纵前先将刹车松开,身体向后坐下,眼看前方,双上肢后伸,稍屈肘,双手紧握轮环的后半部分。推动时,上身前倾,双上肢同时向前推并伸直肘关节,当肘关节完全伸直后,放开轮环,如此重复进行。一侧肢体功能正常,另一侧功能障碍的肢体障碍儿童,如偏瘫、一侧上、下肢骨折等,可以利用健侧上、下肢同时操纵轮椅。方法为:先将健侧脚踏板翻起,健足放在地上,健手握住轮椅圈,推动时,健足在地上向前踏步,与健手配合,将轮椅向前移动。

(2) 上斜坡:保持上身前倾,重心前移,其他方法同平地推轮椅。注意如果上坡时轮椅后倾,很容易发生轮椅后翻。

3. 独立上轮椅

应教会肢体障碍儿童掌握在不靠他人帮助的情况下,自己独立坐到轮椅上去的乘椅技术,具体步骤如下:

(1) 拉紧刹车装置,使轮椅不会在儿童上轮椅的过程中滑动。

(2) 儿童背向轮椅,双手按下脚踏板,并用力将身体撑起坐到脚踏板上,然后摆正双腿。

(3) 挺胸吸气,弯曲双肘,双手抓牢座位的前缘(如果是座位较窄且扶手可拆的轮椅,则可先取下一侧扶手,以免影响上肢动作)。

(4) 向后仰头，双臂用力将身体撑起，使臀部离开脚踏板，注意保持上肢支撑力作用在轮椅大小轮之间。

(5) 左右移动身体重心，先后将双手按在座位上，随即将身体进一步撑起，再将臀部移到座位上。

(6) 重新装好取下的扶手，调整好乘坐姿势和双腿位置。

4. 大轮平衡技术

大轮平衡技术是指由大车轮支持，脚轮抬起悬空并保持平衡的一种技巧。通常轮椅在前进时都是四只轮子同时着地。两只前小轮多为硬胶轮，减震能力较差，并且小轮越过障碍物的能力有限，故在前进速度稍快时，常使乘坐者感到不舒服，甚至发生由于轮椅前进受阻而将乘坐者从轮椅前方抛出去的事故。因此，掌握大轮平衡技术对越过障碍物帮助极大，可使肢体障碍儿童在无障碍设施的过街人行横道上自如地上下路沿。但大轮平衡只适用于双手健全、双眼协调正常的肢体障碍儿童。肢体障碍儿童开始学习这种技术时，轮椅应放在铺有厚软垫子的沙发或床前面，训练应在治疗人员的指导下进行，以保证训练时的安全。

第四节　自助具及其相关技术

自助具及其相关技术(Self Help Devices)是肢体障碍者利用残存功能，在不需要借助外界能源的情况下，单靠其自身力量独立完成日常生活活动而采用的一类器具和相关技术。自助具大多与上肢的功能与活动有关，除其中一部分自助具是为日常生活活动特意设计、制作的以外，大部分是将普通用具按肢体障碍者特殊的使用目的加以改造而成的。对于肢体障碍儿童来说，能够独立地完成日常生活活动是其顺利参与学校生活、融入社会的前提。因此，自助具及其相关技术对肢体障碍儿童尤为重要。

自助具种类繁多，一般可以分为：进食类、梳洗修饰类、穿着类、沐浴类、阅读书写类、通信交流类、烹饪炊事类、取物类、文娱休闲类等。

(一) 进食辅助性工具及其相关技术

用于手指不能对指持物和握力丧失的儿童，如多用活动袖套、持杯器、乐餐筷、U形塑料夹；用于关节活动受限、手指不能充分紧握、持物，手臂不能充分屈伸的儿童，如粗柄食具、长柄食具、多用旋转手柄及弯角食具；用于上肢不自主运动的儿童,如加重自助具、自助喂食机等(如图4-13)。

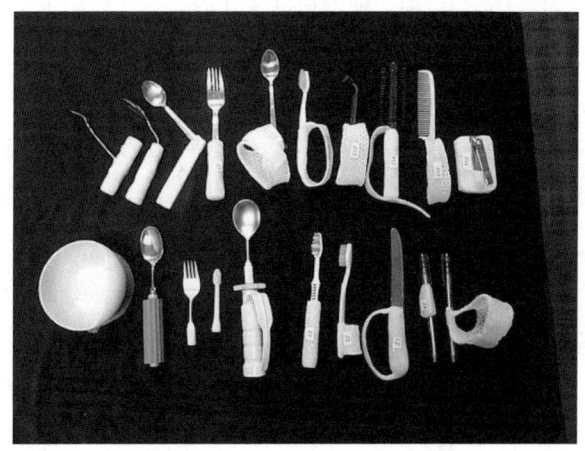

图4-13 进食辅助性工具

1. 多用袖套

多用袖套(如图4-14)[1]是一种用途广泛的袖套,适用于手指不能抓握或上肢残缺的儿童。其结构是在环形的帆布袋上缝合尼龙搭扣,以便将其固定在手臂适当部位;另在帆布袋的一面缝制长约5~8厘米的插口,内有尼龙搭扣阴阳两面,防止物件滑脱。

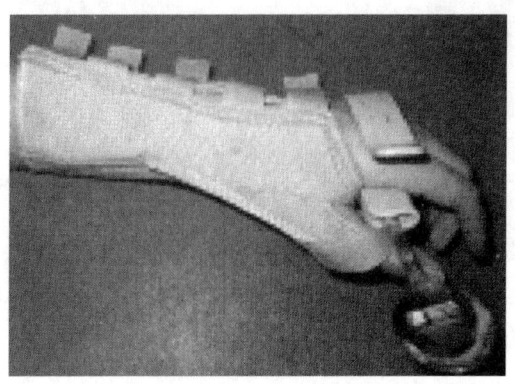

图4-14 多用袖套

---

[1] 罗椅民.辅助器具[M].北京:中国大地出版社,2010:250.

2. 持杯器

持杯器是附加于杯子上,用于辅助抓握水杯的器具。可以根据水杯的形状,制作成与其吻合的支架,将水杯放置于支架上,再将儿童手掌套于把手处即可饮水。

3. 乐餐筷

乐餐筷是在普通筷子之间用一个"U"形弹簧夹或细钢丝连接起来的一种供手指夹持能力低下的儿童使用的辅助器具。自然状态下,筷子在弹簧夹的作用下呈张开的状态,使用时儿童只需做夹持的动作即可直接夹取食物。同时,由于弹簧夹的固定,筷子也不易从儿童手中滑脱。

4. 防洒碗

防洒碗是一侧碗沿较高的回转曲线设计的碗,适用于上肢运动障碍儿童或只能使用单手的儿童,帮助其舀取碗内食物。碗的底部有可拆卸橡胶环底,以防止用餐时碗滑动。

(二)穿戴辅助用具及其相关技术

此类辅具包括两用穿衣钩(以弥补手的精细动作)、穿衣系扣辅助用具、穿袜器等。

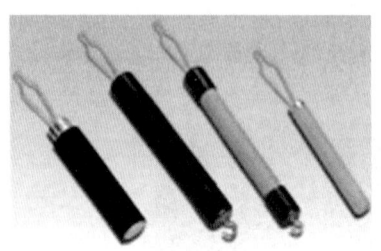

图 4-15 系扣器

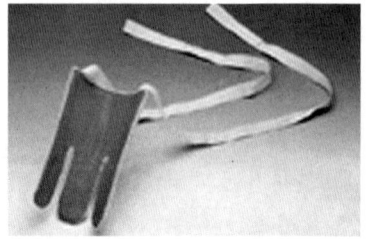

图 4-16 穿袜器

1. 系扣器

使用系扣器(如图 4-15)时,一手抓握手柄,将环形口插入纽扣孔钩住纽扣并穿过纽扣孔。适用于手指精细动作受限的儿童。

2. 穿袜器

使用时,将穿袜器(如图 4-16)卷成轴状,插入要穿的袜子里,然后将套好袜子的穿袜器置于地板上,脚伸入穿袜器中,双手拉住两端棉绳,当完全拉出穿袜器的时候,袜子也就穿上了。

(三) 个人卫生辅助用具及其相关技术

牙刷、梳子等个人卫生辅助用具常配合多用袖套或"U"形塑料夹使用。粗柄用具、长柄用具适用于关节活动受限的儿童(如图4-17);延长把手或弯曲成角的梳子,供活动范围受限、手够不到头部的儿童使用;配有"C"形夹及蛇形把手的镜子,便于握持,角度可随使用者需要而变换;将普通梳子或牙刷绑上木条作为手柄,即可改装成长柄发梳、长柄牙刷。

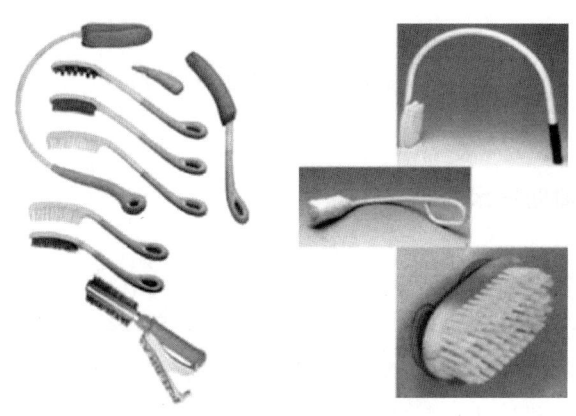

图4-17　个人卫生辅助用具

(四) 常用的学习辅具及其相关技术

常用的学习辅具主要包括学习型坐姿椅、握笔辅具(如图4-18)、翻书器(如图4-19)等。常用的握笔辅具有加粗加大笔的握柄、特制握笔器、腕部固定支架(竖腕器)、球状笔、加重笔等。如掌套式握笔器,将掌套置于手掌部,调整笔的角度,可取得最佳的书写位置,用于抓握和抓捏能力低下的儿童;握式握笔器,易于抓握,抓握和抓捏能力较弱的儿童只需很小的力气就可以写字;加重笔,内置重量块,可根据需求增减重量,用于因手颤等不能正常握笔的儿童。阅读架由金属支架和托板组成,可放置于桌面及轮椅上,供肢体障碍儿童阅读书报杂志时使用,阅读架的角度、位置可以根据儿童的需求进行调节。翻书器是在一棍状物的顶端套一橡胶套,使用时手部抓握棍状物的另外一端,利用橡胶套与书刊纸张的摩擦力翻至所需页码,适用于手指精细活动困难的儿童或手部功能障碍的儿童。

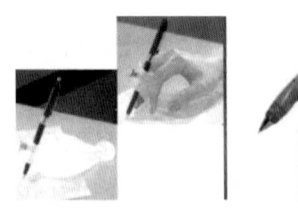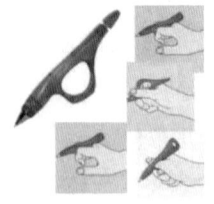

图 4-18　握笔辅具　　　　　　　　图 4-19　翻书器

第五节　摆位辅助技术

一、摆位辅助技术的定义

摆位辅助技术属于静态康复辅助技术。即将患者置于一种姿势，使其肌肉张力正常而引发动作，这有利于肢体障碍者行动能力的康复。在正常的情况下，神经肌肉系统会自动地调整张力，以保持人体的良好姿势，但神经肌肉系统受损的肢体障碍者，就无法提供这些必需的张力变化，因此需要靠外在的支撑力来达到或保持日常生活中必需的姿势变化。

二、摆位辅助技术的作用

1. 改进身体的对称性与体准线

借助摆位辅具及其相关技术将儿童放置于一个与异常姿势相反的姿势，除了可以保持其关节活动度以外，还可以降低产生结构性畸形的几率，同时，也可改善身体载重力量的分布，减少压疮的产生。

2. 促进痉挛肌肉的放松

将儿童置于一个抑制张力的姿势下，可以给痉挛的肌肉提供长时间伸展的机会，从而达到放松的效果。

3. 增进功能

利用辅具的特点和相关技术的优势，补偿或代偿肢体障碍儿童丧失的功能。

三、常见摆位辅具及其相关技术①

常见的摆位辅具分为三类：卧姿摆位器、坐姿摆位器和站立训练架。②

(一) 卧姿摆位器及其相关技术

1. 卧姿摆位器的分类

常见的卧姿选择包括仰卧、矫正式俯卧与侧卧。

(1) 仰卧是最常见的休息姿势，也是清洁与更衣时最常采用的姿势。仰卧时需要降低伸直张力的影响，避免儿童极不对称姿势的产生。为了降低仰卧时伸直张力的影响，必须把儿童摆在一个髋关节屈曲、外展与外旋的姿势。在张力很强的情况下，需借助一些卧姿保持器，如滚筒、楔形垫，或用更精密的组合如蝌蚪摆位组合、楔形摆位垫、儿童仰卧摆位组合等来达到较好的仰卧姿势。

(2) 矫正式俯卧是让儿童趴在撑起的前臂或楔形垫上，这有利于躯干与头部控制、近端稳定度与手眼协调的发展。在胸下垫物是较容易实施的俯卧摆位方法，可以利用枕头、滚筒或楔形垫达到矫正效果。为使俯卧能成为一个功能性的姿势，必须给儿童一个适当高度的游戏台面，让儿童的手可以操作得到。一些较精致的组合摆位板，如双向楔形垫、治疗用楔形垫组合、多功能摆位系统等就可以满足这样的要求。

(3) 侧卧可让儿童避免过度弯曲与伸直，防止很多不良姿势的产生。侧卧时头要微向前弯，双肩与手臂要向前伸并摆向中线以利于手眼协调的发展。在上方的腿，要用摆位板垫起来，保持髋与膝微弯的姿势；下方的腿则要伸直。

2. 常用的卧姿摆位器

(1) 滚筒。

颜色鲜艳的滚筒(如图4-20)，柔软但坚固，其形状有利于摇动与滚动的产生，适合做摆位与协调训练。除了10厘米长度的滚筒外，其他尺寸滚筒皆有硬轴在内以防止坍塌，外层无接缝，不渗水，易清洗。滚筒分为实心与空心的两种，其主要功能是进行协调训练，发展儿童上、下肢及下肢的肌肉张力。

---

① 肖晓鸿.假肢与矫形器技术[M].上海：复旦大学出版社，2009：495-510.
② 本节图片选自联兴仪器股份有限公司网站。

图 4-20　滚筒

单面滚筒具有滚筒的特征并加上楔形垫的稳定性,增加了治疗时的摆位选择。可为肢体障碍儿童跨坐、侧躺或俯卧摆位时提供一个稳定的底面。其主要功能是摆位辅助与协调发展上、下肢及下肢间的肌肉张力与力量。

(2)楔形垫。

带有安全带的楔形垫配有两条 10 厘米宽的安全带,作为摆位时的支持。柔软而坚固的安全带,可以将儿童固定在其感到舒适的姿势。其主要功能是诱发儿童头、颈与上肢躯干的伸直动作,提供舒适的阅读与手部活动的环境。

将具有多种高度的楔形垫组合起来(如图 4-21)可以用来做体能活动,如翻身、下斜坡,或创造舒适的阅读环境。当儿童缺少头部控制、平衡或躯干控制能力时,楔形垫亦可当成坐姿以外的摆位辅具。

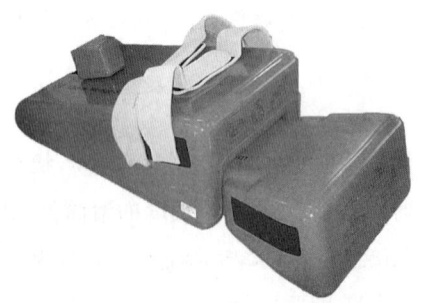

图 4-21　楔形垫组合

双面楔形垫(如图 4-22)具有嵌入式的侧支持板及两面不同高度的底板,依使用面的不同,可将儿童放置于不同高度,利用搭扣带可以把几个楔形垫连接起来,增加摆位的选择。

图 4-22 双面楔形垫

可调式吊索楔形垫(如图 4-23)可用于治疗性的摆位,为儿童提供社会互动、教学或放松的活动。此类楔形垫质轻,高度可调节。主要功能是提供舒适、安全的俯卧摆位,增强儿童上躯干的伸直张力、头部控制力与上肢载重力。

图 4-23 可调式吊索楔形垫

(3) 蝌蚪摆位组合。

这是专为0~3岁早期介入计划设计的幼儿摆位组合(如图 4-24),包括趴卧:利用二分滚筒及两个侧支持板,可以诱发出儿童主动的身体伸直、头部弯曲、胸部抬起及双手前撑以使手接触中线;坐姿:利用底座加上不同的楔形垫可以做出长坐与滚筒跨坐的摆位,依坐姿需求来选择楔形垫;侧卧:将圆木滚筒粘在底座上,让儿童侧卧,可以诱发儿童对头与躯干的控制,将底座近脚部抬高,可以得到改善呼吸的姿势。该组合主要功能

图 4-24 蝌蚪摆位组合

是提供趴卧、坐姿、侧卧的摆位及提供体位引流的摆位。

(4) 侧卧板。

侧卧板(如图4-25)的主要功能有:矫正儿童过度伸直与弯曲的动作形态;诱发儿童头部向前与双上肢的中线定位;诱发手眼协调的发展。

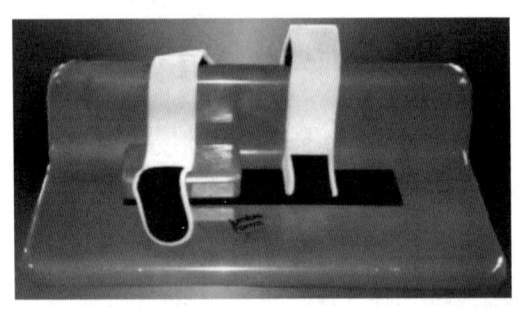

图4-25 侧卧板

(二) 坐姿摆位器及其相关技术

1. 坐姿摆位器的分类

(1) 按控制身体的部位分类,有躯干、头躯干、躯干下肢、头躯干下肢、躯干下肢足和头躯干下肢足坐姿摆位器。

(2) 按坐姿的控制能力分类,放手坐姿、手撑坐姿与支撑坐姿所需的坐姿摆位器皆有所不同。坐姿摆位器依据所能提供的支持量由低到高分别为平面系统、体廓造形系统与量制系统。

(3) 按制作材料、结构、工艺分类,分为普通型坐姿摆位器、模塑型坐姿摆位器、可调节型坐姿摆位器。

(4) 按坐姿摆位器形式分类,有普通式、躺椅式和立式坐姿摆位器等。

2. 常用的坐姿摆位器及其相关技术

(1) 万能泡沫海绵坐姿摆位器。

该摆位器使用容易,坐起来舒适,宽大的底座可以预防儿童伸肌反冲时翻倒,椅座上的外展柱可以用来支持桌板。利用髋部摆位带及"H"形鞍带得到适当摆位后,可增加坐姿的舒适感。弹性外层,桌面可以抬高至水平以上30°。底座大小为50厘米×71厘米,椅背高度为48厘米,其单一尺寸适用于身高152厘米以内的儿童。其主要功能是改良儿童平面式坐姿支持、抑制伸肌反冲及增加坐姿的平衡控制。

(2) 角椅。

移动式角椅为质轻、易调整的摆位椅,椅背高 30 厘米,椅背深度可向前向后在 15～38 厘米间调整,让儿童可以有长坐的姿势;若要采用传统的坐姿,椅背高度可在 25～46 厘米之间调整,并附有髋部摆位带及"H"形鞍带。椅座下有可固定旋转脚轮,椅背与座面皆衬上合成树脂垫子。其主要功能为改良儿童平面式坐姿支持、抑制伸肌反冲及增加坐姿的平衡控制。

可调式角椅提供对称姿势与头部及躯干中线控制的必要支持,含有 4 个可固定的旋转脚轮,可以移动。"V"型的双翼椅背可提供必需的脊椎支持和肩控制,可移式桌面可在水平与垂直方向调整。其主要功能是改良平面式坐姿支持,抑制伸肌反冲,增加坐姿的平衡控制。三角形的椅背提供头、躯干侧的支持。

(3) 滚筒座椅。

滚筒座椅(如图 4-26)有助于降低下肢张力,椅背及桌面可增进躯干的伸直;平面加垫衬的滚筒凳,结合了稳定、舒适、对称与抑制张力等多项功能;足部固定带可保持下肢的身体基准线;座椅包含可调式骨盆固定带及桌面,移动底座则可以分开。其主要功能是提供平面式坐姿的支持,跨坐摆位降低下肢伸直张力。

图 4-26 滚筒座椅

(4) 喂食椅。

喂食椅供给儿童喂食时使用。有抗反冲设计,可增进骨盆稳定度。底座可以将喂食椅固定在直立或倾斜姿势。有助于发展脑瘫、神经肌肉障碍儿童或其他发育迟缓儿童的头部控制与坐姿平衡。

(5) 可调式长凳椅/T凳椅。

该凳椅是为有一定躯干控制能力,但需要一个可以踩到地板座椅的儿童设计。其椅面可倾斜,控制骨盆与股骨角度,以有效维持脊椎基准线,增进上肢功能,促进儿童游戏、学习、喂食和口腔动作功能的发展。骨盆支持部分由三个组件构成,背支持板高度可视所需的支持需求而调整,维持骨盆位置,侧支持板可减少不对称承重并避免重心偏离中心(如图4-27)。

图4-27 可调式长凳椅/T凳椅

(6) 倾斜桌。

倾斜桌(如图4-28)便于眼睛注视,可促进躯干挺直及头部良好摆位,保持儿童良好的阅读、学习姿势。桌面活动挡板保持倾斜,此桌面可从水平至90°之间任意调整。

图4-28 倾斜桌

(7) 姿势支持板组合。

该组合能够准确提供儿童所需的支持。骨盆支持架可调整椅座深度,以覆盖整个大腿的支持。后支持板高度可调,以保持骨盆的垂直。侧支持板在距身体中心线13～28厘米间调整，以平衡身体的载重。其主要的功能是提供下躯干、骨盆与大腿的支持，固定股骨，抑制下肢的不正常动作形态，增加坐姿稳定度，改善双手功能。

（三）站立训练架及其相关技术

1. 站立训练架的分类

常用的站立训练架有俯卧、垂直与仰卧站立架3种，具体需依据肢体障碍儿童的需求来选择。

（1）俯卧站立架。

对于肌张力不足，头与上躯干控制较差或近端稳定度不佳的儿童，如脑瘫与智力低下的儿童，适合使用此种站立架。该站立架可以提供不同倾斜度至垂直角度的站立，姿势控制主要靠胸托及侧面挡板如骨盆托与膝部挡板、外展鞍板与足挡板。桌面的使用则有助于对儿童上半身的支持以及对称性与手部活动的进行。

（2）垂直站立架。

垂直站立架通常用于手与躯干控制较好，但仍无法独立站立的肢体障碍儿童。姿势控制主要靠胸与臀的宽形固定带及膝泡沫海绵板、可调式的脚踏鞋或足挡板。附加的桌面可用于增加躯干的支持，有助于手部或其他学习活动的进行。为安全起见，年龄较小的儿童可以使用底面积较小的垂直站立架，年龄较大的儿童则必须加大支持面，才能防止倾倒。

（3）仰卧站立架。

仰卧站立架可以提供下肢与躯干的载重训练，载重的程度与支持面的角度成正比，姿势固定主要在躯干、髋与膝的部分。因背靠而立，不能提供上肢的载重，且对下肢的摆位不易，所以较少只因摆位的目的来使用仰卧站立架，多用于脑血管病变、脊髓损伤、脑外伤及智能不足的儿童。

2. 常用的站立训练架及其相关技术

（1）垂直站立架。

此类站立架的站立板离地面很近，有助于站立架的转位，站立姿势可由90°调至40°，可放平，方便收存。站立板上的可调式鞋板，可使踝关节背屈或跖屈。膝部挡板可随着腿的外展或内收来调整。可调式髋板上带有可调式髋部垫，增加了对患者的支持力量，提高了舒适度；还配有不对称髋部安全带、全调式侧方支持板及支持垫和两条顶端安全带。其主要功能是为儿童提供垂直站立的机会，增加站立学习与活动的丰富性(如图 4-29)。

图 4-29　垂直站立架

(2) 液压式站立架。

液压系统让儿童可独立操作站立架的上升与下降,有助于预防其腿部肌肉萎缩、增进活动度、促进血液循环与降低肌肉痉挛。体型轮廓的胸与泡沫海绵板及伸缩性胸、膝与脚支持垫均可在垂直方向调整,对脊髓损伤、脊柱病变与肌肉病变的儿童提供垂直站立的支持,并有助于促进下肢的血液循环,预防腿部肌肉萎缩(如图 4-30)。

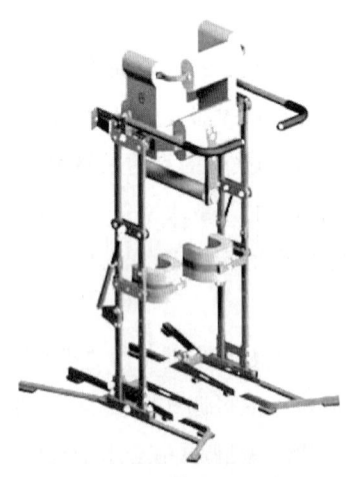

图 4-30　液压式站立架

(3) 三用站立架。

三用站立架(如图4-31)可做垂直、俯卧、仰卧站立摆位。脚控气压式倾斜机可调整15°～90°的站立角度。躯干、膝、髋与足部均有可调式靠垫固定。另有高度与倾斜度都可调整的桌架以供相应组合。

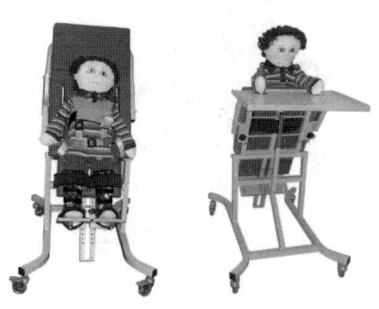

图4-31 三用站立架

(4) 动态站立架。

这种站立架可让使用者利用手动进行步行,手动一般借助于类似手动轮椅的手动轮或推杆,并依靠站立架的臀托和膝部挡板将人体固定站立。这种站立架使脊髓损伤、脊柱病变或肌肉麻痹的儿童,利用自身的力量,完成独立的行走,实现垂直站立和行走的功能。

(5) 塔格斯(Tugs)俯卧站立架。

舒适的长站立架,可以让身高64～122厘米的儿童保持在俯卧站立位姿势。主板、膝部挡板与足部挡板可调整至完全垂直。可移动的支持板可沿着整个支持杆移动至任何所需的位置。脚踏板上的可调尼龙搭扣式摆位鞋板可用来控制内旋或外旋及外展或内收。其主要功能是提供俯卧站立的机会,增进躯干上、下肢的载重,以及控制下肢外、内旋与外展、内收的姿势准线。

(6) 平躺式站立架。

平躺式站立架(如图4-32)可提供头、躯干、骨盆、膝与足部的支持。使用手调节杆可将站立架简易又安全地调到水平与垂直间的任意角度。扶手向下折叠便于调整桌面的倾斜度。伸缩架脚在使用时可伸长,增加稳定度,也可回缩,方便储放。足踏板可以向上折叠收起,双重固定脚轮可防止滑动及旋转。其主要功能是提供各种角度平躺站立的机会,减小关节挛缩变形的程度,提供下肢载重训练,丰富站立活动的经验。

图 4-32 平躺式站立架

四、摆位辅具使用的原则

1. 由近端摆位先开始

骨盆的固定要在躯干与肩胛骨之前,因近端部分的固定会影响到远程肢体的活动,由近端开始才不会有过度支持的现象。

2. 要给予最少的有效支持

只有这样才可让儿童表现出最大的主动控制与功能;由近端开始,通常更易达到此目的。

3. 矫正功能性畸形

摆位辅具可以避免发展出结构性的畸形。较硬的材质,如木头与塑料,包上泡绵,可以有矫正功能,但要发挥效果,其力量必须大于或等于异常张力。若畸形已定型,就必须采取顺应技巧或其他治疗方法。

4. 顺应结构性畸形

若肢体障碍儿童在摆位训练时会产生疼痛与皮肤磨损,结构性畸形就无法用硬性材质来矫正。若结构性畸形是因为肌肉挛缩与过高的静止张力所造成的,手术治疗与神经阻断可能有助于解决这些问题。否则,就可以采用较软的物质为摆位辅助,加大身体的载重面积以避免产生皮肤磨损。

第六节 肢体辅助器具的适配

一、评估

对于疑似个案,应由专业人员对儿童进行诊断性测验,这种评估应包括神经病学检查,通过检查了解神经系统的功能与结构,包括CT检查、脑电图检查等。

康复医学检查涉及与肢体障碍儿童接受康复训练与教育有关的各项因素,包括肌力、关节活动度、感觉功能、日常生活活动能力等。通过综合评定,可以确定该儿童是否有肢体障碍以及肢体障碍的等级和类别。其评估的项目与内容见表4-1。

表4-1 肢体障碍儿童评估项目与内容[①]

评估项目	评估内容
生理评估	包括身高、体重、心肺功能、营养状况以及眼科和耳鼻喉科的常见检查及针对肢体障碍儿童的骨骼与肌肉的结构和外形进行检查。
行动及操作能力评估	(1) 儿童的基本行动能力包括:是否会走、是否乘轮椅、有无使用辅具、有无助行架。 (2) 儿童的基本操作能力包括:是否具备自己吃饭、穿衣、大小便、洗澡等日常生活能力,言语及语言能力。
智力评估	肢体障碍儿童,尤其是脑瘫儿童可以进行以下测验: (1) 画人测试。 (2) 儿童智力筛查测试。 (3) 韦氏学前儿童智力测验(WPPSI)。 (4) 学前儿童50项智能筛查测验。 (5) 中国比内智力测验(BS)。 (6) 韦氏儿童智力测验(WISC-R)。 (7) 托尼非语文智力测验(TONI-2)。 (8) 瑞文标准推理测验。
语言能力评估	(1) 儿童语言发展程度,是否有语言障碍。 (2) 口语能力包括接受、表达、模仿、会话等四个部分。 (3) 方法:标准化语言测验;自编语言测验;进行系统观察,观察人员可以在不同情况下观察儿童是否获得有关各种不同情境的所有沟通行为的资料;与儿童面谈,搜集语言样本。

---

① 王辉.特殊儿童教育诊断与评估[M].南京:南京大学出版社.2007:9.

续表

评估项目	评估内容
发展能力与社会适应行为能力评估	(1) 丹佛婴幼儿发展测验。 (2) 学龄前儿童行为发展量表。 (3) 婴儿—初中生社会生活能力量表。 (4) 儿童社会适应行为评定量表。 (5) 儿童适应行为量表。
家长访谈及行为观察	了解家庭的基本情况,如家长的职业、家长的文化程度、家庭经济状况、家庭是否和睦、家长对儿童的教养态度和教养方式、家长对儿童的教育投入了多少时间和精力、父系和母系三代病史;收集儿童的基本数据,了解儿童的出生和生长发育史,如疾病史、诊疗史、教育史、曾做过的检测等;了解家长能配合学校的程度,例如家长能教哪些东西,一天能教多久等;给家长提出一些建议,如是否安排专业训练或支持协助等。

二、肢体辅具的适配

以下仅介绍肢体障碍儿童常用的辅助器具的适配。

（一）杖类的适配

1. 手杖的适配

(1) 材质的选择。

一般手杖:大多为木头、藤、竹或铝制的。三脚手杖及四脚手杖通常是不锈钢或铝制的。特殊儿童可根据不同手杖的特点加以选择,但要注意,不论是何种材质或种类的辅助器具,在与地面接触的部位都必须加上橡胶垫,才能避免打滑的危险,这也是选择手杖时需要重点关注的。

(2) 长度的选择。

手杖的合适长度是让特殊儿童站直以手杖着地的时候,手肘应当有 20°的弯曲。实际测量的时候,可以由手掌量到第五趾骨外侧 15 厘米处最为适当。手肘弯曲成 20°的目的,在于使手臂能自由向前活动,而不影响身体重心的改变。

手杖的长度对特殊儿童的康复至关重要。手杖太长时,会增加撑重时肘关节的弯曲,增加上臂三头肌的负担,也会使手腕往外溜,降低握力,还会使肩膀往上提,造成脊柱侧弯,导致儿童障碍加重。手杖太短时,肘关节要完全伸直,往前时躯干要跟着往前弯,不但加重腰部肌肉的负担,也会增加上下楼梯的难度。

在使用手杖的过程中,手肘最好能弯曲 20°～ 30°,两肩保持水平。手杖正确的拿法应该是抓握于患肢的对侧手,例如右脚为患肢时,手杖应由左手来拿,这与一般人的观念不一样。这是因为这样更符合生理原理,正常走路是对侧手脚一起迈动的,所以为了分担患肢的承重,由对侧手来拿手杖可以提供较大的支持面积,也可以让重心转移保持在较小范围,降低能量的消耗。

2. 拐杖的适配

拐杖高度的确定,有两种方法:腋杖的长度为身长减去41厘米,或腋窝下5厘米,站立时大转子的高度即为把手的位置;将拐杖立于体侧,拐杖的顶端距离腋窝3～5厘米(避免架拐时体重压于拐杖顶端,伤及腋窝内各血管、神经),手臂自然下垂,扶手高度位于腕横纹(即手掌和前臂交界处)或股骨大转子处。

若特殊儿童上下肢有缩短畸形,让其穿常用鞋或配戴长下肢支具仰卧,将腋拐轻贴于腋窝,在小趾外15厘米与足底平齐处为腋拐的长度,肘关节屈曲30°,腕关节背伸的掌面处为把手的高度。

(二)轮椅的适配

轮椅乘坐者承受体重的主要部位为臀部坐骨结节周围、股骨周围、腘窝部周围和肩胛骨周围。轮椅尺寸不合适,特别是座位宽窄、深浅和靠背的高低以及脚踏板到坐垫的距离不合适,都会使乘坐者着力部位的血液循环受影响并产生皮肤磨损,甚至出现压疮。

1. 座宽

儿童坐好后,臀侧与轮椅座位两内侧面之间各有2.5厘米间隙为宜。座位过窄,不但儿童上下轮椅不便,还容易擦伤儿童皮肤,甚至会挤压股骨周围组织;座位过宽,则儿童不易坐稳,且双臂要张开来推轮椅,使得上肢易疲劳,进出门也有困难。

2. 座长(座位的深度)

当儿童坐好后,腘窝部与座位前缘的间隙应以6.5厘米为宜。座位太短,体重主要落在坐骨上,局部易受压过多;座位太长,会压迫腘窝部,影响局部血液循环,并易擦伤该部位皮肤。

3. 靠背的高度

靠背的高度应根据儿童的坐高及上半身机能情况而定。靠背越高儿童坐得越稳,靠背越低儿童上半身及双臂活动越方便。一般情况下,对上半身功能完好者,靠背上限高度应该在儿童腋下约10厘米。

4. 坐垫与脚踏板之间的距离

儿童坐好后,双脚放在脚踏板上,腘窝处大腿前端底部约有 4 厘米不接触坐垫,这样使大腿底部与臀部同时承受重量,而又不压迫腘窝部的血管和神经。如果坐垫与脚踏板的距离过小,可能使大腿前端与坐垫离开部分过长,造成坐骨结节承重过大,长时间这样乘坐就会产生压疮;如果坐垫与脚踏板距离过大,儿童的脚不能踏上脚踏板,双脚失去承托而自由摆动,很容易造成碰伤,同时大腿底面前端完全承受小腿与脚的重量,长时间压迫腘窝部的血管与神经,且小腿自由摆动,很容易造成皮肤擦伤与压疮。

5. 扶手的高度

一般儿童使用该轮椅时,在躯干挺直时其手肘的高度向上加 2.5 厘米左右为其扶手的高度。但椅面下凹或加上座板、坐垫时,扶手高度也应该随之调整,否则就会造成扶手太低,不能帮助支撑躯干姿势,儿童需要上身前倾才能维持平衡,容易疲劳甚至造成弯腰驼背或向侧面倾斜;扶手太高,则儿童上臂被迫上抬,造成不舒服及容易疲劳,而且对自己推动轮圈的儿童是一种障碍。

(三)摆位辅具的选择

1. 坐姿摆位辅具的选择

坐姿是直立姿势的开始,要提供给儿童适当的坐姿辅具,必须根据儿童的坐姿需求与座椅所能提供的支持量来选择。坐姿控制能力可以分为三类:放手坐姿、手撑坐姿与支撑坐姿,其所需的坐姿辅具皆有所不同,依坐姿控制表现选择辅具。

(1) 放手坐姿者。

不靠双手支撑可以长时间坐着。此类儿童可以选择平面系统和简单体廓造形系统。

(2) 手撑坐姿者。

需靠一手或双手支撑来保持坐姿,或需靠某些骨盆或躯干支持才能用双手来从事日常生活活动。此类儿童可以选择简单至复杂体廓造形系统。

(3) 支撑坐姿者。

在骨盆与躯干无重大支撑无法坐,通常需要头部支持;有重度的结构或功能性畸形。此类儿童可以选择复杂体廓造形系统或量制系统。

2. 站姿摆位辅具的选择

站姿摆位辅具主要功能是提供给儿童站立的机会,使其保持良好的站立姿势,并让儿童可以用站姿从事一些活动。

(1) 俯卧式站立架。

对于张力不足，头与上半躯干控制较差或近端稳定度不佳的儿童，如脑性麻痹与智能不足儿童，适合使用此种站立架。俯卧式站立架可以提供不同倾斜度至垂直角度的站立，姿势控制主要靠胸板及侧支持板如骨盆与膝支持板、外展鞍板与脚踏板。桌面的使用则有助于对儿童上半身的支持、对称性与手部活动的进行。常用的如塔格斯俯卧站立架、弹玻 T58 及 T45 三用站立架、膝站立架等。

(2) 垂直站立架。

通常用于手与躯干控制较好，但仍无法独立站立的儿童。姿势控制主要靠胸与臀的宽形固定带及膝泡绵板、可调式的脚踏鞋或足挡板。额外的桌面可用于增加躯干的支持，有助于手部或其他学习活动的进行。常用的有弹玻垂直站立架、站立桌、弹玻 T58 及 T45 三用站立架。

(3) 仰卧站立架。

可以提供下肢与躯干的载重训练，载重的程度与支持面的角度成正比，姿势固定主要在躯干、髋与膝部分。因背靠而立，不能提供上肢的载重，且对下肢的摆位不易，所以较少只因摆位的目的来使用，多用于脑血管病变、脊髓损伤、脑外伤及智能不足儿童。使用起来与环境的互动会比俯卧式站立架效果更好。常用的有弹玻塔格斯儿童平躺站立架、米兰儿童专用手动倾斜床、赛洛德平躺站立架、弹玻 T58 及 T45 三用站立架。

第五章 沟通辅助技术

沟通就是信息互相传递,达到交流目的的过程,然而,有些儿童由于各种原因无法发音、发音不清晰、不理解别人的语言信息、无法正常使用语言进行表达等,而导致沟通障碍。根据2010年第六次全国人口普查我国总人口数及第二次全国残疾人抽样调查中,我国残疾人占全国总人口的比例和各类残疾人占残疾人总人数的比例推算,2010年末我国残疾人总人数为8 502万人,有沟通障碍的人数达到130万,其中沟通障碍儿童在所有特殊儿童中所占的比例较大。为了使沟通障碍儿童能够更好地融入社会生活,辅助沟通技术发挥了至关重要的作用。本章主要从沟通障碍概述、扩大和替代沟通技术、辅助沟通系统的适配等三个方面进行阐述。

第一节 沟通障碍概述

一、沟通障碍定义

美国言语语言听力协会对沟通障碍进行了明确的界定,认为沟通障碍是指接收、发出、加工和理解概念或语言的、非语言的及图形符号系统的能力上存在的一种障碍,沟通障碍表现为言语障碍和语言障碍。① 言语障碍,是指口头语言中的发音、发声及言语节律性的障碍,包括发育性发音障碍和口吃等。语言障碍,是指语言的理解、表达以及交流过程中出现的异常和障碍,包括四种情况:第一,口头语言障碍,表现为语音的体系、语义、语用方面的异常和障碍;第二,书面语言障碍,表现为阅读或书面表达障碍;第三,躯体语言障碍,表现为情境理解、表情、身体动作语言障碍;第四,内部语言障碍,表现为思维和语言不同步,无法迅速表达思维的内容的语言障碍。②

我国通常将沟通障碍称为言语残疾。2006年全国第二次残疾人抽样调查中,

---

① [美]休厄德.特殊需要儿童教育导论[M].第八版.肖非,等译.北京:中国轻工业出版社,2007:268.
② 方俊明.特殊教育学[M].北京:人民教育出版社,2005:232-233.

将言语残疾定义为:由于各种原因导致的言语障碍,经过治疗一年以上不愈或病程超过两年,不能或难以进行正常的言语交往活动,3岁以下不定残。

我国台湾地区《身心障碍及资赋优异儿童鉴别原则与鉴别基准》(2002年)将沟通障碍定义为:语言理解或语言表达能力与同龄者相比较,有显著偏差或迟缓现象,而造成沟通困难。

二、沟通障碍分类

美国言语语言听力协会将沟通障碍分为言语障碍和语言障碍,言语障碍包括构音障碍(语音的错误)、流畅性障碍(语流或言语节奏的困难)、声音障碍(声音的质量和运用上的问题)。①

我国将沟通障碍分成失语症、运动性构音障碍、器官结构异常导致的构音障碍、发声障碍、儿童言语发育迟缓、听觉障碍导致的语言障碍、口吃等七类。失语症,是指大脑言语区域以及相关部位损伤导致的获得性言语功能丧失或受损;运动性构音障碍,是指神经肌肉病变导致的不会发音和发音不清晰等构音器官的运动障碍;器官结构异常导致的构音障碍,是指构音器官形态结构异常,如腭裂、舌系带过大或过小等导致的构音障碍;发声障碍,是指呼吸道及咽喉存在器质性病变导致的失声、发声困难、声音嘶哑等障碍;儿童言语发育迟缓,是指儿童在成长中言语发育显著落后于实际年龄的言语水平,包括不会说话、说话晚等;听觉障碍导致的语言障碍,是指听觉障碍导致的不会说话、发音不清等障碍;口吃,是指言语的流畅性障碍,如说话时重复、拖音等障碍。

我国按照沟通障碍的程度,将沟通障碍划分成四个等级:一级,无任何言语功能或语音清晰度小于10%,言语表达能力等级测试未达到一级水平,不能进行任何的言语交流;二级,具有一定的发声及言语能力,语音清晰度在11%~25%之间,言语表达能力等级测试未达到二级水平;三级,可以进行部分言语交流,语音清晰度在26%~45%之间,言语表达能力等级测试未达到三级水平;四级,能进行简单会话,但用较长句子或长篇表达时有困难,语音清晰度在46%~65%之间,言语表达能力等级测试未达到四级水平。

我国台湾地区将沟通障碍分为构音障碍、声音异常、语畅异常、语言发展迟

---

① [美]休厄德.特殊需要儿童教育导论[M].第八版.肖非,等译.北京:中国轻工业出版社,2007:269.

缓等四类。构音障碍，是指说话的语音有省略、替代、添加、歪曲、声调错误或含糊不清等现象；声音异常，是指说话的音质、音调、音量或共鸣与个人的性别或年龄不相称等现象；语畅异常，是指说话的节律有明显不自主的重复、延长、中断、首语难发或急促不清等现象；语言发展迟缓，是指语言的语形、语义、语汇、语法、语用的发展，在语言理解或语言表达方面，较同龄儿童有明显的差异或迟缓的现象。

三、沟通障碍与辅助技术

在生活中，人与人之间的沟通是非常重要的，然而，沟通障碍儿童因为语言理解障碍、语言表达障碍、社交焦虑等，无法有效地与他人沟通，这严重影响其正常的生活和学习，结果导致沟通障碍，孤僻、退缩，甚至出现反社会行为。有了沟通辅助技术，这些问题就会得到适当的改善。

（一）辅助技术能够提高沟通障碍儿童的生活品质。

沟通障碍儿童因为沟通上的障碍，在社会互动中非常被动、无法掌控周围的环境、无法控制自己的情绪和行为。辅助技术有助于减少沟通障碍中的误会、误解，有助于提高沟通障碍儿童控制周围环境、适度调整自己的情绪和行为的能力，从而提高其生活的品质。

（二）有助于沟通障碍儿童的学习

沟通是儿童学习活动中相当重要的部分，使用沟通辅助技术可以让沟通障碍儿童提升语言沟通的能力，进而增加受教育的机会。沟通辅助技术的应用，可以帮助有沟通障碍的儿童有效地完成学习任务，具体的功能包括：有助于提高其阅读能力、有助于提高其书写能力、有助于其参与更多的学习活动。

（三）有助于沟通障碍儿童的人际互动

使用沟通辅助技术能帮助沟通障碍儿童与他人直接互动，让他人了解自己想要表达的内容，以培养良好的人际关系。良好的人际互动和人际关系需要考虑话题是否与环境相一致、话题的保持和轮流、话题表达中的技巧与策略等，这些都会通过沟通辅助技术预先设计完成，从而保证了沟通障碍儿童的正常流畅的互动交流。

（四）有助于沟通障碍儿童沟通信心的建立

无论是在家庭中，还是其他场所中，应用沟通辅助技术都会让沟通障碍儿童更易达到沟通的目标。沟通障碍儿童不容易被别人了解，沟通辅助技术可以减少其在家中或其他场所中因为沟通不良所造成的挫折感，以及攻击、自我损伤等负面情绪和行为，进而让他们更好地融入家庭、集体和社会。

（五）有助于沟通障碍儿童融入社区

沟通辅助技术能让沟通障碍儿童愿意走出家庭，进入到社区中，与社区中的人互动、参与社区的活动、使用社区的公共设施。让他们为社区做一些力所能及的事情，有助于沟通障碍儿童从悲观走向乐观，从过去的被照顾者，成为对社区提供服务的贡献者。

有些沟通障碍儿童因为不会讲话，发不出语音，其父母就很难理解儿童的想法和要求，所以当沟通障碍使儿童出现严重的情绪和行为问题时，其父母焦急万分却毫无办法；有些沟通障碍儿童可能因为语言理解障碍而导致沟通有困难，很难与其他同伴一起游戏，从而丧失了游戏的机会，变得越发孤僻；有些沟通障碍儿童可能因为沟通障碍，被人耻笑，出现自我贬低的现象。沟通辅助技术的出现能够帮助沟通障碍儿童解决以上问题。

第二节　扩大和替代沟通技术

沟通是个人在社会上发展的必备技能，沟通障碍一直受到人们的重视，为了满足沟通障碍儿童的需要，特殊教育研究者、特殊教育教师、特殊教育信息技术研发人员等一直致力于让沟通障碍儿童完成无障碍的沟通，并开发了一系列的沟通辅助技术，沟通障碍儿童可以借助专门的沟通辅助技术完成沟通活动和任务。随着科技的进步，沟通辅助技术不断地更新，本节主要介绍沟通辅助技术发展中具有代表性的扩大和替代沟通技术与扩大和替代沟通辅具。

一、扩大和替代沟通技术的概述

（一）扩大和替代沟通技术的定义

2002年，美国言语语言听力协会最先提出沟通辅助的专有词汇，即Augmentative and Alternative Communication。我国台湾地区将其翻译为"扩大性和替代性辅助沟通系统"，是指针对严重表达沟通障碍者，为暂时性或永久性地补偿其丧失的沟通机能，所提供的临床服务。我国大陆地区将其翻译为"扩大与替代沟通辅助技术",其中扩大沟通是指补充性或支持性的沟通;替代沟通是指个体使用言语之外的其他面对面的互动方式进行沟通,是针对没有说话能力的个体使用的。①

(二)扩大和替代沟通技术的使用对象

1. 脑瘫儿童

脑瘫是指从出生前到新生儿期间由于各种原因导致的非进行性脑损伤引起的以中枢性运动障碍与姿势异常为主的综合征②。大多数的脑瘫儿童都伴有沟通与语言障碍,特别是有运动性构音障碍,即神经病变以及与言语产生有关的肌肉的麻痹、收缩力减弱或运动不协调所导致的发音器官不能准确、清晰地发音,甚至发不出任何音。脑瘫儿童一般使用不清晰的口语,或附加一些手势进行沟通,经常会不被别人所理解而导致沟通受阻。沟通辅具给脑瘫儿童的沟通、生活和学习带来了新的活力,使有效的言语沟通成为可能。

2. 智力障碍儿童

大多数智障儿童都伴有语言发育迟缓的现象,轻度的智障儿童能够和普通人沟通,可以通过口语、手势语及身体动作表达自己的要求和想法,但有时沟通的方式与环境格格不入,而且经常会表现出不能和交往的对象进行轮流谈话;中重度的智障儿童的沟通和语言障碍表现得更为明显,言语沟通中,经常会发一些错误音或替代音而不被别人理解;极重度的智障儿童基本上无法通过口语或非口语表达自己的要求,经常因为沟通障碍引发各种问题行为。沟通辅助技术对纠正智障儿童发音,帮助其准确表达、替代表达等起到了重要的作用。

3. 身体构造缺陷儿童

有些障碍是因为儿童身体构造方面有缺陷引起的,包括口腔器官结构缺陷导致的沟通障碍,以及身体方面的疾病引起的沟通障碍,如脑部损伤引起的中风、脑血管病变等。可以通过相应的沟通辅助技术的硬件和软件系统的设计辅助这些儿童表达自己的需要和观点。

4. 自闭症儿童

自闭症儿童的语言能力表现各有不同,约有50%的自闭症儿童没有沟通的语

---

① [挪威]斯蒂芬·冯·特茨纳.走出自闭——发展障碍儿童、青少年和成人的沟通辅助技术[M].五彩鹿儿童行为矫正中心,北京师范大学特殊教育系,编译.天津:天津教育出版社,2011:6.
② 王辉.学龄脑瘫儿童障碍特征的分析[J].中国特殊教育,2004(10):6—11.

言,有语言的也常常表现为鹦鹉学舌式的仿说或重复性的语言,而缺乏沟通语言的功能性。另外,自闭症儿童在说话时的声调、音调等都会出现异常现象。沟通辅助技术中的微电脑语音沟通板以及图片沟通板能够更好地辅助自闭症儿童表达自己的需要。

5. 多重障碍儿童

多重障碍儿童的沟通能力较差,生理、心理、认知、情绪与行为等方面的障碍都会导致其语言表达能力欠缺,障碍程度比较严重的甚至无法使用语言进行沟通。沟通辅助技术可以辅助或替代这些多重障碍儿童进行口语的表达和沟通。

二、扩大和替代沟通技术

沟通的多样性决定了辅助沟通技术的多样性。随着现代科技的发展,辅助沟通技术也在不断地改进,可因使用对象的具体情况而选择和调整。扩大和替代沟通技术具体包括符号、语音转换、直接选取、扫描四项技术。

（一）符号技术

1. 手语

从广义的沟通功能进行分类,手语可以分为:表音指语,即在发音与读唇的部位更准确、清楚地表示出发音所用的辅助记号;表字指语,即用一只手或两只手的手指表示汉字的字形,英语、罗马文字的二十六个字母等;表意手语,即用姿势、表情、手势、动作、指示等方法把文字的意义、事物的形状或概念具体地表示出来(张雪莪,2001)。手语从狭义沟通功能进行分类,可以分为:自然手语,即听障者间使用的自然语言(史文汉,2001);文法手语,这是教学上的手语系统,教师常能口手并用,在口手并用的综合沟通法教学中,他们大都以口语为主的手语方式呈现(林宝贵、黄玉枝、邢敏华,2002)。

2. 指拼法

指拼法(Finger Spelling)是手势沟通的另一种方法,需要使用手指拼出所要表达的每个字。指拼法是使用手指表现的书写语言,一个手形对应着一个字母。指拼法的优点有:容易学会,指拼的字母没有相应的数字系统;与手语比较,指拼法更能清晰表达专有名词。指拼法的缺点有:相似的手形容易混淆,如 e、o、m、n 及 a、s

等;字母与语音的相似性使其在读话上容易混淆①。

3. 面部表情

面部表情也是沟通的一种方式,面部表情是通过面部神经带动面部肌肉而产生的。在沟通过程中,人们通过语言交换信息,同时会用面部的一些表情传递自己的情绪和情感状态,表情在沟通过程中的作用是语言不能够代替的。如微笑,就表示高兴等。

4. 图片

图片沟通符号,起源于美国,由11 000个词汇构成,每个词由简单的黑白线条图构成,图片下方有注释,它的词汇量比较大,目前使用最广泛。② 人们在沟通的过程中,不能用言语进行表达时,可以把图片展示给对方,来让对方领会沟通障碍者想要表达的信息。沟通板就是利用形象、具体、生动的图片帮助沟通障碍儿童进行沟通。

5. 布列斯符号

布列斯(Bliss)符号是1942年由卡尔斯编制的一种抽象符号。布列斯符号非常简单,不同于普通的词汇,也没有相应的语法规则,是有特殊需要的障碍者比较容易学习和掌握的沟通媒介,有助于障碍者和普通人之间的沟通。每个符号上面都印有同等意义的单字,因此即使是不了解这套符号的人,也很容易就能和障碍者沟通。布列斯符号可安排在符号板上,以适合个别沟通障碍者的需要。

6. 书写语言

书写的部分包括表音符号、词汇、句子。在我国书写语言包括汉语拼音、字、词、句子几个部分。在沟通辅具系统设计中可根据使用者的需要,将书写语言输入并编制进系统内,用于代替使用者传递沟通的信息。

(二) 语音转换技术

语音转换技术是对语音信号的处理技术,沟通障碍儿童将表示词汇的图片呈现出来,语音转换技术将图片转换为语音,代替沟通障碍儿童通过口语的方式表达出来。语音转换技术是扩大和替代沟通中的重要技术,充分体现了替代功能和扩大功能。语音转换技术是计算机通过语音合成技术,进行人机对话的一种媒介,随

---

① 林玉霞. 听觉障碍儿童语文教学法之探讨——结构式教学法[J]. 云嘉特教,1997(7):14-17.
② [挪威]斯蒂芬·冯·特茨纳. 走出自闭——发展障碍儿童、青少年和成人的沟通辅助技术[M]. 五彩鹿儿童行为矫正中心,北京师范大学特殊教育系,编译. 天津:天津教育出版社,2011:16-17.

着计算机技术的高度发展,研发者利用语言的声学特性合成语音、词汇以及句子,再融入明显的语调,代替沟通障碍者表达想法和传递信息。

(三) 直接选取技术

直接选取技术在效率和效能上比扫描高,使用者只要通过直接按压或点选目标就可以完成直接输入的过程。直接选取有以下几种方式:①直接用手或脚来操控键盘或鼠标,指出所需要的图和字;②利用操作系统所提供的协助工具调整键击或鼠标输入的速度;③手脚运动能力较好的使用者可以使用替代性键盘输入想要表达的信息;④手脚运动有困难的障碍儿童还可以使用嘴杖、手杖、头杖来帮助选取所需要的沟通信息;⑤当交流者不理解沟通障碍儿童表达的语言时,可以使用语言辨识系统,输入沟通障碍儿童需要表达的语言,通过语言辨识系统转化为交流者能够理解的语言,两者就可以无障碍地进行沟通和交流了;⑥当沟通障碍儿童同时伴有肢体障碍时,可以使用触控屏幕,即运用身体的某个部位触摸目前屏幕上所显示的信息,并对其进行直接选取;⑦当沟通障碍儿童伴有很严重的肢体障碍,没有办法使用手和脚进行信息输入时,可以使用头控、眼控鼠标等进行直接选取。

(四) 扫描技术

扫描技术是在无法找到适当的直接选取方式下所使用的替代性方法。其特点表现在两个方面:首先,扫描在速度和效率上比直接选取要慢得多,需要确定扫描的位置之后才能点选所需要的目标,所以等待的时间较长;其次,扫描过程中,使用者不仅要记住点选的位置,而且要全神贯注于扫描的路径,一旦目标出现,要迅速选定,如果没有注意,就要从头到尾重新扫描一遍。杨炽康(2004年)认为,从不同的角度看,扫描的方式有不同的分类方法。扫描方式依其特性可分为逐步扫描(Step-scanning)、自动扫描(Auto-scanning)、反向扫描(Reverse-scanning);扫描方式依其方向及路径来分类,可以分为循序式(Circulate)扫描、线性(Linear)扫描、行列式(Column Row)扫描、群组(Group)扫描。

1. 按特性分类

(1) 逐步扫描。

特殊开关与电脑相连接后,扫描程序不能自动进行,需要使用者按压特殊开关,使用者每按一下特殊开关就会跳一格,直到按压到正确的位置,选定需要的目标。逐步扫描比较费力,但是简单易懂,比较适合发展迟缓与认知功能较差,且无法使用直接选取的特殊儿童使用。

(2) 自动扫描。

特殊开关与电脑相连接后,扫描程序会自动开始,使用者要等待扫描指示跳到正确的位置,立即按压特殊开关进行选定;如果要继续扫描,使用者必须松开特殊开关,等待扫描指示跳到正确的位置,再立即按压特殊开关进行选定。自动扫描的方法,比较适合肢体控制能力较好而无法使用直接选取的特殊儿童。当扫描到目标时,使用者必须很准确地按压特殊开关,否则就要从头开始扫描。

(3) 反向扫描。

特殊开关与电脑相连接后,扫描程序会自动开始,使用者需要按压特殊开关,当扫描到正确的位置时,立即松开特殊开关;重复上面的过程即可将所要选择的目标一一选定。与自动扫描不同,反向扫描的适用人群是有能力控制电脑,而肢体控制能力较差的特殊儿童,因为使用者不需要触及特殊开关,而只要松开开关就可以达到扫描的效果。与前两种扫描方式相比较,反向扫描的使用者会有更多休息和等待的时间。

2. 按方向及路径分类

(1) 循序式扫描。

特殊开关与电脑相连接后,扫描程序可自动进行,扫描的方向是从头到尾的唯一一条路径,当目标出现时,使用者按压特殊开关即可选定,如果使用者来不及按压特殊开关,就要等待循环到下一轮的扫描再选择。

(2) 线性扫描。

线性扫描又称为直线扫描,特殊开关与电脑相连接后,扫描程序可自动进行,光标会出现在显示板上方,从第一行第一个符号逐一移动到同一行最后一个符号,接着跳到第二行第一个符号开始,以此类推。

(3) 行列式扫描。

行列式扫描是指使用者先选取列中的一个符号,然后再由该符号往行的方向选取。当光标移到所欲选取的符号时,使用者即按停。

(4) 群组扫描。

群组扫描是指先将显示板呈现的扫描内容分成两组,再采用行列扫描的方式对第一组进行扫描,从第一行开始扫描直到目标出现即可选定,如果目标不在第一组,则接着对第二组进行扫描,也是从第一行开始,直到目标出现就可以选定。

三、扩大和替代沟通辅具

扩大和替代沟通技术是通过扩大和替代沟通辅具实现的,一般业界将沟通辅具分成低科技沟通辅具和高科技沟通辅具,其效果和使用方法各有不同。

（一）低科技沟通辅具

1. 沟通板

沟通板是比较常用的低科技非电子辅助沟通系统。沟通板是将文字、线条画、照片或图片等符号放在一个板子上,这些符号可以单独呈现,也可以多个同时呈现,沟通障碍儿童可以根据不同的沟通环境来选择他想要用来沟通的符号。当沟通障碍儿童习得的符号越来越多时,为了方便保存和使用,家长或教师可以将儿童常用的符号加以整理、分类,做成本子的形式。

2. 列字表或列字册

列字表或列字册是按照沟通障碍儿童的需要与习惯来安排设计,将有关的字母、文字或注音符号放在一张表上或放入协助沟通的本子内装订成册。在使用中沟通障碍儿童只要指出相应的文字或字母就可以达到沟通的目的。

3. 目光对话框

当沟通障碍儿童伴有肢体上的障碍,无法用手灵活操作沟通辅具的时候,要达到沟通的目的,可以使用目光对话框。目光对话框是由木材、塑料等材料制成的框架,可利用粘贴、印制等方式将沟通需要用到的图片或文字粘贴在框架的四个角落上。在沟通时,必须将此框架放在沟通障碍儿童的眼前,沟通障碍儿童只需要将视线停留在框架某个角落的图片(或文字)上,其他人通过图片或文字表达的意思就可以大致了解沟通障碍儿童所要表达的内容。

4. 简易沟通器

简易沟通器是沟通障碍儿童比较常用的设计简单的低科技电子辅助沟通系统,是协助沟通障碍儿童简单表达的沟通辅具。简易沟通器具有录音功能,由电池提供电量,可以随机录音。考虑到不同沟通障碍儿童的需要,有单句话录音沟通器

(如图5-1)和五句话录音沟通器(如图5-2)①。沟通障碍儿童将所要表达的语句,事先录制存储,沟通时通过播放录音表达自己的需要和想法。

图5-1 单句话录音沟通器

图5-2 五句话录音沟通器

(二)高科技沟通辅具

高科技沟通辅具的研究资料显示,高科技沟通辅具分成硬件系统和软件系统两类。硬件系统包括微电脑沟通板和计算机辅助沟通系统;软件系统包括图文写作系统、图文动画语音软件、无障碍沟通系统U-COM、特殊开关教学游戏系统U-AGC、沟通版面设计家、绘图者、"点击"、"好沟通"等。

1. 硬件系统

(1)微电脑沟通板。

杨炽康在科技辅具研讨会的讲义中指出,微电脑沟通板可分为两大类。一类是计算机语音合成器。使用者只需将单字、词组或句子输入沟通器,语音合成器就会将文字转换成语音输出。主要的适用人群包括听障儿童、视障儿童、智障儿童、言语与语言障碍儿童、肢体障碍儿童、自闭症儿童、学习障碍儿童、发育迟缓儿童、多重障碍儿童等。第二类是单键多层次沟通器。它使沟通障碍儿童能够有效沟通,表达自己的想法,同时它也是沟通障碍儿童训练和学习的辅具。和简易沟通器不同,它可以与电脑主机相连,数据化录音,录音功能不随电量用尽而消失;有音量调节和弱点显示功能;配有文字图形和沟通版面,可根据沟通环境和沟通障碍儿童自身的需要"随洗随录",可外接特殊开关,也可以配合一组玩具进行控制,用于儿童认知训练和学习,同时具有扫描的功能。

---

① 该图片选自台湾财团法人科技辅具文教基金会网站。

(2) 计算机辅助沟通系统。

由于计算机的普及率上升,因此许多辅助沟通系统的软件、硬件也跟着迅速发展,使得个人计算机也逐渐成为一个辅助沟通器。其中,携带方便的笔记型计算机、平板计算机的发展,触摸式屏幕、数字化录音、语音合成器等的整合运用,让个人计算机成为辅助沟通系统的一大趋势,为语言障碍儿童提供更有效、便利的沟通模式。

计算机辅助沟通系统,适用者包括智障儿童、脑外伤儿童、自闭症儿童、脑瘫儿童、失语症儿童等沟通能力缺失或不足的人群,为其沟通交往、生活自理、社会适应等提供了辅助支持。常用的全中文环境的电脑沟通系统,含有真人语音沟通词汇和本土化的沟通图片库,有图形沟通、情境沟通、文字沟通等三种沟通模式,并有文字信息框显示。

携带方便的笔记型计算机。包括整合型无障碍电脑系统——U1 教学型(如图 5-3)、可程式化输入系统——U2i 输入型、互动式测验学习评量系统——U3 评量型。运用多媒体版面设计工具以及全中文的版面设计软件,儿童也可根据需要自行设计。在电脑上可以呈现文字,播放视觉信息和听觉信息,融合了不同的色彩、文字、图片、动画,沟通障碍儿童可以通过触摸版面控制电脑。

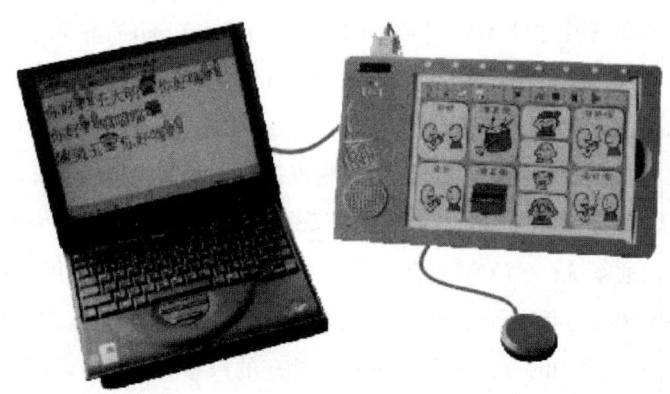

图 5-3 整合型无障碍电脑系统——U1 教学型

平板计算机。整合医疗型触摸电脑系统——U5 整合型(如图 5-4),是针对医疗开发的多功能科技辅具,采用最先进的整合医疗电脑系统技术及触控屏幕功能,可外接八组特殊开关,根据需要搭配相关的系统版面,含有互动式测验评量系统、整合型无障碍电脑系统、程式化输入系统,可进行评估和分析。具有复健矫正、个别化教育、替代性沟通等作用。

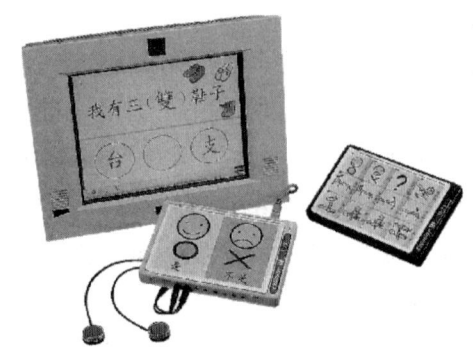

图 5-4　整合医疗型触摸电脑系统——U5 整合型

2. 软件系统

(1) 图文写作系统。

图文写作系统(Picture Write)是全中文环境的图文并茂的软件,内建有绘图软件,包含内容丰富的图片库和真人语音,具有图文写作、图文预测、图文造句、图文翻译功能。

(2) 图文动画语音软件。

图文动画语音软件(Picture Master Language Software,简称 PMLS)含有线条图、写实图、照片、动画、情境图,并含多国语音可供选择,根据教学或沟通的实际需要,可以配合特殊开关连接电脑系统或便携型微电脑语音沟通板使用。图文动画语音软件具有单键和双键扫描功能,可以根据需要设定循序扫描或群组扫描。

(3) 无障碍沟通系统 U-COM。

无障碍沟通系统 U-COM 的界面为全中文环境设计,随插随用,精致小巧,便于携带。该系统参考我国台湾地区教育部门注音符号的排列方式,将注音符号按照声母、介母、韵母、声调的方式排列,在选择了相应的声母和介母之后,系统会自动筛选出与之匹配的韵母;另外,该系统还含有数字和运算符号,可配合单键特殊开关,进行群组循序扫描,扫描的速度和呈现字体的大小,可以根据沟通障碍儿童的需要自行设定。

(4) 特殊开关教学游戏系统 U-AGC。

特殊开关教学游戏系统 U-AGC(Unlimiter-Adaptive Game Controller),内部建有近 50 种基本认知和认知学习游戏,包括图形认知与推理、数字认知等;可根据需要在原有学习资料的基础上,添加新的学习内容;有扫描设定功能,提供替代键盘输入方法,而且设定键盘与鼠标对应功能,可以以键盘代替开关和鼠标。特殊开关教学游戏系统 U-AGC 可以用于沟通、学习和个别化的训练。

(5) 沟通版面设计家。

沟通版面设计家 AAC Editor,解决了传统的 AAC 版面设计费时的问题,能够快速地为沟通障碍儿童建立沟通版面,内建全系列的微电脑语音沟通板的沟通格式,可应用于以上介绍的多种微电脑语音沟通板的版面设计。含有丰富的沟通图片库,以及相应的操作工具,容易理解,操作性较强。

(6) 绘图者。

绘图者(Overlay Maker)是与 Intellikeys(一种替代性键盘,有多种覆盖版面,可根据沟通障碍儿童的需要选择,适合认知障碍或肢体障碍儿童使用)联结的一种软件,可以编辑覆盖版面,将制作好的版面印刷出来并放置在 Intellikeys 上,就可以让儿童了解每个按键的功能和位置。

(7) 点击。

点击(Click It)与 Intellikeys 联结,可以设计出相应的沟通版面。不需要使用鼠标,可以通过按键操作电脑,并根据按键上的指令做出多种变化,包括屏幕切换、声音改变、自动回馈。

(8) 好沟通。

好沟通软件是提供文本信息、文件、视频信息、图片接收和输出等的沟通软件,一般应用于平板电脑和手机中,沟通障碍儿童可以借助平板电脑和手机中的好沟通软件,进行非口语的沟通。

第三节　辅助沟通系统的适配

沟通辅具的种类很多,但它不同于一般的辅助产品,不能直接买回家就使用。如何更加有效地发挥沟通辅具的作用,主要取决于对沟通辅具的正确选择。沟通障碍儿童要依据语言治疗师或职能治疗师的评估结果进行选择。

一、沟通能力的评估

(一) 沟通系统的评估模式

1. 以使用者能力为参照指标的评估

早期的评估模式出现在 20 世纪 80 年代,即以使用者的能力为参照指标的沟通能力评估模式。1980年,艾尔波特等认为使用者只有具备相应的认知能力、沟通能力、动作能力,才能选择使用相应的沟通辅具[1]。谢恩等还认为如果使用者将来能够发展出语言,则不需要使用沟通辅具[2]。该模式的运作缺乏专业的评估人员,一般由医生、家长和特殊教育的教师共同商议决定。

2. 以与使用者沟通相关的因素为参照指标的评估

这种评估模式是目前比较常用的评估模式,评估中要综合考虑与使用者沟通相关的所有的因素,包括沟通环境、使用者的能力与技能、使用者的沟通方式、使用者的沟通对象等。评估时需要有专业的评估人员,如语言治疗师评估使用者的沟通能力,心理治疗师评估其认知能力,职能治疗师评估使用者的动作和对沟通辅具的操作情况,特殊教育的教师要对使用者常用的沟通环境(如学校)进行介绍与评估,家长要辅助相关的评估人员对家庭和社区环境进行评估等。相关人员不再只是"评鉴者"和设备的"开处方者",他们必须是共同的合作者,一起帮助特殊儿童及其家长在重要过程中作决定。

(二)沟通系统的评估项目

米瑞达等在1998年提出,沟通辅具的评估过程中应该评估的项目包括语言能力评估、操作能力评估、社会能力评估、策略能力评估。赖特和罗伯特等认为,沟通系统评估的项目应该包括鉴定沟通需求、沟通技能,为协助沟通和克服环境中的障碍而鉴定同伴交往的策略、建立相应的评估假设、评估干预计划等[3]。

(三)沟通系统内容的评估

使用者处于不同的文化背景下,其沟通方式和语言有很大的差异。沟通辅具包括内设的软件,在选择时要符合使用者日常使用的语言及文化习惯。大多数研究者认为,语言包括语音、语形、语义、语法和语用五个部分[4],不同的语言在这五个方面有很大的区别,为了让不同国家、地区的沟通障碍者都能够使用沟通辅具沟通,需要选择相应的软件转化系统以及辅助设备。

---

[1] Miller J., Allaire J. Augmentative Communication: Systematic instruction of persons with severe handicaps (3rd ed.). UpperSaddle River: Pearson, 1987: 273 - 296.

[2] Howard C. Shane, Anthony S. Bashir. Election criteria for the adoption of an augmentative communication system[J]. Journal of Speech and Hearing Disorders, 1980 (45): 408 - 414.

[3] 转引自:魏寿洪,等. 扩大替代沟通系统的评估综述[J]. 中国康复理论与实践,2007(4):355.

[4] 王辉. 特殊儿童教育诊断与评估[M]. 南京:南京大学出版社,2007:200.

1. 符号

除了专业符号以外,在日常生活中使用的符号具有本土性,即不同的国家或地区的人们为了方便沟通,也会借助一些非语言的大家都能够理解的符号。符号会使沟通更加形象,更具有趣味性。

2. 词汇

词汇是语言的重要的结构成分,在沟通中,准确使用词汇会使表达显得更加完整,也会显得说话者的话语很丰富、生动。词汇本身含有相应的语法和语义,同一个词汇在不同的句子中充当的语法成分会有不同,表达意思也会不同,因此,沟通辅具设计必须符合使用者的语言习惯。

3. 语音输出

沟通过程中,语言的外在表现是发出的语音,不同的语言决定着其语音的表现形式,因此,沟通辅具替代沟通障碍者进行沟通时就必须考虑到语音输出是否符合其语言的属性、语音输入的清晰度是否标准、语音的输出速度是否符合使用该语言的人们的说话习惯,以及相应的语调搭配是否合理等。

(四)使用者的感知动作能力和沟通能力评估

在使用沟通辅具时,使用者需要具备一定的感知动作能力,因此,在选择适当的沟通辅具过程中必须评估使用者自身的感知动作能力。另外,使用者现有的沟通能力和水平也是为其选择沟通辅具时必须要考虑的重要项目。

1. 感知动作能力评估

(1)视觉动作能力。

视觉动作能力是人们在日常生活中从事活动所必需的一项能力,除了视障者之外,人们获得知识、探索世界、实际操作、运动等主要是通过视觉动作完成。因此在选择沟通辅具的时候,要考虑到使用者是否有视觉障碍,如果是视障者要尽可能选择有声音控制提示等听觉提示的设备,如表 5-1。

表 5-1 沟通辅具选择评估表——互动时的视觉能力

□可维持注意力在静止的物体上,不必转动头部就可以看到身体右边或左边的东西	
□可直线扫描从左到右的符号	□可扫描矩阵格子内的符号
□可辨认人	□可辨认一般物品
□可辨认照片中的东西	□可辨认符号或图片
□在符号周围需要额外空白空间方便辨认	□可平移视线

续表

```
□可垂直移动视线                    □可辨认出所画的线条
对何种特殊种类的符号或图片有特别偏好？＿＿＿＿＿＿＿＿＿＿
较喜好哪种尺寸(大小)的符号或图片？＿＿＿＿＿＿＿＿＿＿＿
目前有关这个儿童使用或需要沟通辅具所要注意的重要事项：＿＿＿＿
＿＿＿＿＿＿＿＿＿＿＿＿＿＿＿＿＿＿＿＿＿＿＿＿＿＿＿＿＿
```

（2）听觉动作能力。

在沟通中听对方讲话并对对方做出反应才能够维持互动，因此，在选择沟通辅具的时候，要考虑到使用者是否为听障者，如果是听障者要尽可能选择有指示灯等视觉提示的设备。

（3）触觉动作能力。

在选择沟通辅具时，要考虑到使用者的触觉动作能力，特别是脑瘫儿童以及肢体障碍儿童。脑瘫儿童由于神经系统的协调障碍，手部控制沟通辅具会有困难，这就需要根据其障碍的状况，特别是手部运动的情况，选择相应的辅助开关和辅助鼠标对沟通辅具进行操作。对于严重肢体障碍儿童而言，如儿童没有手臂，可以选择用头部控制的鼠标及开关，或者是用嘴控制的鼠标及开关，进而根据自己的需要操作沟通辅具。

2. 使用者现有沟通方式与技巧评估

（1）使用者现有的沟通方式。

在日常沟通中，沟通双方会使用言语或非言语的方式进行沟通。言语的方式就是说话，非言语的方式包括手势、身体动作、面部表情等。人们在沟通中通常不是单一地使用某一种沟通方式，而是综合使用两种沟通方式，以达到信息的有效传递以及沟通的目的，如表5-2。

表5-2 沟通辅具选择评估表——儿童现有的沟通表现方式

```
□利用呼吸的改变表达           □利用身体姿势的改变表达
□利用眼球的动作表达           □脸部表情
□手语                        □用手指
□发音，举例：＿＿＿＿＿＿＿＿＿＿＿＿＿＿＿＿＿＿＿＿＿
□元音、元音的组合，举例：＿＿＿＿＿＿＿＿＿＿＿＿＿＿＿
□单字，举例：＿＿＿＿＿＿＿＿＿＿＿＿＿＿＿＿＿＿＿＿＿
□短句(字词)，举例：＿＿＿＿＿＿＿＿＿＿＿＿＿＿＿＿＿＿
```

续表

```
□说话内容他人不全听得懂,被他人理解度(%):_____
□说话内容可让人理解
□沟通板(_____可触摸的实物_____图片_____拼字_____文字)
□发声器具(产品名称)_____
□写字
□其他:_____
                        (资料来源:台湾"科技辅具研习"资料)
```

(2) 使用者现有的沟通技巧与策略。

在沟通中,沟通双方需要学会适应一些沟通的技巧和策略,即若通过言语的方式沟通,沟通者会根据沟通环境和自己的需要,考虑如何组织语言等;如使用非言语的方式沟通,沟通者需要考虑用什么样的动作和手势让对方更能理解自己想要表达的意思,或不伤害对方的感情等。在使用沟通辅具中,也要考虑到沟通技巧或策略与沟通辅具本身的整合。

二、沟通辅具的适配原则

1. 依据沟通辅具的功能

选择沟通辅具,要对可选择的沟通辅具有初步的了解,首先要了解沟通辅具的功能,即哪种沟通辅具能够弥补沟通障碍的不足。

2. 依据沟通辅具的种类

选择沟通辅具时,要了解沟通辅具的种类,即目前可选的沟通辅具有哪些类型,不同类型的沟通辅具之间有什么区别,如外观设计、内设的软件、外接开关、鼠标、输入信息的方式等。

3. 依据沟通辅具的使用方法

选择沟通辅具,要了解沟通辅具的使用方法。沟通障碍儿童往往已经习惯了传统的沟通方式,如用手势代替言语表达,当选择使用沟通辅具进行沟通时则要掌握其操作方法,包括如何开关沟通辅具、如何设计沟通辅具版面等。

三、沟通辅具的选配案例

随着社会对特殊儿童的关注及沟通辅具的研发和推广,在世界上一些发达国

特殊儿童辅助技术

家和地区有很多学者正研究如何帮助特殊儿童选配适当的沟通辅具。下面介绍两个案例,包括唐氏综合征儿童通过使用沟通辅具进行在快餐店点餐的实验教学、脑瘫儿童通过使用沟通辅具参与更多的学习活动。

(一)唐氏综合征儿童选配沟通辅具的案例

该案例引自美国北卡罗来纳州立大学的琳达和贝丝的一个关于沟通障碍儿童日常生活适应的实验研究"应用沟通辅具在快餐店点餐的电脑技术教学",这个研究中的实验对象是一名17岁的唐氏综合征儿童。

1. 个案的基本资料

凯茜,女,17岁11个月,唐氏综合征儿童,中度智力障碍,经"斯坦福-比内智力测验(第四版)"测得智商为50,听力轻微受损,并伴有甲状腺机能减退,能够阅读一些功能性的视觉词汇,包括与日历、烹饪、购物、个人信息等方面有关的符号和词汇,她对服饰、指甲油、衣服附加物等表现出浓厚的兴趣。最初,凯茜尝试使用口头语的方式进行沟通,但是她说的话无法被人理解,并缺乏流畅性。她需要放慢说话的速度,学会如何在社区、家庭、餐馆、超市等场所寻求帮助或在紧急情况下提供个人信息。在快餐店点餐时,凯茜要依靠指的方式,或者服务员要将问题变为一般疑问句(只回答"是"或"不是")之后,再让凯茜回答。

2. AAC的评估

通过对凯茜沟通能力、沟通辅具等方面的评估,发现:①凯茜虽然具有口语能力,但是说出的话不被人理解,因此可以使用辅助语音设备代替发音。②凯茜在饮食上表现出显著的偏好。③凯茜精细动作较好,可以通过辅具来操作电脑。

3. AAC的计划设计

(1)运用沟通辅具的语音代替凯茜的发音。

(2)运用沟通辅具代替凯茜用指的方式表达自己的需要。

(3)增强凯茜对沟通辅具的操作能力。

4. AAC的使用

(1) AAC的选择。

可以为凯茜选择:①膝上型电脑;②摄影机;③辅助沟通系统设计版面;④相关资料(凯茜的食物偏好、食物照片、影像资料)。

(2) AAC的训练。

这是一个模拟快餐店点餐的情境教学。首先播放凯茜常去的快餐店的录像,

服务员会问:"你好!你需要点餐吗?"接着通过辅助沟通系统的设计版面呈现出该快餐店可供选择的食物种类,凯茜浏览之后进行按键操作,选出自己想要的食物。凯茜选择了一份套餐,包括汉堡、半熟的法国烤鸡、可乐。访谈凯茜父母时,她的父母建议她吃减肥食物,因此,在设计沟通版面时,凯茜所能选择的套餐都是减肥类的。点选后,沟通辅具会通过数字化的语音代替凯茜回答出与所选食物相匹配的句子。接着会听见服务员的声音:"在这里吃还是带走?"凯茜需要通过沟通辅具回应服务员的问题,选择"在这吃"或"带走"之后,服务员会说"这个套餐的价格是……",凯茜需要把正确数目的饭钱拿出来,之后服务员会说:"谢谢!"

(3) AAC 的使用效果。

第一,通过使用沟通辅具,凯茜的点餐时间比平时要短。

第二,沟通辅具的语音系统让凯茜感觉很开心,就像自己在表达一样。

第三,经过训练,凯茜正确使用沟通辅具的频率提高了。

(4) AAC 的使用建议。

第一,实验教学证明,有沟通障碍的唐氏综合征儿童可以通过沟通辅具更好地享受快餐店服务。

第二,沟通辅具的使用可以扩展到快餐店以外的其他情境。

第三,使用沟通辅具训练前,应该考虑到儿童的实际需要和兴趣。

(二)脑瘫儿童选配沟通辅具的案例

该案例引自陈明聪等几位教师合作的关于"电脑辅助两个脑瘫儿童学习、生活的案例"中的一个个案。

1. 个案的基本资料

小杰,男,脑瘫儿童,就读于普通小学二年级,使用摆位轮椅代步。上半身肢体控制能力较差,手部控制能力也比较差,无法独立握笔,也无法操作鼠标,做作业的时候需要别人协助握笔和运笔才能书写。能够表达简单的单字词,平时多以点头、摇头、举起左右手或指认的方式回答问题。阅读的时候,需要有人帮助他拿着书和翻书,对自己感兴趣的事物能够表现出很强的学习动机。过去一年,小杰一直使用扫描式微电脑语音沟通板与他人进行互动。

2. AAC 的评估

(1) 需求评估。

从对小杰的家人和教师访谈中可以看出,小杰不具备口语表达能力,而且动作控制较差。经过一年的辅具训练，小杰已经能够使用两个按压式的单键开关，能够熟练运用扫描式的输入信息的方式与家人进行日常生活需求的沟通。家人与教师希望小杰能够参与更多的学习活动。从观察的资料中可以看出，小杰在课堂上与教师或同学进行沟通时，会使用点头或摇头的方式；在家里做作业的时候，必须由家长辅助他握笔进行书写，速度为每分钟4~6个字。

（2）辅助支持评估。

根据《辅助性科技融入教学计划表》的评估结果，小杰主要的困难有阅读、书写作业、计算、与人沟通、考试。通过对活动的重要性、处理方式的有效性、学习动机等维度进行分析，小杰需要得到的辅助支持度由高到低依次是书写作业、考试、阅读、与人沟通、计算。

（3）摆位与操作评估。

根据《肢体障碍者电脑辅具评量表》的评估结果，小杰可以坐在轮椅上操作电脑，虽然其双手的精细动作不佳，但手臂均能带动手掌进行移动和按压，左手比右手的活动范围大，自发性使用左手的次数比较多。

3. AAC的计划设计

（1）利用电脑科技辅具代替点头或摇头的沟通方式。

（2）增强小杰学习的动机。

（3）使小杰能独立完成作业。

（4）增加其参与在校学习活动的机会。

（5）增加其与教师或同学进行互动的次数，并提高互动的效率。

4. AAC的使用

（1）AAC的选择。

第一，点选设备的选择。

陈明聪等几位教师分别用圆形摇杆、一字按键、十字按键、单键开关组做实验，目的是观察哪些点选设备适合小杰。经过尝试，小杰在使用一字按键和单键开关组时的效果比较好。

第二，沟通软件的选择。

为了解决小杰的书写问题，陈明聪等使用"图文大师"（沟通软件名）配合替代性的鼠标和按键使用。

(2) AAC 的训练。

陈明聪等让小杰练习用电脑书写,使用鼠标操作软件,让小杰先练习使用替代鼠标操作电脑。

第一,将鼠标移到目标区的训练。

第二,点选训练。

第三,将生字练习改编成电脑化教材,用替代鼠标选择所学的生字,从而代替手写。

(3) AAC 的效果。

第一,提高了小杰对学习活动的参与程度。

第二,通过沟通辅具的使用,小杰能独立完成书写家庭作业。

第三,增进了小杰的学习兴趣,激发了小杰的学习动机。

第四,提高了小杰的阅读能力和阅读速度。

(4) AAC 使用的建议。

第一,配备沟通辅具之前应该考虑儿童的学习需要。

第二,操作部位与操作设备的评估是儿童能否顺利使用电脑的关键。

第三,合理调整课程和作业呈现方式是儿童能够训练成功的关键。

第六章　计算机辅助技术

第一节　计算机辅助技术概述

从计算机诞生以及微处理器问世以来,信息科技越来越深地影响着我们的学习、生活和工作。随着科技日新月异的发展,计算机的功能日益强大,操作日趋简易,在此过程中出现了很多计算机辅助技术。计算机辅助技术可以满足特殊儿童接触高科技的愿望,使他们能够选择到合适的计算机辅助器具,可以让他们体验计算机技术带来的乐趣。当下随着3D技术的快速发展,人们甚至可以通过计算机技术打印假肢、矫形器、助听器等残疾人辅助器具。

一、计算机技术有利于特殊儿童接受远程教育

当今社会没有任何其他技术比网络更有助于克服学习障碍。通过网络,肢体障碍儿童可以足不出户就打开世界知识的大门;视障儿童凭借盲文软件也可以轻松地克服阅读和交流的障碍;听障儿童通过网络也可以解除听觉和语言交流上的障碍,近距离感知以前无法接触了解的新鲜事物。

网络远程教育创建了特殊儿童回归主流社会接受教育的新途径,也为特殊儿童带来了全新的、前所未有的学习机会。网络方便快捷地为人们提供了各种信息、知识与技能,是一个巨大的信息场所。网络学习的信息资源的大容量、大范围使得它可以面向整个社会,即一切信息向一切需求者开放,教育面向每一个人。特殊儿童通过没有界限的网络,可以随时随地提取材料进行自学,可以向教师学习知识,也可以向知识数据库、专家系统学习,不会受到时空的限制,更不会受到年龄、职业或身高、相貌等条件的影响。他们可以根据自己的需求有选择地免费下载或在线享用网络资源,同样可以获得与校园学习相当的效果。

远程教育的双向交互式实时操作和虚拟现实等新型教育手段可以为特殊儿童提供与普通儿童一样的学习、交往的环境,它有利于特殊儿童克服身心障碍,有利于培养他们自尊、自信、自立、自强的精神。现在,世界上越来越多的学校开设了远

程教育,这为很多没有条件入学的特殊儿童接受教育提供了便利。如视障儿童可以使用读屏软件去阅读网站上的信息;有书写障碍的儿童可以使用语音识别软件去完成一个现代远程教育课程的在线测验。

二、计算机技术有利于消除特殊儿童身体残疾而导致的障碍

由于生理或心理上的缺陷,特殊儿童无法像正常人一样操作计算机。当他们坐在一般计算机前学习时,面对的不仅是学习障碍,甚至还有莫名的恐惧。但是,计算机技术的使用,确实为特殊儿童的学习、生活带来了很多的便利。

通过计算机技术可以将汉字扫描(或照相)入计算机,然后采用汉字识别技术,把文字用声音的方式输出,最终实现让视障儿童"阅读"汉字的目的。

"手语识别"技术是通过计算机采集设备获得听障儿童的手语数据,采用模式识别算法,结合上下文知识,获知手语含义,进而翻译成语音,传达给不懂手语的正常人,这样,正常人就可以"听懂"手语;而"手语合成"技术则是指正常人通过语音表达自己的意图,计算机将语音翻译为手语并表现出来,向听障儿童传递信息,这样,听障儿童就能够"看懂"声音。

肌电、脑电技术将让肢体障碍儿童行动自如。20世纪70年代,我国的肌电假肢技术得到很好的发展,到2014年,此技术已经得到广泛的推广和应用,而脑电控制技术才刚刚起步。高位截肢者具有相关运动功能的肌肉和骨骼已被截去,但控制运动的神经依然存在,只是由于神经信号很微弱(在正常情况下也仅为10～50微伏),因此直接用于控制假肢难度很大。神经移植技术为解决这一问题开辟了途径。这种技术将控制上肢运动的神经移植到代用肌肉(靶肌肉)中,利用代用肌肉的信号控制多自由度假肢。用肌肉电信号控制的假手,可实现与人的意念一致的运动。这是因为当人体产生动作意念时,相关肌肉会产生电信号,将这些信号提取出来用于假肢控制,就能使假肢产生相应动作。

三、计算机技术是特殊儿童平等参与社会的有效工具

随着科学技术的发展,计算机技术和信息化建设也在不断地发展。信息技术的运用,为特殊儿童打开了平等参与社会的大门,极大地缩小了他们与外界的距离,为他们全面融入社会创造了有利的条件。而且由于计算机操作具有迅速、及时、准确的特点,所以特殊儿童通过计算机技术,也可以实现和普通儿童不相上下

的学习成就，享受同样的生活乐趣，所以计算机本身就是特殊儿童的重要辅助器具。对于特殊儿童的学习以及融入社会，计算机具有不可估量的作用。

特殊儿童学习使用计算机的困难层出不穷，但无可否认的是，计算机技术确实为他们提供了很多学习交流的机会和空间。以前，特殊儿童与普通儿童交流学习、生活感受的机会非常少，而现在他们可以通过计算机网络轻松地上网浏览、查询各种所需信息，可以自由出入各学习论坛，可以与人在线交流。

计算机对特殊儿童的影响要远远大于对普通人的影响。自从有了计算机辅助技术，盲人都可以胜任翻译、编辑、写作、程序开发等工作。对于一些身体几乎无法动弹的肢体障碍儿童，通过身体某一部位的轻微动作便可操作电脑系统，他们可通过该系统来实现开关电视机、调节音量、打电话、书写文章及语音合成等功能。

互联网的运用可以在一定程度上消除特殊儿童由于身体残疾而造成的活动限制和社会参与的局限性。许多特殊儿童通过现代信息网络突破了许多生理上和心理上的障碍，涉足过去从来没有接触过的领域。特殊儿童通过网络可以参与教育、文化娱乐、交友、工作和社区活动等。①

第二节　多媒体计算机技术

一、计算机输入设备技术

计算机（Computer）俗称电脑，是一种用于高速计算的电子计算机器，可以进行数值计算，也可以进行逻辑计算，还具有存储记忆功能，是能够按照程序运行，自动、高速处理海量数据的现代化智能电子设备。

计算机的应用领域从最初的军事科研领域扩展到社会的各个领域，已形成了规模巨大的计算机产业，带动了全球范围的技术进步，由此引发了深刻的社会变革。现今，计算机已遍及普通学校、企事业单位，并进入寻常百姓家，成为了信息社会中必不可少的工具。

由于一般计算机是为普通人所设计的，故而对于手部功能不全的儿童，如肌肉萎缩症儿童、脑瘫儿童或其他重度肢体障碍儿童，传统的键盘和鼠标并不能适

---

① 邱卓英.发展现代信息技术为残疾人士服务[J].中国康复理论与实践，2002,8(10):624.

应他们的需求,因此,必须在输入设备上加以技术调整。任何适用于标准输入设备的应用程序或软件,必须考虑特殊儿童的需求。"如何创造一个无障碍的计算机操作环境"便成为现代计算机辅助技术的重要课题之一。

针对肢体障碍儿童使用计算机设备时所遭遇的困难,对于输入技术方面可做的调整有如下说明(见表6-1与表6-2)。

表6-1 键盘

使用者所具备的能力	可能的困难	可能解决的方法	可使用的工具、设备或软、硬件
使用双手输入	容易疲劳、输入速度太慢、按键太相近或按键间隔太远	增加手部支撑、改变输入方式把各键分开、使用小键盘或可程序化键盘	肘、腕部支撑架,关联字词输入法,可替代性键盘宏指令,语音输入
单手操作	须同时按双键以上、输入速度太慢、按键太相近	锁住单键、改变键盘排列方式、加快输入速度、把各键分开、使用小键盘或可程序化键盘	协助工具选项、关联字词输入法、可替代性键盘宏指令、语音输入
同时多点移动能力	无法使用一般键盘	语音输入、开关输入	语音识别输入、开关输入软件、开关输入适配卡

表6-2 鼠标

使用者所具备的能力	可能的困难	可能解决的方法	可使用的工具、设备或软、硬件
手眼协调	视动协调不良、无法让光标和鼠标一致	直接选择鼠标替代装置	触控屏幕、游戏杆、替代性键盘

键盘是计算机最主要的输入设备,然而,键盘也往往是肢体障碍儿童使用计算机时最主要的障碍点。许多肢体障碍儿童欠缺精细动作的灵活度,没有足够的肌力,乃至缺乏持续的耐力操控标准键盘上的单一按键,或是无法进行连续的按键动作。针对这些障碍,大致上有五种改进的途径:选择一个最适当的标准键盘、对标准键盘进行适度的改进、使用改良式的鼠标或轨迹球、使用替代性的键盘、考虑不使用键盘而采用其他输入设备。

标准键盘上的文字、符号和字母对某些肢体障碍儿童而言可能太过于复杂,尤其中文计算机键盘上除了英文字母外,另外还印有注音符号码或仓颉字根,这些符号往往会造成特殊儿童认识或使用键盘的困难。我们可以利用单一按键的护套或贴纸以改变按键的外观来解决这个问题。此外,在按键上贴上特定颜色的贴纸或覆盖整排塑料套,以加深对某些按键的印象或避免肢体障碍儿童碰触不必要的按键,也是一种可以实行的方法。对于一些无法悬空打字或精细动作不良的特殊儿童,可以使用一些辅助器具帮助其操作键盘,如头控指示杆(如图6-1)等。头控指示杆是一个可调校的头戴装置,并附有由前额延伸出来的指示杆,它适用于四肢功能受限的截瘫儿童。

图6-1 头控指示杆

如果特殊儿童的障碍程度较重无法使用标准键盘,可提供较为简单的输入装置,其中替代性键盘是一种选择。常见的替代性键盘包括迷你键盘、超大型键盘。这类替代性键盘除了在大小和造型上与标准键盘有所不同外,在按键的设计上也有所区别。它采用薄膜式,使触键更轻巧,灵敏度更高,适合一般手部功能不良儿童使用。

除了标准键盘之外,目前个人计算机上的标准输入设备还有鼠标,通过鼠标,使用者可以减少许多输入动作。然而,鼠标的操控对肢体障碍儿童而言,可能比键盘更困难,原因是操作鼠标对手眼协调能力、视动统合功能与认知上的理解能力都有较高的要求。目前有些替代性鼠标或电动玩具的游戏杆都可以克服肢体障碍儿童部分操作上的障碍。对于认知及动作障碍程度较重的肢体障碍儿童,"开关"可能是最重要而且唯一可用的输入设备。通过单一或组合式的开关,使用者可以控制画面或进行选择,甚至输入文字,这种"开关"技术使严重肢体障碍儿童不至于完全不能使用计算机。

(一) 键盘的改进

在替儿童选择键盘时,除了要针对儿童的障碍类别与程度做适当选择外,其按键的灵敏度、准确度、触感与按键外壳的坚固性也都应是考虑的重点。对于某些无法用手打字的儿童,可为其选用的标准键盘的辅助工具有手杖、铁笔、口杆器(图 6-2)、头杖、头部指标遥控器等。

图 6-2 口杆器

我们平时最常用的键盘有标准的 101 键盘、104 键盘以及 Microsoft 键盘。操作这些键盘对于上肢功能正常的人来说,是十分容易的,但是对于肢体障碍儿童来说则比较困难。例如,高位截瘫的儿童根本无法操作传统的标准 101 键盘;对于偏瘫儿童来说,由于手指的功能受限,很难准确控制标准键盘上的按键,而且单手操作也降低了输入的速度。因此,必须为特殊儿童选择合适的键盘。

针对某些特殊儿童残疾程度较为严重而无法使用标准键盘的现象或为了提高键盘使用上的亲和力,替代性键盘应运而生,常见的有微型键盘、超大型键盘和各种简化式键盘等。

微型键盘:由于微型键盘很小,手指只需放在键盘中央稍作移动,就可以按到每个键。上肢关节活动度或肌力明显下降的儿童都可以选择微型键盘。特制大键盘:精细动作障碍儿童很难控制标准键盘上那些较小的键,可以选择特制的大键盘来进行输入操作。很多特制大键盘都可按使用者的要求而改装,例如可以把最常用的键安放在较方便触碰的位置,有助于活动能力受限制的儿童使用计算机。

1. 二键式(键盘鼠标)开关及界面

二键式(键盘鼠标)开关,是将鼠标的左右键通过相应的软件设置在两个特殊开关上,也可以将一般按键的功能设置在特殊开关上。沟通障碍儿童可以根据自己的需要设置软件存储,使用的时候只要肢体的某部位触及两个特殊开关,就可以操作计算机系统。二键式(键盘鼠标)开关对于沟通障碍儿童,特别是有严重肢体障碍的儿童很方便。

2. 八键式(键盘鼠标)开关及界面

八键式(键盘鼠标)开关和二键式(键盘鼠标)开关一样,是将鼠标的左右键通过相应的软件设置在八个特殊开关上,也可以将一般按键的功能设置在特殊开关上,可自行设置软件存储,使用的时候只要肢体的某部位触及特殊开关,就可以操作计算机系统。使用八键式(键盘鼠标)开关的沟通障碍儿童,其肢体障碍的程度要比二键式(键盘鼠标)开关使用者轻一些,因为八键式开关在操作过程中对肢体的灵活性要求更高。

3. 扫描式屏幕键盘鼠标

扫描式屏幕键盘鼠标(Onscreen Scanning Keyboard Mouse,简称OSKM)(如图6-3),是专门针对特殊人群开发设计的,具有易操作且效率高的特点。扫描式屏幕键盘的功能键用不同的颜色分区,可以随时放大或缩小,功能键可以根据需要自行设置,具有扫描功能。具体的可以操作的扫描模式有:①一般触摸屏幕扫描模式,即直接用手指或各类辅助器具点击画面中的屏幕键盘输入所需要的信息,进行扫描;②单键扫描模式,即自动分区扫描,按压单键特殊开关选择所需的区域,进入自动跳格扫描时,再按压该特殊开关以选择所需要的输入信息;③双键扫描模式,即按压单键特殊开关选择所需的区域,再按压另一特殊开关以跳格扫描方式选择所需要输入的信息。

图6-3 扫描式屏幕键盘鼠标

(二)鼠标的改进

1. 特殊开关轨迹球

特殊开关轨迹球是利用球状轨迹的原理,代替鼠标的功能,特殊儿童只需要滚动中心滑动球的部分,就能达到移动鼠标的目的。目前特殊开关轨迹球有无线(如图6-4)、有线(如图6-5)两种。特殊开关轨迹球可以连接语音沟通板、计算机无障碍系统、玩具、环境控制系统等,除了作为实际的应用外,还可以进行评估,适用于手部运动困难的沟通障碍儿童,脑瘫、肌萎缩症、脊椎损伤儿童等。

 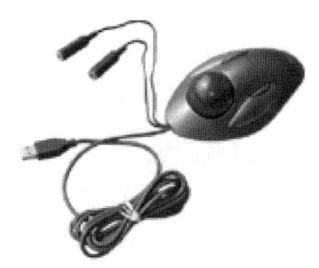

图 6-4 特殊开关无线轨迹球　　　图 6-5 特殊开关有线轨迹球

2. 吹吸式口控鼠标

吹吸式口控鼠标(如图 6-6)属于高科技辅具沟通系统中的一类鼠标,通过吹或吸两种动作控制计算机的输入信息。吹吸式口控鼠标具有一般鼠标的所有功能,比较适合四肢功能丧失的特殊儿童使用。

图 6-6 吹吸式口控鼠标　　　图 6-7 头控鼠标

3. 头控鼠标

头控鼠标(如图 6-7)是指戴在头上以红外线控制的计算机鼠标,它不仅可以利用头部转动控制鼠标游标的移动,还可以以眨眼信号来实现控制鼠标的控键功能。头控鼠标比较适合四肢控制不灵活的特殊儿童使用。

4. 眼控鼠标

眼控鼠标是指以眼球的转动控制计算机的鼠标,其原理是利用红外线侦测技术来侦测眼球转动的位置信号,由红外线视动追踪系统将所获得的眼球位置信号转换成一般的计算机鼠标的操控信号,从而使肢体和头部都不能灵活运动的特殊儿童能够控制计算机。

5. 脚控鼠标

脚控鼠标是指通过脚控制鼠标进行信息输入和目标的选取。使用脚控鼠标减少了键盘到鼠标的手部移动时间,它比较适合手部协调功能障碍儿童使用。

6. 摇杆鼠标

摇杆鼠标(如图6-8)是一种用于控制电子信息服务终端显示页面的光标移动、项目确认及相关操作的新型鼠标,是针对计算机鼠标在公共场合下使用时易丢失、牢固性差以及手指运动不灵活的障碍者而设计的。将摇杆鼠标固定在电子信息服务终端的箱体上,摇动手柄可对光标进行移动,手柄上安装的两个按键相当于普通鼠标的左右键。

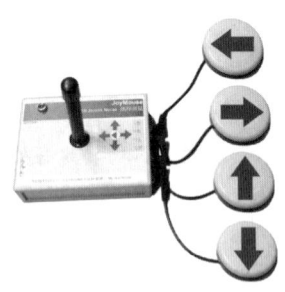

图6-8 摇杆鼠标

(三)特殊控制开关

我们日常生活中经常接触到的简单开关只有开、关这两种选择,而数个开关可组合出较多的选择,可以帮助某些特殊儿童进行较简单的计算机操作(如图6-9)。

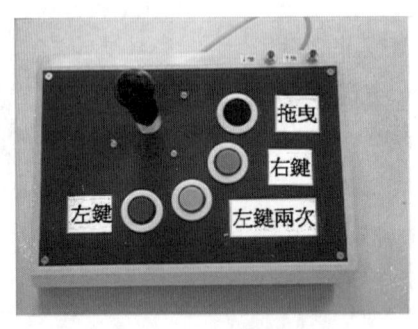

图6-9 特殊控制开关

特殊控制开关有很多不同的种类和操作方法,并可被身体的任一部位的动作所激活,包括手、脚甚至是眼部的运动,如手指轻按、皱眉头、脚趾轻踏等。特殊控制开关的种类和操作方法很多,在实际运用中,我们可以利用不同的特殊控制开关对特殊儿童进行康复训练和治疗。

1. 圆形大开关

圆形大开关是加大的高敏感度特殊开关,只需要运用躯干的某一部分轻轻地碰触就会有感应,它可以接语音沟通板、计算机无障碍系统、玩具和环境控制系统。与特殊开关轨迹球相同,其适用人群主要包括手部运动困难的沟通障碍儿童,脑瘫、肌萎缩症、脊椎损伤的儿童等,图6-10为台湾科技辅具文教基金会研发的圆形大开关。

图6-10 圆形大开关

2. 固定盒式特殊开关

固定盒式特殊开关(如图6-11)是在按压式特殊开关的基础上,根据特殊儿童的需要,将红、黄、绿、蓝四种颜色开关装在盒内,进行固定。这种四键组合的设计可以代替方向键进行操作,只需要运用躯干的某一部分轻轻地碰触开关就会有感应。开关可以接语音沟通板、计算机无障碍系统、玩具、环境控制系统等,其适用人群主要包括手部运动困难的沟通障碍儿童,脑瘫、肌萎缩症、脊椎损伤儿童等。

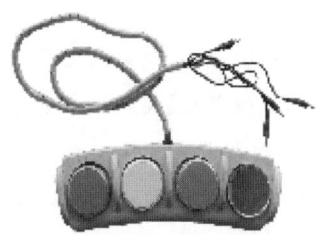

图6-11 固定盒式特殊开关

3. 蓝牙无线特殊开关

蓝牙无线特殊开关是采用蓝牙技术为沟通障碍者研发的特殊开关,其遥控距离比一般红外线更远,而且不容易被阻断,只需要运用躯干的某一部分轻轻地碰触,就可感应触发接收端的开关。接收端可以连接语音沟通板、计算机无障碍系统、玩具、环境控制系统等,从而控制这些系统。蓝牙无线特殊开关的主要适用人群比较广泛,包括言语与语言障碍、肢体障碍、听觉障碍、视觉障碍、脑瘫、智力障碍以及多重障碍儿童,可以帮助他们与人沟通、表达需求、增进学习效能、参与社会。

蓝牙手语手套(Enable Talk)(如图6-12),通过感应器和新款智能手机应用,两只手套上都带有柔性传感器和微型控制器。利用一部智能手机,通过蓝牙接收手套的信号,做一个手势,随后麦克风中就会传来自动模拟声。该技术有望改变听障儿童与周边世界沟通的方式。

图6-12 蓝牙手语手套

二、人机交互系统

(一)人机交互技术

人机交互有时称为人与机器的互动。人机交互主要依靠人的三类感觉:触觉、听觉和视觉。智能人机交互技术是当下计算机研究中发展较快的领域之一,现正处于多通道、多媒体的智能人机交互阶段,比如通过触摸式显示屏实现的"桌面"计算机、手写文字识别系统、输入设备为摄像机或图像采集卡的手势识别技术、姿势识别的多触点触摸屏技术,以及通过采集分析微弱脑电信号实现人机交互的脑机接口技术等,很大程度上方便了人们的生活,尤其对于特殊儿童来说,人机交互技术能够弥补他们自身的不足并帮助他们完成生活中一些必需的动作。在很多实际的应用中,人机交互技术的巨大潜力已经越来越多地展现出来。

1. 基于触觉的人机交互技术

为了操作上的方便,人们用触摸屏来代替鼠标或键盘。触摸屏(Touch Screen)又称为"触控屏"或"触控面板",是一种可接收触头等输入信号的感应式液晶显示装置。当特殊儿童接触了屏幕上的图形按钮时,相关信息将被传送至触摸屏控制器,而触摸屏控制器的主要作用是从触摸点检测装置上接收触摸信息,并将它转换成触点坐标,再传送给中央处理器(CPU),它同时能接收CPU发来的命令并加以执行。

这类系统,通常会在屏幕上出现一小键盘,称为屏幕键盘。屏幕键盘上的按键会被轮流标示,当使用者在被标示按键上按下外接的特殊开关,计算机就能解读出其所代表的字符。

为了能够吸引特殊儿童的注意力及表现较真实的教材效果,彩色屏幕是很有必要的。此外屏幕上要能显示大的、高对比的文字,以便于视障儿童阅读。除了 Windows 中自带的放大镜外,还有一些专门的计算机放大软件也可以起到放大、辅助显示的效果。

2. 基于听觉的人机交互技术

语音识别技术,也被称为自动语音识别(Automatic Speech Recognition,简称 ASR),其目标是将人类的语音中的词汇内容转换为计算机可读的输入。与说话人识别和确认不同,语音识别技术尝试识别或确认发出语音的说话人,而非其中所包含的词汇内容。

语音识别技术和计算机视觉技术,推动自然人机交互技术不断向前发展。自然人机交互技术不仅给普通儿童带来了更多便利和工作效率的提升,而且给特殊儿童带来了本质的改变,让他们能够更有效率地使用计算机,改善了他们的生活状况。但因为特殊儿童家庭购买力相对较低,且不同障碍类型儿童对产品有不同的需求,导致针对残疾人的人机交互辅助系统开发成本较高、产品较少。同时由于目前中文语音识别技术和计算机视觉技术的限制,导致语音技术和计算机视觉技术仍然无法取代通用的鼠标和键盘。

除此之外,一种叫做语音识别引擎的内部驱动程序也可以识别语音并将其转换为文字。语音识别引擎可以随操作系统安装,也可以随其他软件安装。语音识别系统的出现,对四肢严重障碍的高位截瘫儿童来说,是让他们十分振奋的。

Windows 7 系统开启和使用语音识别功能步骤如下:

第一步,进入语音识别系统。首先进入"控制面板",把查看方式设置为"小图标",然后点击"语音识别"选项,这里列举语音控制方面的所有项目(如图 6-13)。我们可以首先单击"打开语音参考卡片"(如图 6-14),在 Windows 帮助中来了解给计算机下达指令的标准语法。

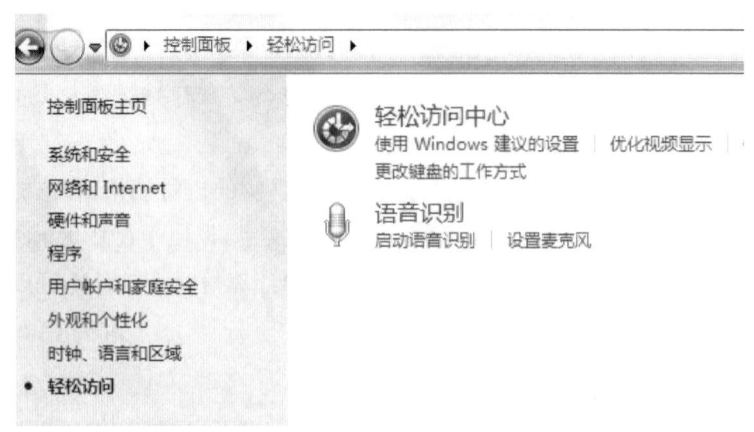

图 6-13　进入语音识别系统

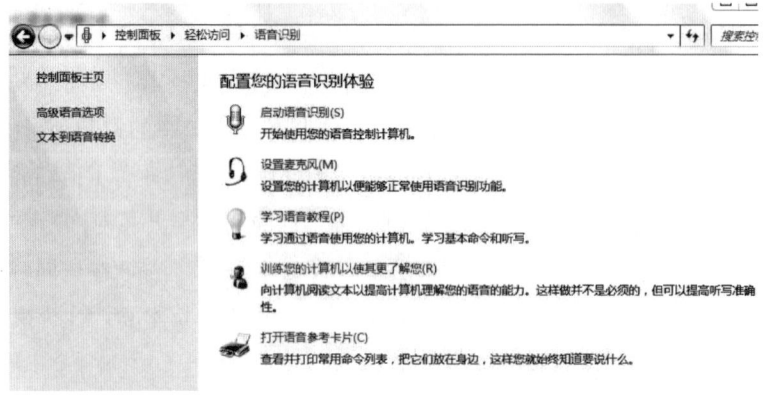

图 6-14　设置语音识别

第二步,设置语音识别。点击"启动语音识别"开始进行语音设置,其中的步骤大多数都是直接选择"下一步",不过最好详细查看每一项设置的具体介绍,不建议大家开启"文档审阅"功能。接下来单击"高级语音选项"按钮,在"用户设置"下选择"启动时运行语音识别",可让语音识别功能随着系统的启动而开启,这样更加便于使用。

第三步,学习交互语音识别教程。当设置结束后,系统会提示你学习交互语音识别教程,也就是学习如何使用各种规范指令控制计算机。建议使用者进行学习,这样不但可以让计算机更能"听懂"你的话,而且还能更快地学习各种语音控制指令,学习的主要内容在"语音参考卡片"中可以查阅。如果在语音控制计算机时,计算机不听指令,可单击"训练您的计算机以使其更了解您"进行语音训练。

我们启用了语音识别功能之后,在屏幕的正上方会出现一个语音识别的界面,屏幕左边会出现一个麦克风状的按钮。如果按钮显示为"深蓝色",文字提示为"正在休眠",我们需要单击这个按钮,让其状态变成"正在聆听",这时候就可以开始语音命令操作了。刚开始时,计算机语音识别率还很低,随着使用次数的增加,会自动提高识别率和录入速度。

第四步,退出语音识别系统。退出语音识别系统时,在控制面板的"语音识别"选项中,点击"高级语音选项",去掉"启动时运行语音识别"前的勾,下一次启动计算机时就不会启动语音识别功能了。

3. 基于视觉的人机交互技术

基于视觉的人机交互技术主要有面部表情分析、身体运动跟踪、手势识别和眼动跟踪四个方面,而眼动跟踪的技术已经开始在特殊儿童身上加以应用。

下面介绍基于眼动跟踪的计算机的使用:通过 USB 接口与笔记本计算机或台式机均可轻松连接;利用多种高级铝合金移动支架适合在床上、沙发上、轮椅上使用。

安装步骤如下(以"无影手"视控计算机为例说明):

第一步,安装视控仪。将"视控仪"连接到计算机的 USB 接口。注意:为了达到最佳的使用效果,强烈建议将"视控仪"安装在计算机显示器的正上方中央处(如图 6-15)。

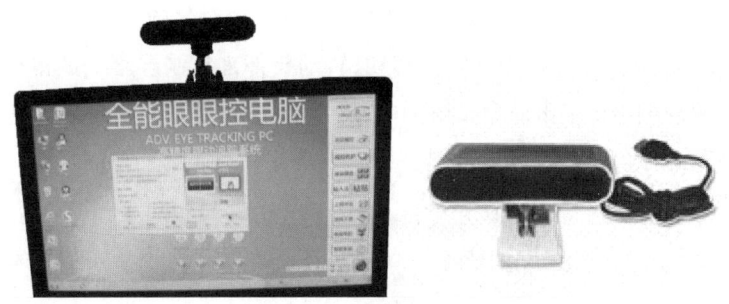

图 6-15　视控仪与视控计算机

第二步,安装驱动软件。将驱动光盘放入计算机光驱中,会自动出现安装画面,请按照提示操作;或者手动打开光盘目录,双击运行光盘中的安装程序完成安装。安装完成后,请依次单击"开始"→"程序"→"无影手"→"无影手"视控看护系统,启动看护系统。

第三步,激活。本系统在正式使用前需要进行激活,请将购买产品时获得的

"产品序列号"输入相应位置中,点击"确定"。注意:要妥善保管"产品序列号",在重新安装软件的时候还需要再次使用。

第四步,启动程序。装好视控仪与"无影手"配套软件之后,请启动"无影手"视控看护程序,点击"开启视控"启动"无影手"视线鼠标,然后点击"开始"。在程序窗口出现使用者的视频画面的时候,请调整坐姿,让面部位于画面正中,尽可能靠近摄像头(如图6-16)。

图6-16 "无影手"视线鼠标主界面(专业版Ⅱ)

第五步,控制光标。稍等片刻,屏幕中央会出现一个对焦的动画,系统锁定使用者的视线后,使用者就可以通过轻轻移动、转动头部来控制屏幕上的鼠标光标了。注意:注视片刻等于单击命令。鼠标左键、右键、中键命令请在注视片刻后弹出的快捷"按键精灵"(如图6-17)中选择。

图6-17 按键精灵

第六步,输入文字。先打开"屏幕键盘",通过注视某个字母(按键)进行输入(如图 6-18)。

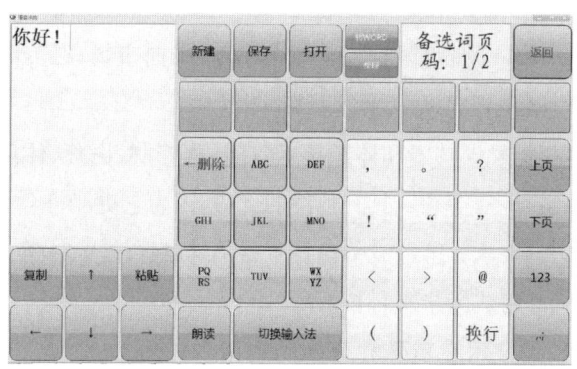

图 6-18 拼音输入法(手机键盘)

上网浏览时,请将浏览器最大化,此时将鼠标移动到屏幕的右边缘可以实现自动翻页,方便浏览网页。如果特殊儿童使用起来不舒服,可调整合适的坐姿,并点击"舒适度"进行舒适度调节。

(二)脑电交互技术

从人机交互的进程看,在键盘、鼠标控制、触摸屏书写、语音识别之后,脑波控制极有可能是未来人机交互的终极界面之一。

人体具有四种类型的生物电,分别是心电、脑电、肌肉电以及眼电,其中心电最容易监测,而脑电由于受到坚硬致密的头骨包裹而极难被捕捉。脑电的强度比心电弱 1 000 倍,加之人们在生活中又存在诸多干扰源,这使得获取脑电信号就如同在高速运转的飞机引擎旁想要听清人的说话声一样困难。

19 世纪末,德国生物学家汉斯伯格观察到电鳗自体会产生电流,受这个现象启发,他觉得人体也必然有类似现象发生。通过不懈努力,他最终发现了人脑中微弱的电流。而脑波的生理电位通常十分微弱,在 5～30 微伏左右,属于 0.5～60 赫兹的交流信号。人的大脑中有数以万计的针尖大小的神经交错着,当神经相互作用时,脑电波模式就释放出这些神经元之间透露的思维信息。不同的神经活动会产生不同的脑电波模式,不同的脑电波模式会发出不同频率的脑电波,从而表现为不同的大脑状态。

2008 年,比尔·盖茨在接受 BBC 采访时曾表示:"人机互动模式在未来 5 年内将会有很大改观。"他预言电脑的键盘和鼠标将会在未来逐步被更为自然、更具有直觉性的技术代替。这两年,脑波控制技术(Mind-control Technology)根本不必通过语言对机器发出指令,只需要不动声色地在头脑中想一想,便可完成相关任务。2009年,第一款玩具类产品"意念小球"推向市场,在美国共售出100多万套,是当年亚马逊圣诞节玩具销量冠军。

脑电波技术相比触屏技术和体感技术,在远程控制、医疗、休闲、人脑训练、娱乐、游戏、社交网站、运动等领域具有独特的优势,因为它更能符合人类摆脱工具束缚、实现人类梦想的要求。脑电波传输技术将是继触屏技术、体感技术后的又一大人机交互技术,它必将成为未来科技发展的趋势。

(三)虚拟现实技术在特殊教育中的应用

1. 虚拟现实技术的定义

虚拟现实技术(Virtual Reality,简称VR),是利用计算机模拟产生一个三度空间的虚拟世界,提供给使用者关于视觉、听觉、触觉等感官的模拟,让使用者如同身临其境一般,可以及时、没有限制地观察三度空间内的事物的一种技术。从技术的角度来说,虚拟现实系统具有下面三个基本特征:沉浸感(Immersion)、交互性(Interactivity)和构想性(Imagination)。①

虚拟现实技术是20世纪以来科学技术进步的结晶,集中体现了计算机技术、计算机图形学、传感技术、人体工程学、人机交互理论等多个领域的最新成果。它以计算机技术为主,利用计算机等设备来模拟一个看起来像真的,听起来像真的,摸起来像真的的三维虚拟世界。这个虚拟世界是人工建造的、存在于计算机内部的环境。在这个虚拟世界中,能实时产生与真实世界相同的感觉,使人与虚拟世界融为一体,人们可以直接观察周围世界及物体的内在变化,与虚拟世界中的物体之间进行自然的交互(包括感知环境并干预环境)。

2. 虚拟现实技术在特殊教育中的应用

特殊教育的主要对象是特殊儿童,通过虚拟现实技术,正确地运用缺陷补偿理论,可以更好地提高教育的效率。虚拟现实系统通过生成三维图形,构造虚拟学习环境,可以让学习者在其中感觉到虚拟物体并感受其反馈,与其发生交互。

---

① 王庭照,许琦,等.虚拟现实技术在特殊儿童教学与训练中的应用研究[J].华东师范大学学报:教育科学版,2013(3):33-38.

（1）对于视觉障碍儿童，他们的听觉和触觉能力一般会得到加强，因此可以在虚拟现实系统中强化学习内容在听觉和触觉方面的反馈，使他们通过除了视觉之外的感觉，感受学习对象，理解学习内容，加深学习印象，提高学习效率。

（2）对于听觉障碍儿童，他们的视觉一般会得到加强，因此可以在虚拟现实系统中强化视觉方面的反馈，给予视觉更多的刺激，加深他们对学习内容的理解和印象，提高学习的效果。使用虚拟现实技术制作的虚拟人，模拟手语姿势，可以实现从语音或者文字到手语之间的相互转换，方便健听儿童与听障儿童的交流，使听障儿童可以更好地使用健听儿童的学习资源。

（3）由于虚拟现实技术具有沉浸性、交互性和想象性三大特性，在对注意力缺陷障碍儿童进行长时间的教育和训练时，可以通过虚拟现实技术吸引他们的注意力，维持注意力的集中。

（4）对于智力障碍儿童，虚拟现实技术促进了他们日常生活技能的提高，增强了他们的认知能力和社交技能。利用虚拟现实场景的真实性、虚幻性，丰富的色彩和形象的动画形式，将烦琐复杂的学习内容简单化，可以提高智力障碍儿童学习的专注度和兴趣。[1]

（5）自闭症作为一种广泛性发展障碍，严重影响着儿童的学习、社会交往和社会适应。在虚拟环境中让自闭症儿童学习和发展社交技能，是一个非常有前景的技术手段。近年来，研究者通过从社会交往、认知、生活技能及自闭症核心缺陷等方面开展的虚拟现实技术对自闭症儿童的干预研究认为，将虚拟现实技术应用于自闭症儿童的治疗和干预已取得了一定的成果，为增进对自闭症儿童的理解与干预提供了一种有效的手段。

利用虚拟现实技术和远程教育相结合，建立虚拟校园、虚拟课堂，可以让身处特殊教育资源不发达地区的特殊儿童，以及行动不方便的特殊儿童待在居住地就可以享受身临其境的学习环境，共享良好的特殊教育资源。虚拟环境能为特殊儿童提供安全、真实的情境来提升学习效果和生活技能，它的易用性和适应性也使其成为这个特殊群体接受教学和训练的最佳选择。虚拟现实技术在特殊教育中的应用并不局限于此，它还能促进特殊儿童感知运动能力的发展。在开展特殊儿童社会性课程方面采用虚似现实技术也是一个很好选择。

---

[1] 韩雪.虚拟现实技术在特殊教育中的应用研究[J].无线互联科技,2013(8):224.

第三节　计算机类辅具的适配

因为特殊儿童自身存在缺陷，所以在使用计算机时会遇到各种各样的操作问题，而辅助器具的使用可以帮助他们提高操作计算机的速度、精确性及耐力。因为特殊儿童身体功能障碍千差万别，为了能帮助他们选择到适合的计算机辅助器具，所以在选择之前，要对特殊儿童操作计算机辅具的能力进行充分评估。

一、评估

了解特殊儿童的功能障碍是很重要的，但更重要的是找到特殊儿童控制自身的最佳状态。因为即使残疾程度再严重，也必定都有一个最容易控制的动作。找出特殊儿童可以随意且重复进行的动作，配合此动作来选择适合的辅助器具，这样，即使不能用手、脚、头部或者身体其他部位，特殊儿童也可以方便地操作计算机。

（一）病患基本数据

在评估时，首先要了解儿童的一些基本信息，如姓名、性别、出生年月、家庭住址、电话、障碍类别和级别等。表 6-3 列举了一些特殊儿童常见的障碍类别，供评估者勾选。

表 6-3　障碍类别

1. □听觉障碍：□传导性听觉障碍　□感音性听觉障碍　□混合性听觉障碍
2. □肢体障碍：□上肢（手）　□下肢（脚）　□躯干　□四肢
3. □智力障碍：□重要器官失去功能　□面部损伤　□植物人　□痴呆症
4. □自闭症：□慢性精神病　□多重障碍　□难治性癫痫症
5. □经有资质的医疗机构认定，因罕见疾病而致身心功能障碍
6. □其他经有资质的医疗机构认定的身心障碍类别：（□染色体异常　□先天代谢异常　□其他先天缺陷）

（二）身体功能检查

在了解特殊儿童的一些基本信息后，还要对其进行与辅具相关的身体功能的

检查(如表6-4),以便为其适配最合适的辅具。

表6-4 与辅具使用相关的身体功能检查

```
1. 肌肉骨骼系统常见疾病:□足部变形  □骨折  □关节炎  □截肢  □肌肉病变
   □其他
2. 神经系统常见疾病:□中风  □脊髓损伤  □脑性麻痹或发展迟缓  □脊髓灰质炎
   □其他
3. 呼吸系统常见疾病:□慢性阻塞性疾病  □气喘  □肺结核  □其他
4. 心血管系统常见疾病:□心脏病  □高血压  □糖尿病  □周边血管疾病  □其他
5. 其他:_____
```

除了感觉功能外,评估人员还要评估出特殊儿童最好的五项功能(如表6-5)。

表6-5 其他功能评估表

1. 基本感觉功能
视觉:□差 □稍差 □正常
听觉:□差 □稍差 □正常
触觉:□差 □稍差 □正常
运动觉:□差 □稍差 □正常
平衡觉:□差 □稍差 □正常
2. 脸部动作
额部:□良好 □尚可 □不好 □极差
眼部:□良好 □尚可 □不好 □极差
脸颊:□良好 □尚可 □不好 □极差
唇部:□良好 □尚可 □不好 □极差
舌头:□良好 □尚可 □不好 □极差
下颚:□良好 □尚可 □不好 □极差
吹气:□良好 □尚可 □不好 □极差
吸气:□良好 □尚可 □不好 □极差
3. 头颈部动作
屈曲:□部分 □尚可 □好 □皆无

续表

伸直:□部分 □尚可 □好 □皆无	
左转:□部分 □尚可 □好 □皆无	
右转:□部分 □尚可 □好 □皆无	
左侧弯:□部分 □尚可 □好 □皆无	
右侧弯:□部分 □尚可 □好 □皆无	
4. 上肢动作	
(1) 肩关节动作	
①左侧	
屈曲:□部分 □尚可 □好 □皆无	
伸直:□部分 □尚可 □好 □皆无	
外转:□部分 □尚可 □好 □皆无	
内转:□部分 □尚可 □好 □皆无	
②右侧	
屈曲:□部分 □尚可 □好 □皆无	
伸直:□部分 □尚可 □好 □皆无	
外转:□部分 □尚可 □好 □皆无	
内转:□部分 □尚可 □好 □皆无	
(2) 肘关节动作	
屈曲:□部分 □尚可 □好 □皆无	
伸直:□部分 □尚可 □好 □皆无	
外转:□部分 □尚可 □好 □皆无	
内转:□部分 □尚可 □好 □皆无	
(3) 腕关节动作	
屈曲:□部分 □尚可 □好 □皆无	
伸直:□部分 □尚可 □好 □皆无	
桡曲:□部分 □尚可 □好 □皆无	
尺曲:□部分 □尚可 □好 □皆无	

续表

(4) 掌指动作
①左侧
抓握：□良好　□尚可　□不好　□极差
放开：□良好　□尚可　□不好　□极差
手指最好动作：□大拇指　□食指　□中指　□无名指　□小拇指
②右侧
抓握：□良好　□尚可　□不好　□极差
放开：□良好　□尚可　□不好　□极差
手指最好动作：□大拇指　□食指　□中指　□无名指　□小拇指
5. 下肢动作
(1) 髋关节动作
屈曲：□部分　□尚可　□好　□皆无
外展：□部分　□尚可　□好　□皆无
内收：□部分　□尚可　□好　□皆无
外转：□部分　□尚可　□好　□皆无
内转：□部分　□尚可　□好　□皆无
(2) 膝关节动作
屈曲：□部分　□尚可　□好　□皆无
伸直：□部分　□尚可　□好　□皆无
(3) 踝关节动作
背曲：□部分　□尚可　□好　□皆无
跖曲：□部分　□尚可　□好　□皆无
内翻：□部分　□尚可　□好　□皆无
外翻：□部分　□尚可　□好　□皆无
(4) 脚趾动作
屈曲：□部分　□尚可　□好　□皆无
伸直：□部分　□尚可　□好　□皆无

续表

外展：□部分　□尚可　□好　□皆无
内收：□部分　□尚可　□好　□皆无
6. 基本认知能力
学习能力：□良好　□尚可　□不好　□极差
记忆力：□良好　□尚可　□不好　□极差
注意力：□良好　□尚可　□不好　□极差
识字能力：□良好　□尚可　□不好　□极差
颜色辨识能力：□良好　□尚可　□不好　□极差
配对分类能力：□良好　□尚可　□不好　□极差
自我行为管理：□良好　□尚可　□不好　□极差
危险意识：□良好　□尚可　□不好　□极差
其他智力情况说明：

（三）辅具应用评估

在对特殊儿童适配计算机辅具之前，要对特殊儿童计算机辅具的实际应用情况进行评估，如使用环境、使用姿势、使用目的，需连接的相关设备等（如表6-6）。

表6-6　辅具应用评估表

1. 使用环境(可多选)：□房间　□床上　□客厅　□浴室　□厨房　□出入口 　□户外　□其他：＿＿＿＿
2. 使用姿势(可多选)：□仰姿　□俯躺　□侧躺　□坐姿　□其他：＿＿＿＿
3. 计算机放置地点：＿＿＿＿＿＿＿＿＿＿＿＿＿＿＿＿＿＿
4. 使用光线：□日光　□电灯照明　□都有　□其他：＿＿＿＿
5. 已(需)连接的相关电器或设备：□门　□电视　□电灯　□电扇　□电话 　□电饭锅　□收音机、音响　□传真机　□点字机　□扩视机　□其他：＿＿＿＿
6. 使用目的：□学习　□休闲娱乐　□沟通　□做家务　□其他：＿＿＿＿

（四）辅具设备的检查及配置

在为特殊儿童适配了相关计算机辅具后，还须对辅具设备做定期检查（如表6-7）。

表6-7 辅具设备的检查及配置

<table>
<tr><td colspan="3">是否已有此项辅具</td></tr>
<tr><td colspan="2">□是，请进行下列检查项目</td><td>□否，或须重新进行建议配置选项</td></tr>
<tr><td colspan="2">检查日期： 年 月 日</td><td>配置日期： 年 月 日</td></tr>
<tr><td rowspan="6">计算机主机种类</td><td>□台式计算机：□使用良好 □尚可 □不好，须调整 □须更换</td><td rowspan="6">□台式计算机
□台式液晶屏幕型
□手提计算机
□外接软盘型
□触摸屏幕型
其他：_____
_____</td></tr>
<tr><td>□台式液晶屏幕型：□使用良好 □尚可 □不好，须调整 □须更换</td></tr>
<tr><td>□手提计算机：□使用良好 □尚可 □不好，须调整 □须更换</td></tr>
<tr><td>□外接软盘型：□使用良好 □尚可 □不好，须调整 □须更换</td></tr>
<tr><td>□触摸屏幕型：□使用良好 □尚可 □不好，须调整 □须更换</td></tr>
<tr><td>其他：_____</td></tr>
<tr><td rowspan="6">键盘类（可多选）</td><td>□有线键盘：□使用良好 □尚可 □不好，须调整 □须更换</td><td rowspan="6">□有线键盘
□无线键盘
□传统键盘
□浅压键盘</td></tr>
<tr><td>□无线键盘：□使用良好 □尚可 □不好，须调整 □须更换</td></tr>
<tr><td>□传统键盘：□使用良好 □尚可 □不好，须调整 □须更换</td></tr>
<tr><td>□浅压键盘：□使用良好 □尚可 □不好，须调整 □须更换</td></tr>
<tr><td>□分色区键盘：□使用良好 □尚可 □不好，须调整 □须更换</td></tr>
<tr><td>□分色字键盘：□使用良好 □尚可 □不好，须调整 □须更换
□同色键盘：□使用良好 □尚可 □不好，须调整 □须更换</td></tr>
</table>

续表

键盘类（可多选）	□同色字键盘：□使用良好　□尚可　□不好，须调整　□须更换 □书写板：□使用良好　□尚可　□不好，须调整　□须更换 □纯数字键盘：□使用良好　□尚可　□不好，须调整　□须更换 □迷你键盘：□使用良好　□尚可　□不好，须调整　□须更换 □曲线键盘：□使用良好　□尚可　□不好，须调整　□须更换 □盲用键盘：□使用良好　□尚可　□不好，须调整　□须更换 □大字键盘：□使用良好　□尚可　□不好，须调整　□须更换 □智能型组合键盘：□使用良好　□尚可　□不好，须调整　□须更换 □触摸键盘：□使用良好　□尚可　□不好，须调整　□须更换 其他：_____	□分色区键盘 □分色字键盘 □同色键盘 □同色字键盘 □书写板 □纯数字键盘 □迷你键盘 □曲线键盘 □盲用键盘 □大字键盘 □智能型组合键盘 □触摸键盘 其他：_____ _____
软件接口（可多选）	□语音输入：□使用良好　□尚可　□不好，须调整　□须更换 □屏幕键盘：□使用良好　□尚可　□不好，须调整　□须更换 □防止连键设计：□使用良好　□尚可　□不好，须调整　□须更换 □自动输入（enter）设计：□使用良好　□尚可　□不好，须调整　□须更换 □报读定向软件：□使用良好　□尚可　□不好，须调整　□须更换 □有声软件：□使用良好　□尚可　□不好，须调整　□须更换 □扩视软件：□使用良好　□尚可　□不好，须调整　□须更换 □红外线输入：□使用良好　□尚可　□不好，须调整　□须更换 其他：_____	□语音输入 □屏幕键盘 □防止连键设计 □自动输入（enter）设计 □报读定向软件 □有声软件 □扩视软件 □红外线输入 其他：_____ _____

续表

其他配件（可多选）	□键盘护框：□使用良好　□尚可　□不好,须调整 　　　　　　□须更换 □撑臂架：□使用良好　□尚可　□不好,须调整　□须更换 □撑腕架：□使用良好　□尚可　□不好,须调整　□须更换 □口按棒：□使用良好　□尚可　□不好,须调整　□须更换 □头按棒：□使用良好　□尚可　□不好,须调整　□须更换 □特制手按棒：□使用良好　□尚可　□不好,须调整 　　　　　　□须更换 □取放磁盘架：□使用良好　□尚可　□不好,须调整 　　　　　　□须更换 □特殊电源开关系统：□使用良好　□尚可　□不好,须调整 　　　　　　□须更换 □特殊键盘或鼠标固定架：□使用良好　□尚可　□不好,须调整　□须更换 □结合其他支架配件：□使用良好　□尚可　□不好,须调整 　　　　　　□须更换 其他说明：_____	□键盘护框 □撑臂架 □撑腕架 □口按棒 □头按棒 □特制手按棒 □取放磁盘架 □特殊电源开关系统 □特殊键盘或鼠标固定架 □结合其他支架配件 其他说明：_____
其他检测及配置说明	1. 硬件接口材质及装置稳固性（请列出不稳固的项目）：____	请说明建议事项：_____
	2. 硬件接口装置位置的合宜性（请列出不合宜的项目）：____	请说明建议事项：_____
	3. 硬件接口大小线条设计的合宜性（请列出不合宜的项目）：_____	请说明建议事项：_____
	4. 屏幕大小内容颜色的合宜性（请列出不合宜的项目）：____	请说明建议事项：_____
	5. 硬件配件的位置及设计的合宜性（请列出不合宜的项目）：_____	请说明建议事项：_____
	6. 软件应用的合宜性（请列出不合宜的项目）：_____	请说明建议事项：_____
	7. 人机接口操作时的稳定性（请列出不稳定的项目）：_____	请说明建议事项：_____
	8. 人机接口操作的省力效益原则（请列出不合宜的项目）：_____	请说明建议事项：_____
	9. 是否利用最具优势的身体功能（请列出不合宜的项目）：_____	请说明使用的人体部位：_____
	10. 肢体支架设计的配置（请说明不合宜的原因）：_____	请说明支架设计：_____

（五）总结

在评估完成之后要对评估内容进行总结，包括：计算机接口辅具设备的需求性，计算机接口辅具设备的适用性，需维修的项目，需更换的项目，需专业人员训练讲解的项目，是否需要安排专业人员对使用情况进行追踪等。最后，还要留下评估人员的相关信息、辅具的照片等，以便今后查验。

二、适配

在进行计算机操作前应优先决定特殊儿童操作计算机的姿势，姿势稳定度对于手部功能的发挥有很大的影响，好的躯干姿势可以促进特殊儿童手部精细动作的发展。姿势以坐姿为主，若特殊儿童无法独立维持坐姿平衡，则提供各种支持以协助其平衡坐姿。如可以用可拆卸轮椅附加坐姿矫正辅助器；使用有靠背或有扶手的一般座椅；使用特殊座椅，如轮椅或摆位椅；使用身体固定带，如胸部固定带。除了在座椅上做一些改造以外，还可以考虑选择合适的桌子，使用可调高度的计算机桌、自身带桌板的座椅来帮助维持姿势平衡。①

操作计算机的动作主要是点击键盘按键和鼠标按键，以及移动鼠标，要想较好地操作计算机，就需要能够完成这些动作。因为肢体障碍儿童要用除手以外的身体其他部位做出比较稳定的动作来操作计算机，所以就要帮助其选择合适的计算机辅助器具。

（一）各类障碍儿童的计算机辅具的适配

1. 脊髓损伤儿童计算机辅具的适配

脊髓损伤儿童由于各种原因引起的脊髓结构和功能的损害，而造成损害部位以下的神经功能障碍或丧失。对于脊髓损伤儿童来说，上肢、躯干功能障碍是造成他们操作计算机困难的主要原因。根据不同的平面损伤，功能的残存情况，可以帮助特殊儿童选择多种计算机辅具。

（1）C4（颈椎第四节）平面损伤儿童。

此类儿童四肢肌、呼吸肌、躯干肌完全瘫痪，但头部和口有一定的活动功能。要选择合适的辅助器具应该注意以下四个要点：

第一，通过康复训练后，可使用头控式计算机操作仪、吹气开关、EASYMOVE

---

① 龙燕妮，陶健婷，林日好，等. 使用电脑辅助器具前，要对自己的状况有个评估[J]. 中国残疾人，2007(10)：46.

鼠标等仅用头部或口驱动的计算机操控辅具。

第二，此类儿童坐位时躯干不稳定，可以在进行了计算机操作姿势测评后，在其轮椅上安装坐姿矫正辅助器，稳定其躯干，同时可以使用上肢支撑器，防止无肌力的上肢受重力的影响而不稳定。

第三，使用可调高度计算机桌，随时调整，配合头控装置的使用。

第四，若儿童在提供支持下仍无法维持坐姿平衡或者不适于坐姿操作计算机，就应采用其他适宜的姿势来操作计算机，如平躺姿势，要配用床上桌、床边桌；侧躺姿势，要配用侧躺板；俯卧姿势，要配用楔形板；半坐卧姿势，要配用坐卧躺椅等。

（2）C5、C6（颈椎第五节、第六节）平面损伤儿童。

通过康复训练后，儿童上肢功能部分存在，能完成部分肩、肘、腕等关节的屈或伸运动，而手功能丧失，躯干和下肢完全瘫痪无功能。

此类特殊儿童适用的计算机辅助器具除了有上述 C4 平面损伤儿童的计算机辅具外，也可以利用上肢支撑器增强双上肢耐力，同时使用摇杆鼠标，利用前臂或手腕的粗大移动功能来拨动摇杆。

（3）C7（颈椎第七节）平面损伤儿童。

此类特殊儿童上肢、上臂和前臂、肘关节屈伸良好，但手指功能仍较差，灵活性、协调性较差。下肢完全瘫痪，躯干控制无力。适用的计算机辅助器具要针对不同特殊儿童手指功能情况、手指灵活性、协调性的不同情况做出选择。

第一，此类儿童通过康复训练后，可在手上戴键盘敲击器，在键盘表面罩上键盘护框（"洞洞板"），用敲击器通过"洞洞板"上的洞点击按键，以增加输入的正确性。

第二，除了可以使用摇杆鼠标和按键式鼠标外，也可以使用增大轨迹球鼠标或一般轨迹球鼠标，来提高此类特殊儿童对鼠标的操控能力。

第三，可以选择上肢支撑器以减轻上肢抗重力活动的疲劳感，用坐姿矫正辅助器保持儿童良好坐姿。

（4）C8～T12（颈椎第八节至胸椎第十二节）平面损伤儿童。

此类特殊儿童表现为上肢功能完好，下肢瘫痪，躯干控制无力。由于姿势的稳定对于操作计算机很重要，所以要选用的辅助器具为坐姿矫正辅助器具，以维持坐姿平衡。

2. 脑瘫、脑损伤儿童计算机辅具的适配

（1）脑瘫儿童。

此类特殊儿童主要功能障碍表现为中枢神经性运动功能障碍及姿势异常。因为四肢肌张力增高或降低、关节僵硬，而导致姿势异常、动作不协调等肢体活动障碍，这些情况都会影响儿童操作计算机。

最常见的痉挛型脑瘫，肌张力增高、肌肉僵硬，头腰控制能力差，四肢及全身肢体运动出现功能障碍，针对此类儿童，应选用坐姿矫正辅助器以保持其稳定的座位姿势。

手足徐动型、震颤型、共济失调型儿童，由于上肢运动协调性差，精细动作笨拙，可以选择合适的摇杆鼠标、按键式鼠标。若儿童手指不听使唤，敲键盘时会不断输入错误信息，则可使用键盘辅助敲击器、再配上键盘护框等，提高输入信息的准确率。

（2）脑血管意外和颅脑损伤儿童。

脑血管意外和颅脑损伤儿童表现为姿势异常、痉挛、挛缩、偏瘫等，要在康复训练后根据其障碍情况选择适当的计算机辅具。

典型偏瘫儿童，上肢肌张力增高或降低，出现痉挛或反应弛缓的情况。若儿童患肢障碍较重，可以通过戴肩吊带、分指板等保持患肢的良好肢位，同时加强健手的代偿活动，达到操作计算机的目的。若儿童患肢障碍较轻，肩、肘关节等近端粗大运动存在，但手部抓握功能丧失，可选用上肢支撑器承托患肢，并使用不要求抓握动作的摇杆鼠标、按键式鼠标、轨迹球鼠标、键盘敲击器等，辅助健手来操作计算机。

3. 肢体障碍儿童计算机辅具的适配

（1）肌肉萎缩儿童。

肌肉萎缩儿童表现为肌力下降，上肢大关节抗重运动耐力差，手指等远端关节运动功能部分保留。此类儿童可以通过上肢支撑器承托，增加上肢耐力，选择活动范围小的轨迹球鼠标，通过手指驱动来操控。如果此类儿童肌力下降到四肢不能活动的情况，可以使用 EASYMOVE 鼠标、头控式计算机操作仪等计算机辅具帮助其操控计算机。

（2）截肢儿童。

上肢截肢儿童在使用计算机时会存在障碍，不同截肢部位的功能障碍不一样，因此要根据截肢的部位来选择计算机辅具。

掌指截肢儿童,手无抓握功能,可以使用摇杆鼠标、轨迹球鼠标、键盘辅助敲击器等进行计算机操作。

腕离断截肢儿童,点击鼠标左右键会很困难,此时就要对鼠标做一些改装,可使用外接开关鼠标,如外接手腕式水银开关、发夹式水银开关或脚踏开关等,利用抖腕、抬头、踏脚的动作来"点击"鼠标左右键。

双上肢截肢儿童,可以利用自己的脚来操作计算机。对于此类特殊儿童来说,大轨迹球鼠标、摇杆鼠标、按键式鼠标等都可以用来辅助操控计算机,头控式计算机操作仪更是不错的选择。

4. 视力障碍儿童计算机辅具的适配

计算机辅助器具五花八门,既方便了肢体障碍的特殊儿童,也照顾到了很多视力障碍的特殊儿童。帮助视力障碍儿童的辅助器具主要是各类软件,如方便盲人的盲用软件和方便低视力儿童的屏幕放大软件。

盲用软件是专为盲人设计的,它们主要具有两大功能:一是读屏器,将计算机屏幕的信息以语言的方式传递给盲人;二是语音识别器,让计算机识别操作者发出的声音,自动完成常规的文字输入和常规的计算机操作。

放大软件为低视力儿童服务,起到了助视器的作用。儿童可如常使用各项计算机软件,此放大软件可使放大后的文字及影像保持顺畅清晰,不会扭曲文字。如Zoom Text 软件。[①]

(二)特色计算机辅助器具的适配

(1)姿势矫正辅助器:部分截瘫儿童、脑瘫儿童使用。正常操作计算机的关键是稳定的坐姿,而截瘫儿童和脑瘫儿童很难维持稳定的坐姿。姿势矫正辅助器能帮助儿童维持稳定的姿势,这样不仅操作计算机方便,做其他事情也方便多了。

(2)洞洞板:部分截瘫儿童、脑瘫儿童使用。探进洞里点击键盘,看上去很简单,用起来很有效果。这对于手部动作不协调的儿童有很大的帮助。

(3)上肢支撑器:部分偏瘫儿童、肌肉萎缩症儿童使用。上肢支撑器可以随意转动,省了许多抬胳膊的力气。

(4)键盘敲击器:适于支配腕、掌、指运动的周围神经损伤及腕、掌、指关节活动受限儿童使用。根据需要利用低温热塑板塑形制成的敲击器,用此敲击键盘,可实现计算机操作。

[①] 陈伟宏,林日好,饶璐明,等. 如何选择电脑辅助器具(一)——脊髓损伤者[J]. 中国残疾人,2007(10):46.

另外,还有一些特色计算机辅助器具,如掌套式可调锤形键盘敲击器、掌握式锤形键盘敲击器和腕套式指压形键盘敲击器等。

三、适配案例

以下我们就针对计算机与辅具方面在各类特殊儿童中的应用案例分别加以介绍与说明。

（一）视障儿童计算机辅具的适配

1. 视障儿童遇到的问题

跟其他特殊儿童比起来,视障儿童在学习中将面临更多的困难与挑战。一般来说,视障儿童可以通过有声读物或盲文进行学习,计算机使视障儿童同普通儿童获得同样多而快的信息成为可能。然而目前特殊学校里或市面上的有声读物或盲文读物不论在数量或是时效上都相对缺乏;除此之外,标准计算机的键盘、操作系统与屏幕妨碍了视障儿童很好地使用正常的计算机进行学习,阻碍了他们获得多而快的信息。

2. 解决的方法

视觉障碍儿童可分成低视力儿童与全盲儿童。对于一些低视力儿童,可能不需要任何辅具也能使用计算机与上网,然而其他的低视力儿童在操作计算机与读取屏幕上输出的数据时还是有困难的。我们可将计算机屏幕尺寸加大、按键的卷标加大或加黑以及使用屏幕放大软件(例如 Windows 的放大镜)等。对于全盲的儿童,他们需要一个点字输入程序,这个程序可将由八个按键组成的点字符号转换成计算机可接受的信号;还有就是语音软件,可将屏幕上的文字转换成语音,再通过喇叭输出;或者可以通过点显器将文字转换成点字输出,再由使用者摸读。另外为了将印刷物上的文件转成电子文件,扫描仪与文字识别软件也是非常重要的配备。它们的使用可以大大减轻视障儿童对盲文和有声读物的依赖。

如果视障儿童拥有了上述计算机辅助设备,等于是为他们开启了另外一扇大门。通过计算机与网络,视障儿童可以跟明眼儿童一样同步学习知识,可以参与许多社会活动、发表意见及与一般人沟通互动。

（二）助听器编程软件

助听器根据调节方式分为手动调节和计算机编程调节两类。手动调节是将助听器的部分可调节参数以微调旋钮的形式做在机身上面,调节范围比较有限;计算机编程是通过软件来控制助听器的芯片,助听器各项参数可以根据不同的听力状况进行计算组合,调节更细致、更精确。

可编程助听器广泛适合于各种听力损失曲线类型(如平坦型、斜坡型)和不同性质的耳聋(如传导性、感音神经性或混合性耳聋)。下面以某种助听器适配为例,说明可编程软件的使用方法。

1. 先用编程线连接好助听器,打开选配软件

由于助听器本身设置有左右耳,如给左耳验配时连接的是右耳助听器,打开软件后会出现对话框请你确认并换耳别,点击"改变耳别"按钮后,助听器就会换成左耳并进行读取(如图6-19)。

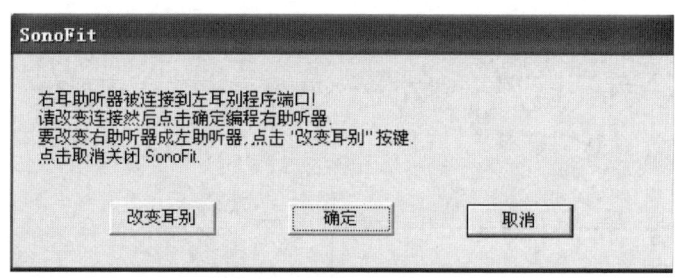

图6-19 改变耳别

2. 读取助听器后点击对应耳别的"确定"按钮进入选配界面

3. 建立一位新客户

单击"客户"图标,然后点击"新客户"新建客户按钮,将呈现出客户个人资料界面,在其中输入客户个人资料信息。

红色字标出的姓和出生日期是必须输入的,出生日期必须按实际出生日期填写,特别是五岁以内的听障儿童,不同的出生日期会有不同的真耳耦合腔差值,进而会影响到自动验配的准确性。

4. 输入一幅听力图

单击"听力图"按钮,呈现一幅无助听器状态下的听力图,在听力图形上点击输入听力阈值。

听力阈值输完后,点击"自动DFC"按钮后并按"确定"按钮,计算机会自动根据听障儿童的听力计算出DFC值,即数字频率压缩值并运用。

5. 助听器选项(设置)

单击"助听器"图标,点击"调节"控制按钮,可根据客户情况选择是否锁定音量

和其他选项,如不锁定还可选择音量控制范围。

点击"程序"按钮,助听器能够在一个、两个、三个或四个程序模式下使用,使用者可根据实际情况选择程序个数及使用环境。

6. 真耳测听

如果自动验配及微调仍有解决不了的问题时,可点击"真耳测听"图标,利用助听器的在位测听功能对客户的不适阈、听阈和频率辨听点进行在位测试后进行自动验配并在新的自动验配基础上进行上述的微调。如果是为不能表达自我感受的听障儿童的验配,则要先完成自动验配,待观察一段时间后再进行微调(如图6-20)。

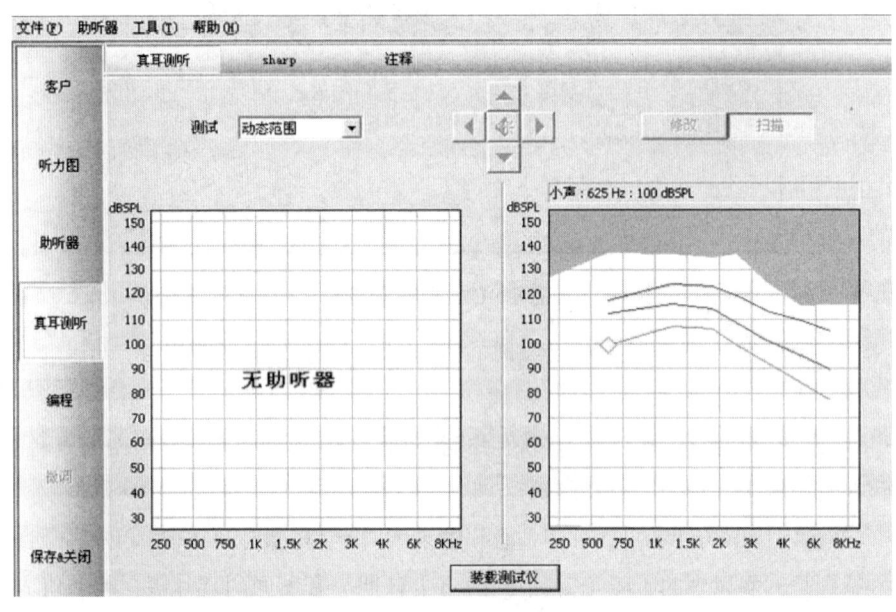

图6-20 真耳测听

7. 根据测试结果编程或根据听力图自动验配

单击"编程"图标,点击"开始"按钮,计算机将根据输入的使用者听力阈值情况、助听器选项设置情况自动编程并存入所选定的程序中。

8. 微调

自动验配后,如听障儿童感觉不够理想,可单击"微调"图标,先点击"频率压缩"按钮,如果自动DFC的值大于3.75则调成3.75,如果自动DFC的值小于或等于3.75则保持不变;然后点击"输出"按钮,如果听障儿童没戴过助听器则保持不变,如果听障儿童戴过助听器就调成与其原来的助听器的输出一样;最后点击"频响"按钮,如果听障儿童没戴过助听器则保持不变,如果听障儿童戴过助听器就调成与其原来的助听器的增益一样。

9. 保存及退出

单击"保存与关闭"图标,会出现对话框。根据选择,软件会退出或重新启动。

10. 评估及调试

在做完第9项操作之后,就要做声场评估,如果声场评估结果理想,则整个验配过程结束,如果声场评估结果不理想,则还需重新调机。

连接助听器点击"新验配"按钮之后会直接进入微调界面,如果听障儿童的声场评估结果所有频段都未进香蕉图就证明增益和输出不够,则需调大其增益和输出;如果听障儿童的声场评估结果高频段未进香蕉图就证明频率压缩不够,则需调大DFC的数值。

一般情况下,不必做第6项"真耳测听",在做完第5项"助听器选项(设置)"后就直接进入第7项"根据测试结果编程或根据听力图自动验配",自动验配后进入第8项"微调",这里可以依据经验进行适当的调节,亦可直接进入第9项"保存及退出"。

(三)智障儿童计算机辅具适配

1. 智障儿童遇到的问题及解决方法

由于心理方面的缺陷,智障儿童不论在学习或日常生活上的表现跟一般正常发展的儿童相比较皆有显著的差异。人们通常认为智障儿童是无法使用计算机的,因为他们中很多人认字不多或完全不认识字。

其实这个观念是错误的。因为现在的计算机科技已发达到几乎人人都能使用,就算完全不识字也能使用计算机。轻度智障儿童在计算机输入方面的困扰较少,因为他们可能还能学会拼音输入法或者其他输入法;不会输入法但会写字的智障儿童,也可以用手写识别输入;认识字但不会写的智障儿童则可利用替代式键盘以句子或单字的形式输入。对于中重度智障儿童,他们大部分完全不识字,则可利用图形沟通符号通过替代式键盘来输入。对于极重度智障儿童,也可以使用照片或迷你实物配合替代式键盘输入。输入的问题解决后,对于屏幕上信息的理解对智障儿童来说也是一大挑战,语音合成器(软件)能将屏幕上的文字转换成声音输出,可以帮助智障儿童理解。另外触摸式屏幕与轨迹球也可以减轻智障儿童操作

计算机上的认知负担。

2. 智障儿童利用计算机训练个案

小青,女,12岁,就读于某培智学校七年级。小青出生时是剖宫产,出生后无知觉,5分钟后通过接氧气抢救存活。母亲在孕期没有服过药,无营养不良、创伤,孕期一切正常,无不良反应。3岁时会独立行走,3~4岁时会说简单的话。1999年5月在某医院检查,经PPVT智商测试,IQ小于50。

小青原在某普通小学学习过一年,成绩差,各科评定都不合格。1999年6月,在家长的要求下进某培智学校就读。根据某培智学校的入学观察记录:小青生活自理能力较强;动作协调;认知能力方面尚可,能认识大部分的拼音;《全国轻度智障儿童适用语文课本》第一册上的字全认识,第二册共80个字中认识50个左右;颜色识别能力差;注意力分散,好动;口齿不清,方言口音重;有一定的交往能力,能与同学一起玩。

教师根据对计算机的认识和对小青的个性的了解,制定了一个个别化训练计划。从长远来讲,希望帮助小青学会计算机的基本操作技巧,学会社区计算机设施的操作;能运用多媒体播放光盘,从而学会自我学习;希望她能够上网获取信息和利用E-mail与人交流。也许有人会问,给一个轻度智障的儿童制定这样的计划是否太难了。但教师则认为,这是利用计算机做最基本的事。教师不期望她能熟练地完成以上目标,而是让她知道计算机能做这些事情(因为在教师看来会打几个字不能算是学会信息技术)。在实施过程中确实遇到了一些困难,最主要的困难是小青学得慢、忘得快。教授智障儿童技能特别需要耐心,为此,教师以小步骤、多重复、现场示范的方式实施。

目前从计算机学习本身来讲,小青已获得了一定的操作能力。她已经会用计算机独立制作一些漂亮的贺卡和书签,可以看出她的作品不管是颜色的搭配还是图形、文字的构思与布局都比较得体。通过信息技术学习与个训,激发了小青的学习兴趣,她变得越来越自信。从她的班主任那里了解到,她现在是学校的大队委员,在各方面表现都不错,能主动关心班级集体,参加班级的活动,常常为班级集体制作一些简单的计算机小报,布置在教室里,得到了许多教师和同学的赞赏与认可。学习成绩也明显提高,现在小青已学会自主学习,常常利用计算机自己学习识别拼音与汉字。近年来,每次期末测验,小青的成绩总是位列班级第一。更可喜的是,在上海举办的"心连心手拉手上海市少儿书画大赛"中,她的一幅计算机画"我梦想中的2007"获得了"计算机画"二等奖的优异成绩,受到了大家的一致好评。通过个别训练,她已经掌握了一些计算机设备的基本操作,并能独立地去操作如地铁站里的"自动售票机""兑换硬币机""储值票自动售卡机",邮局的"计算机自动查询机",超市的"自助寄包机"等一些日常计算机设备。父母亲开始重视她的学习,经常会主动与教师沟通,交流小青在校学习的情况。小青说,由于家庭条件有限买不起计算机,父母常常抽空带她到大型计算机商城去使用计算机。

通过计算机个训,学校领导开始重视计算机教学,已将计算机兴趣课正式纳入学校的日常课表中了,并且将课程的对象由原来的七～九年级学生,扩大到现在的四～九年级的学生。

(四)渐冻人方面的应用

患有肌肉萎缩性侧索硬化症(又称渐冻人症)的斯蒂芬·威廉·霍金几乎全身瘫痪,不能发音,但他是一个充满传奇色彩的物理天才,也是一个令人折服的生活强者。

霍金因为患神经肌肉疾病,所以当他想说话的时候,就通过震动自己脸上的肌肉完成一个词。当霍金完成一句话的时候,连接到他轮椅上的电脑就会为霍金读出这个句子。由于霍金病情的恶化,他很难控制自己脸部肌肉的运动,而电脑的速度也越来越赶不上这位天才科学家的大脑运转速度。

从2011年开始,研究者就着手为霍金研发新系统,电脑将运用最新的面部识别技术,通过读霍金的嘴以及眉毛的动作就能读出句子。如果霍金想通过敲出摩斯电码表达自己的意思,这个系统也能够支持。

在中国,有20万"渐冻人",80后平面设计师王甲就是其中之一。2007年王甲被查出患病时只有24岁。5年间,他逐渐丧失行动力,如今全身仅剩眼睛可以活动。但凭着与生俱来的才华和超凡的意志力,他坚持做设计、出书,甚至成立了中国第一个"渐冻人"关爱基金,将梦想一个个实现。

王甲与他人的交流是通过一台特殊的视控计算机进行的,摄像头对准视网膜后,双眼便可代替鼠标,通过移动眼珠选择屏幕上的字母,将想说的话拼写出来。眼控计算机辅助工具可以使他与人轻松沟通、欣赏音乐影视、浏览照片、玩游戏、和亲友互通短信。通过使用计算机沟通工具,他可以进行写作或兼职工作,继续实现其人生价值。

第七章　通用设计下的环境支持系统

1961年,美国国家标准协会制定了第一个无障碍设计标准。在20世纪70年代时,欧洲及美国一开始采用的"无障碍设计"(Accessible Design)是针对不良于行的人士在生活环境中的需求,并不是针对产品。1987年,美国设计师朗·麦斯(Ron Mace)开始大量地使用"通用设计"一词,并设法理清它与"广泛设计"的关系。

第一节　通用设计概述

一、通用设计的概念

2006年12月13日由联合国大会通过的《残疾人权利公约》中的第二条明确指出:通用设计(Universal Design)是指尽最大可能让所有人可以使用,无需作出调整或特别设计的产品、环境、方案和服务设计。"通用设计"不排除在必要时为某些残疾人群体提供辅助用具。

通用设计又称全民设计、全方位设计或是通用化设计,它所传达的意思是"如果能被失能者所使用,就更能被所有的人使用"。

二、通用设计的基本原则

在学术领域,通用设计还有一个名称——"共用性设计"。通用设计不应该为一些特别的情况而做出迁就和特定的设计。在20世纪90年代中期,朗·麦斯与一些设计师为"全民设计"制定了七项原则。

原则一:公平地使用。对具有不同能力的人,产品的设计应该是可以让所有人都公平地使用。

原则二:灵活地使用。设计要迎合广泛的个人喜好和能力。

原则三:简单而直观。设计出来的使用方法是容易让人明白的,而不会受使用者的经验、知识、语言能力及当前的集中程度所影响。

原则四：能感觉到的信息。无论四周的情况或使用者是否有感官上的缺陷，都能把必要的信息传递给使用者。

原则五：容错能力。设计应该可以让误操作或意外动作所造成的反面结果或危险的影响减到最少。

原则六：尽可能地减少体力上的支出。设计应该尽可能地让使用者有效地和舒适地使用，而减少使用者体力上的支出。

原则七：提供足够的空间和尺寸。提供足够的空间和尺寸，让使用者能够使用。提供适当的大小和空间，让使用者接近、够到、操作设计出的产品，并且不受其身型、姿势或行动障碍的影响。

除了上述七项原则，还有三项附则。

附则一：可长久使用，具经济性。

附则二：品质优良且美观。

附则三：对人体及环境无害。

三、通用设计与无障碍设计

无障碍设计（Barrier Free Design）这个概念始见于1974年，是联合国提出的设计新主张。无障碍设计强调在科学技术高度发展的现代社会，一切有关人类衣、食、住、行的公共空间环境以及各类建筑设施、设备的规划设计，都必须充分考虑具有不同程度生理伤残、缺陷和正常活动能力衰退者（如老年人）的使用需求，配备能够应答、满足这些需求的服务功能与装置，营造一个充满爱与关怀、切实保障人类安全、方便、舒适的现代生活环境。

无障碍设施的设置目的是为满足那些弱势群体的生理使用需求，但是往往明显带有对普通人与弱势群体区别待遇的心理暗示。这种心理暗示并非刻意的，但是对于弱势群体来说却具有相当的负面作用，对于普通人来说也会产生一定的消极影响。

有些无障碍设计在某种程度上就会成为"障碍"设计。例如，无障碍厕所设计，对于有些残疾人来说可能不愿意去使用，因为在潜意识里无障碍厕所让他们成为被区别对待的对象；而对于普通人来说同样不愿意去使用，因为有被误解的可能性。这样的设计形同虚设，因为无论是在生活还是在工作中，人们都期望获得平等的对待。

而通用设计在社会学方面的基石是无歧视、同等机会和个人权利这样的民主概念和价值。通用设计也是从其他的设计概念演变过来的,其初衷是为了注重特殊人群的使用,在帮助设计、适应性设计和易接近性设计,以及无障碍设计等概念上不断完善,衍生到社会层面的设计理论。

所谓"通用(Universal)"是指无须改良或特别设计就能为所有人使用的产品、环境及通信,它所传达的意思是"如何能被身心障碍者所使用,就更能被所有的人使用"。而"无障碍(Accessbility)"是"撤除障碍自由同行"的意思。两者针对的主体是不一样的,通用设计面向全体人,而无障碍设计的主要对象是残疾人、老年人等弱势群体。通用设计中某些问题的提出是针对现有的无障碍设计和老年人建筑设计的问题,但是并不表明通用设计是建立在推翻无障碍设计和老年人建筑设计的基础之上的,这几类设计的出发点是一致的,都是"以人为本"思想的具体体现。通用设计与无障碍设计面向的对象虽然不同,但基本的设计方法和形式是一致的,都是以减少障碍、方便使用为目的。通用设计的提出和实践可以被认为是对无障碍设计和老年人建筑设计的继续和延伸(如图7-1)。

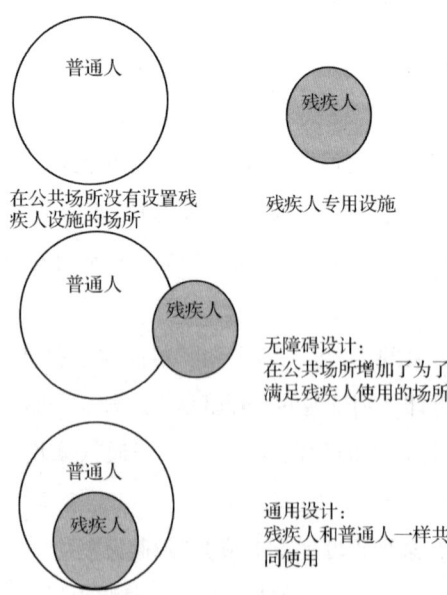

图7-1 无障碍设计与通用设计异同的示意图

四、通用设计的现状

通用设计的演进始于20世纪50年代,当时人们开始注意残障问题。在日本、欧洲诸国及美国,"无障碍空间设计"为身体障碍者除去了存在于环境中的各种障碍。在20世纪70年代时,欧洲诸国及美国一开始是采用"无障碍设计",针对不良于行的人士在生活环境中的需求,并不是针对产品。当时一位美国建筑师麦可·贝奈(Michael Bednar)提出:在撤除了环境中的障碍后,每个人的官能都可获得提升。他认为建立一个超越广泛设计且更广泛、全面的新观念是必要的,也就是说"广泛设计"一词并无法完整说明他们的理念。

1987年,朗·麦斯开始大量地使用"通用设计"一词,并设法定义它与"广泛设计"的关系。他表示,"通用设计"不是一项新的学科或风格或是有何独到之处,它需要的只是对需求及市场的认知,以及以清楚易懂的方法,让我们设计及生产的每件物品都能在最大限度上被每个人使用。他还认为"通用"一词并不理想,更准确地说,"全民设计"是一种设计方向,设计师努力在每项设计中加入各种特点,让它们能被更多人使用。

"学习的通用设计"最早由美国特殊技术应用中心(Center for Applied Special Technology,简称CAST)提出,它尝试从学习材料的革新和教与学的转化等方面,让每一个儿童都能接受平等、最适合的教育。CAST将"学习的通用设计"定义为一种课程框架,包括教育目标、教学方法、教材和评估,它致力于减少课程的障碍,为儿童学习提供丰富多样的支持,使每个儿童都能最大限度地获得知识、技能、学习热情,并维持对他们的高期望值,保持他们的高成就水平。CAST认为,辅助技术是为了适用于所有人而设计的,学习的通用设计采取预防式、包容式的设计,注重多元价值,基于公平、弹性的立场促进儿童的学习是未来的发展趋势。[①]

我国引入通用设计理念时间较晚,目前还处于起步阶段,在具体应用中不可避免地存在一些问题。但设计本身就是不断发展、不断创新的过程,通用设计理念作为20世纪的人性化设计的产物,其内涵也在不断发生着变化,促进我国通用设计能力水平,鼓励我国设计师在设计中更多地考虑我们当前社会中生活着的特殊人

---

① 秦宗南. 关于"学习的通用设计"的研究综述[J]. 文献资料,2012(7):153.

群。相信在不久的将来通用设计能够更好地为我国建设和谐社会作出应有的贡献。

目前社会上存在着一种对于通用设计的错误理解,即认为通用设计的服务对象是弱势群体,显然这种理解将通用设计的范围变得狭窄了。弱势群体确实是通用设计的目标人群之一,但不是全部。环境是构成我们每个人生存和生活的主体,我们不可能脱离环境而单独存在,设计就是将环境改造成更适合我们人类生活和居住的行为,因此在设计中考虑到使用的合理性是最为核心的问题。

通用设计理念的目的是从不同使用者的角度出发,尽可能地增加人们使用过程中的便利性,让弱势群体也感受到设计中的人文关怀。通用设计理念正以其亲和性和贴近我们生活的特性被越来越多的人认可、被社会接受、被设计师提倡。通用设计完全体现了人本主义的思想,在设计过程中通过不追加设计成本来增加设计收益,尤其是精神方面的收益使得它会越来越多地被应用在设计的各个领域。

在全球经济一体化的背景下,我国又正面对着由"中国制造"向"中国设计"的转型期,我们这个将进入老龄化的社会更需要通用设计。我国是具备通用设计发展的土壤的,完全可以设计出以节省社会成本支出为目的的通用设计。在设计已经越来越重要的今天,更需要我们在设计工作当中,与时俱进,敢于创新,敢于担负社会责任,脱掉过去的过于自我表现的设计思维,更多地考虑人本主义,更多地为使用者的真实需求考虑,将通用设计的重要性彻底地在设计中得以体现和应用,从而对中国设计的发展起到积极的推动作用。[①]

第二节 物质无障碍环境

无障碍环境是指一个可以方便通行、使用和交流的理想环境,包括物质环境、信息和交流环境的无障碍。物质环境无障碍主要是指无障碍设施的建设,城市道路、公共建筑物和居住区的规划、设计、建设应方便残疾人通行和使用,如城市道路应方便手摇三轮车、轮椅、盲人通行,公共建筑物出口、通道、电梯、扶手、厕所等设置应能够满足残疾人的需要。

---

① 闵丽,杨先姣. 论通用设计理念在环境设计中的应用现状及发展趋势[J]. 现代装饰(理论),2012(11):124.

一、无障碍公共环境

(一) 无障碍道路

无障碍道路是指为残疾人提供了行路方便和安全通行的道路设施,主要包括缘石坡道、过街天桥、盲道和轮椅用台阶平台式电梯等,残疾人可以通过这些无障碍设施在不需要别人帮助的情况下到达目的地,实现真正的自立,更多地参与到社会生活中来,与普通人的工作、生活融为一体。

1. 盲道

盲道(如图7-2)是为盲人提供方便行走和安全通行的道路设施。它不仅是城市文明标志的体现,更能让人感受到社会人文关怀所体现的平等与尊重。在城市规模迅速扩张的今天,盲道的建设及使用也更加引人关注。根据中华人民共和国住房和城乡建设部(以下简称"住建部")下发的《城市道路和建筑物无障碍设计规范》规定,在城市中心区道路、广场、步行街、商业街、桥梁、隧道、立体交叉及主要建筑物地段的人行道应设盲道;人行天桥、人行地道、人行横道及主要公交车站应设提示盲道。按照盲道设置的位置,可以把它分为室内盲道和室外盲道。室内盲道一般指在公共建筑物内部设计的帮助盲人通行的道路设施,包括地铁站、购物中心、车站候客大厅、饭店、写字楼的服务台等处的盲道。室外盲道是指建筑物外部非封闭地方帮助盲人通行的道路设施,如马路两边的人行道、公交车站台、过街天桥等处的盲道。室内盲道和室外盲道所用材料有所区别。室内盲道一般采用水泥花砖、陶瓷铺地砖、再生胶版、橡胶铺地砖、软聚氯乙烯板等,室外盲道一般采用水泥砖、水泥花砖、陶瓷铺地砖等。盲道一般由两类砖铺就,一类是条形引导砖,引导盲人放心前行;一类是带有圆点的提示砖,提示盲人前面需要转弯。

图7-2 盲道

2. 缘石坡道

缘石坡道是位于人行道口或人行横道两端，方便乘轮椅者进入人行道行驶的一种坡道，避免了人行道路缘石给乘轮椅者带来的通行障碍。人行道是城市道路的重要组成部分，也是人们在行走中最方便和最安全的地带。人行道为了与车行道区分和方便排水，均高出车行道地面15~20厘米，给乘轮椅者带来了很大困扰，需要别人帮助才能继续行走。运用缘石坡道就能解决这个问题，方便、实惠、可行。所以，在各个人行道口和人行横道两端，都应建设缘石坡道。

(二) 无障碍公共设施

1. 公共厕所

在无障碍环境中，公共厕所占较大比例，因为公共厕所既服务普通人又服务残疾人。供残疾人使用的公共厕所应设于路旁，出入方便，易于寻找。厕所门扇开启的净宽不得小于90厘米，以方便轮椅通过，室内要有1.50米×1.50米的轮椅旋转空间。厕所地面应选用防滑材料，以防残疾人跌倒。厕所的入口、通道、残疾人的隔间厕位及厕位两侧的安全抓杆，应符合乘轮椅者进入、回旋要求。厕所的水龙头开关应便于残疾人操作，可采用脚踏式、长柄式、感应式等。厕所内应设紧急呼救按钮，便于残疾人遇到困难时及时得到救助。在公共厕所中建设的残疾人厕位设施通常为：落地式小便器安全抓杆、无障碍厕位、悬臂式小便器安全抓杆、轮椅可进入的厕位等。在出入口的地方应有无障碍标志作为引导，出入口应设计坡道，坡度不应大于12度，坡道宽度为120厘米，入口平台和门的净宽应不小于120厘米和90厘米。

2. 公共浴室

在福利机构等残疾人聚集的地方，为方便残疾人的洗浴，可以为他们修建专用的公共浴室。浴室的设计一定要注意安全问题。比如地面要使用防滑材料并及时清洗，保持浴室的通风。除了一般的浴室要注意的问题以外，残疾人使用的浴室要更宽敞，以保证轮椅能自由活动。淋浴式的卫生间最小面积应为4.5平方米，浴盆式卫生间最小面积应为5.5平方米。开门设计为向外开启，门扇开启后净宽不应小于90厘米，门上要有观察窗口和关门拉手，方便乘轮椅者关门。

公共浴室应设有更衣室、洗浴室、厕所和消毒间等房间。更衣室应有保暖、换气设备，地面要防渗、防滑。浴室淋浴喷头数按更衣室床位数的1：5设置，相邻淋浴喷头的间距不小于90厘米。浴室厕所内设坐式便器、洗脸盆、镜子及药品柜等，在这些物品周边的墙壁上要设置安全抓杆和毛巾及挂衣钩。抓杆要安装坚固,要能承受 100 千克以上的重量,末端没入墙内。抓杆的垂直高度为 140 厘米,水平高度为 70 厘米,抓杆的材料应用直径 32~40 毫米的金属或塑料管。

3. 轮椅席位

轮椅席位是指根据残疾人的观看需要和轮椅的通行特点,专门设计为乘轮椅者提供观赏、听讲和阅读的位置。在体育场馆、影剧院、礼堂等场所设有观众席和听众席的公共建筑,应设轮椅席位。小型场所和阅览室(观众席位在 500 个以下)宜设 1~2 个轮椅席位,观众席位数在 500~1 500 个的场所宜设 2~4 个轮椅席位,观众席位数在 1 500~6 000 个的场所宜设 4~6 个轮椅席位,观众席位数在 6 000~60 000 个的场所宜设 6~10 个轮椅席位。为了方便残疾人到达和疏散,轮椅席位应设在临近避难逃生通道的位置,易到达无障碍通道的地方。

4. 残疾人车位

残疾人车位(如图 7-3)是指针对残疾人的特点和需要设计和建设的停车位。在小区或者商业中心、旅游景点等公共场所的停车场,应该建设残疾人车位。残疾人车位应该靠近停车场出入口或者供残疾人使用的建筑物出入口。供残疾人停车的地面应平整、坚固、不积水,而且坡度比较小,一般坡度不超过 50 度,以免给残疾人停车带来额外的负担。残疾人车位的长度以 6 米、宽度以 2.5 米为宜。车位一侧还应设置轮椅通道,宽度不小于 90 厘米,坡度不大于 12 度,轮椅通道要与人行道或者电梯相连。

图 7-3 残疾人车位

5. 无障碍客房

无障碍客房是指专门为残疾人设计建设，满足其居住需要的客房。设有客房的公共建筑应设无障碍客房。客房位置应设在便于到达、疏散和进出的地方，餐厅、购物和康乐等设施的公共通道应方便轮椅进出。客房门应符合残疾人使用要求，打开后净宽不小于90厘米，便于轮椅通行，门上要有观察窗和把手，便于残疾人打开房门。客房内的出口和床前过道不小于1.5米，床间距离不小于1.2米，床的高度宜为0.45米。无障碍客房的卫生间应该比普通卫生间更宽敞。卫生间室内应有直径不小于1.5米的轮椅回转空间，门要向外开，净宽不小于0.8米。卫生洁具宜用坐便器并安装有符合标准的安全抓杆，坐便器的高度宜为0.45米。有条件的客房可以安装高度能自由升降的洗脸池，一般客房宜安装高度为0.45米的洗脸池，方便乘轮椅的残疾人使用。卫生间浴盆的高度宜为0.45米。客房的电器位置和高度应方便乘轮椅者靠近和使用，高度宜为0.45米，门口和床头都应有电灯开关。客房及卫生间应设求助呼叫按钮，以备紧急情况下所用。

6. 楼梯扶手

扶手是帮助残疾人顺利通行的重要辅助设施，它可以帮助残疾人保持身体平衡、掌握方向，同时也能给普通人特别是老人、妇女、儿童的行走带来很多方便。扶手设施虽然简单，却是爬坡、上楼的必不可少的重要辅助工具。一般在坡道、台阶、楼梯（如图7-4）、走道等处都应该安装扶手。若只设一道扶手，扶手的高度设为85厘米比较合适；若设两道扶手，下层扶手高度为65厘米，上层扶手高度为85厘米。在游乐场、幼儿园、托儿所等儿童比较集中的地方应安装两道扶手，每道扶手都应安装牢固，至少能承受一个成年人的重量。在扶手的起点及终点处要水平延伸30厘米或更长，以保持行人的平衡。扶手的末端应伸向墙面或向下延伸10厘

图7-4 楼梯扶手

米。栏杆式扶手应向下成弧形或延伸到地面上固定,以免行人碰擦。扶手安装在墙上时,扶手内侧与墙面之间的距离应为40～50毫米,在扶手的下方要设不低于5厘米的安全挡台,防止拐杖向侧面滑出造成摔伤。扶手涂色时,应选择色彩比较明亮显著的颜色。商业建筑、交通建筑、医疗建筑和政府接待部门等公共建筑内的扶手,其起点与终点应设盲文说明牌。

7. 电梯与升降平台。

(1) 电梯。

电梯是垂直通行的理想工具,快捷方便,尤其对残疾人、老年人、幼儿和其他行动不便的人,电梯和普通楼梯相比更是具有不可比拟的优越性。供残疾人使用的电梯,在规格和设备上都有特殊的要求。

候梯厅的深度不小于1.8米,电梯门洞的净宽度不小于0.9米,要能保障轮椅的进出。候梯厅按钮不能太高,也不能太低,宜在0.9～1.1米之间,方便乘轮椅的人使用。候梯厅要有显示电梯运行层数的显示器,显示电梯运行层数的数字标识规格不应小于50毫米×50毫米,以便视障者观察电梯运行情况。同时要有电梯上下运行方向、楼层位置和电梯抵达等语音提示,每层电梯口应安装楼层标识,并在电梯口设置提示盲道。在候梯厅的显著位置要安装国际无障碍通用标志。

在电梯轿厢内要安装扶手、镜子、高低选层按钮、显示屏与音响等。电梯门开启净宽度不小于80厘米,电梯轿厢深度不小于1.4米,电梯轿厢宽度不小于1.1米。如果使用电梯轿厢比较小的电梯,轮椅无法在里面转弯的情况下,轮椅正面进去宜倒着出来,倒着进去宜正面出来,以免发生拥堵;如果电梯轿厢较大,轮椅可以旋转过来。电梯轿厢内的选层按钮高度宜为90～110厘米,便于乘轮椅者使用。选层按钮要用带有凸凹感的阿拉伯数字或盲文数字显示,同时要有显示电梯运行方向及到达楼层的清晰的语音提示,给视觉障碍者带来方便。在电梯轿厢的正面和侧面应设扶手,扶手高度应为80～85厘米,扶手要易于抓握,安装要牢固,要选择防滑材料。电梯轿厢的正面扶手的上方要安装镜子,镜子宜安装在离轿厢内地面90厘米到顶部之间的位置,便于乘轮椅者从镜子中看到电梯运行情况,为退出电梯轿厢做准备。在高层建筑中,应有一座能使急救担架进入的电梯,在紧急抢救的情况下,能让病人得到及时的救助。有些建筑设有人、货两用电梯,这样的电梯应同时能为残疾人、老年人提供服务。

(2) 升降平台。

升降平台是供行动不便的残疾人或老年人上下台阶的有效工具。在建筑入口、大厅、通道等地面高度差比较大,不易进行无障碍建设或改造时,升降平台是比较理想的运载工具。此时,应选用升降平台取代轮椅坡道。升降平台的面积要和轮椅相匹配,应不小于1.2米×0.9米,平台应设扶手或挡板及启动按钮。

二、校园学习无障碍环境

无障碍校园环境的建立就是要使身心障碍者能够像普通人一样享用各种资源,其方式是通过建筑物的改善、设备设施的充实以及社会大众态度的改变,提供身心障碍者无障碍的环境和公平发展的机会。无障碍校园环境是人人共享的,但其主要对象以身心障碍儿童为主,行动不便的教师、家长、社会人士为辅。

1. 校园立体语音提示模型

视障儿童进入特殊教育学校就读,首先要了解学校建筑分布。因此,招收视障儿童的学校必须安装校园立体语音提示模型(如图7-5),安置在校园的出入口,视障儿童可以通过触摸校园建筑模型了解学校建筑分布,同时通过对应的语音按钮了解建筑的功能,熟悉学习、生活、起居等场所以及方位等。

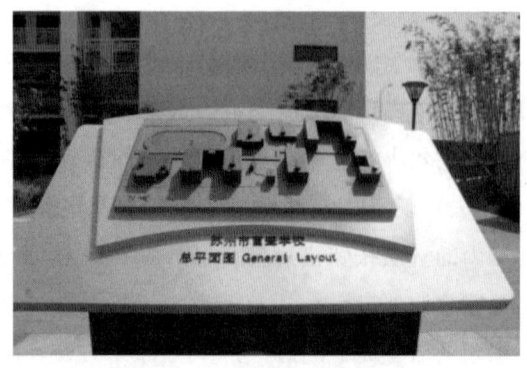

图7-5 立体语音提示模型

2. 声光联动系统

视障儿童主要依靠听觉来接受信息,听障儿童主要依靠视觉来接受信息,因此在既有视障儿童又有听障儿童的学校中必须充分考虑两类完全不同感知特征的儿童状况,建设适合他们生活、学习的无障碍环境。声光联动系统(如图7-6)就是让这两类儿童能够同步接受信息的非常有效的辅具。它由一个指示牌和一个音箱组成声光联动系统的一个终端,终端遍布校园所有场所。指示牌信息包含上课、下课、逃生、隐藏四个不同颜色的指示灯,同步对应于音箱的四个声源,从而实现对视障与听障儿童在不同区域、作息时间、事故报警、安全演练等重要信息的同步接收。

图 7-6 声光联动系统

3. 唤醒系统

特殊教育学校多为寄宿制学校,儿童的住宿和儿童自身安全是学校管理面临的一个重大难题。儿童晚间入睡后,若遇到突发事件或地震、火灾等自然灾害,为了能迅速安全撤离,就需要唤醒系统。唤醒系统(如图 7-7)由若干个振动器和语音提示器以及发射器组成,振动器安装在儿童的床下,发射器和控制器集中在值班室内,当有突发事件或自然灾害时,值班管理人员按下发射器,所有床位就会开始震动并同步实现语音播报和文字提示,促使儿童尽快从睡梦中醒来,并迅速应对。

图 7-7 唤醒系统

4. 门禁系统

门禁系统(如图7-8)是为住宿儿童设计的,便于视障儿童准确地找到自己的宿舍、教室,它由接触式智能卡和终端以及后台管理系统组成,通过管理系统的授权,实现门禁开启与使用。

图7-8 门禁系统

5. 点对点求助系统

点对点求助系统(如图7-9)用于特殊学校发生意外之时,儿童可以在最近距离找到呼救的红色按钮。因此,呼救按钮必须分布在校园的每一个角落,特别是残疾人卫生间、宿舍等。当特殊儿童晚间生病时,还需提供移动的呼救按钮,当遇到突发状况时可以通过儿童的呼救提醒宿舍管理人员进行应急处理。

图7-9 点对点求助系统

6. 电梯

在特殊教育学校里,电梯(如图7-10)的设计必须按照特殊类别综合设计,使所有不同障碍类型的儿童都能够使用并且处理电梯故障等突发事情。电梯门宽度不小于 90 厘米,保证轮椅的进出通畅;在电梯内安装有扶手,便于轮椅使用者调整轮椅方向和在电梯上下时稳定轮椅;低位按钮便于轮椅使用者方便操控电梯;电梯正前方安装镜子,方便轮椅使用者及时了解电梯的运行状况;电梯带有语音提示和大字提示,方便视障儿童使用,能及时提供电梯上下、电梯门开启、到达楼层等语音信息;有听障儿童的特殊教育学校,建议采用透明电梯,这样容易发现电梯故障。透明方向还必须有对应高度的通道,当发生电梯故障时可以由教师或工作人员使用手语及时告诉听障儿童发生的状况,并及时进行心理疏导等工作。电梯外还须贴有残疾人通道标志。

图 7-10 电梯

7. 学具的通用设计

普通儿童的学具大都能为特殊儿童使用,但部分特殊儿童的学具虽然被普通儿童使用(使用的目的更多地是了解、帮助不同类型的特殊儿童学习,营造一种有利于特殊儿童学习的环境),但更多地体现了特殊儿童使用的优势。

视障儿童学具的设计大多数是在普通儿童学具的基础上通过标志盲文、放大字体、简化设计等手段,让视障儿童的学习更为方便。例如盲用点字尺及量角器组、MP3、便携式扩视机、语音复读机等，这些学具都能为所有的儿童学习使用。普通人一般不会专门去学习盲文，即使是视障儿童的家人，学习盲文还是有一定难度的，因此，多功能盲文刻印机通过通用设计，让普通人(特别是视障儿童的家人和照顾者等)能方便地学习盲文和帮助视障儿童学习，形成视障儿童学习环境的支持，让营造视障儿童学习的环境支持系统成为一种可能。

听障儿童的学具包括普通学具，大多数普通儿童使用的学具都能为听障儿童使用。只要给听障儿童配戴相应的听觉辅助器具，他们就可以使用这些普通学具。

此外，在特殊教育学校里，还应该提供教育、教学的无障碍环境，包括为视障儿童提供盲文写字板、点字显示器、视触转换器、放大镜、阅读架、照明台灯、录音笔、点字刻印机、盲用电脑、点显器、彩色CCTV系统、台式扩视机、视讯放大系统、放大镜、单筒望远镜、有放大功能的影印机以及视力功能训练室等；为听障儿童提供听力检测室、语言康复训练室、言语评估室、手语实验室等。

随着融合教育的理念逐渐为人们接受与认同，不同障碍的特殊儿童就读于普通学校的现象将日趋普遍，这也是特殊教育未来发展的一种趋势。因此，在普通中小学建设过程中也需要考虑通用理念下的无障碍校园环境设计，为特殊儿童提供一个更方便、无障碍的校园环境。

三、家庭生活无障碍环境

当一个家庭生有特殊儿童时，家庭其他成员为他(她)提供一个无障碍的家庭环境是对孩子最大的关心和爱护。无障碍的家庭环境能够让特殊儿童在早期发展的关键期和普通儿童一样在智力与非智力因素方面得到有效发展，为他们进入特殊学校或随班就读打下扎实基础。

(一) 视障儿童家庭环境

视障儿童家庭环境布局时需根据视障儿童的特点，家具、家用电器等应位置保持相对固定不变，并进行功能分区、设置有效导向、色彩对比等。

1. 儿童房间与浴室

视障儿童房间的家具安置要靠墙与角，物品摆放要固定、整齐、有序，尽可能多地留出儿童活动的空间。房间颜色要使用鲜艳的大色块布局，切忌花哨，这样才能给视障儿童明确的物体感知、方位和空间感。视障儿童浴室最好配有水位警告器，将警告器贴于浴缸壁，当水位到达警告器时触发声音提醒视障儿童注意。

2．厨房

视觉障碍给儿童生活带来了很大的不便。"吃"是人类最基本的生活内容，所以视障儿童在厨房里的活动就是难以避免的，因此有视障儿童的家庭的厨房就需要配备一些专用设施。例如，可以准确地测知杯子中水位高低的水高测知器、可固定住切割物体的切割器、防烫锅架、高压锅固定器、双色砧板等。

3．点字类生活用具

点字类生活用具是在普通儿童生活用具上加上盲文点，方便视觉障碍儿童通过触摸来了解和使用的器具。例如：外观上与一般的手表无异，但手表的表面可以打开，允许视障儿童用手指去摸读表面上的数字及时针、分针，从而得知时间的点字手表。盲用太阳能手表，其电力来自太阳能面板，借助电力推动表面上的点、线、面做各种变换，视障儿童能够通过点字法读取当前的时间。除此之外，还有可以通过触摸来分辨方位的点字指南针，面板上有凸起点字的定时器等。

4．语音类生活用具

语音类生活用具是在普通的生活用具基础上通过触摸、按钮等方式触发语音播报的生活用具。例如：按下"蓝色"说话按钮，即可发出声音的语音温度计；人站上体重计后，经过机器扫描，会自动报出数字的语音体重计；面板上有表面凹、凸两颗按钮，将颜色侦测器紧贴想要测量的物体的表面，按下表面突出的按钮即会告知颜色，按下表面凹陷的按钮即会告知颜色的亮度、色调、彩度的颜色侦测器等。

5．大字类生活用具

大字类生活用具是为低视力儿童专门设计的，它是在普通生活用具的基础上放大用具，特别是放大或突出用具上的文字标志。例如：大字体手表、大字定时器、大字体温计等。

6．综合类生活用具

综合类生活用具是集点字、语音、大字以及现代科学技术、信息技术等功能设计的生活用具。

（1）声呐导盲杖。

声呐导盲杖可以帮助视障儿童导向和行进。通过声呐系统的声音提示，视障儿童可以确定物体的距离和位置，还可以了解物体的一些特性，甚至可以识别某些特定的物体。声呐系统安装在盲杖的手柄上，根据被扫描物体与使用者的距离，耳机内会发出不同的声音反馈。

(2) 求助器。

求助器上有一个按钮,若视障儿童想向人求助,按此按钮即可发出声音。且求助器上写有"请协助我,谢谢"等字样,可让他人注意到声音,并且知道视障儿童是在请求帮助。

(3) 防爆器。

防爆器可以让视障儿童随身携带,遇到危险时,只要将黑线用力拉出便会发出尖锐的鸣叫声,通常和盲杖在一起使用,并带有点击功能。

此外,条件允许的情况下,尽可能为视障儿童提供大字体电话、盲用手机、语音手表、语音指南针、光源探测器等。

(二) 听障儿童家庭环境

听障儿童家庭环境布局时要考虑实用性、安全性和艺术性原则,还需根据听障儿童的特点,从听障儿童的视角考虑。首先可安装一定的灯光门铃、可视电话等特殊设备,同时要征求他(她)的意见,让他(她)参与到家居装饰选购行列,尊重他们的权利、意见及想法,让他们有"被尊重"的感觉,这些产品的造型要别致、色彩要亮丽,突出视觉效果。

(1) 普通生活用具。

大多数普通生活用具都能为听觉障碍儿童使用。

(2) 可视电话。

一种专门设计的可以让呼叫双方在通话期间相互看到对方的电话。听觉障碍儿童使用的可视电话还必须在普通可视电话上加载电话感应器,当有电话呼入时,感应器立即转化为灯光闪烁,提醒听觉障碍儿童有电话呼入。

(3) 震动呼叫器。

震动呼叫器由发射部分和接收部分组成,发射采用无线发射或有线发射两种。当发射器发出指令,接收器接到指令时,通过震动让听觉障碍儿童感知。注意:发射器有发射距离的限制。

(4) 可视手机。

像个人电脑一样,可视手机是具有独立操作系统的智能手机。通过用户自行安装可视、通信等第三方服务商提供的程序,通过无线网络来实现视频、文字的通信与交流。

(三) 智障儿童家庭环境

智障儿童家庭环境布局时首先要充分考虑家庭建筑、装修、家具以及物品摆放等的安全性，局部地方要采取一定的改造，例如窗户最好能装上栅栏，楼梯间隙控制在 15 厘米以内，电源应安装保护装置；其次要为智障儿童特制一些起居和生活自理能力方面的图文对照示意图（例如起床、睡觉、穿衣、脱衣、冷、热、上厕所、饿、吃饭等），便于智障儿童可以通过指示图文进行表达和交流。家庭如有重度的智障儿童，需要有陪护人员，以防儿童发生危险。

（四）脑瘫儿童家庭环境

脑瘫儿童家庭环境布局要根据脑瘫情况，专门为脑瘫儿童特制使用工具，例如特殊的汤勺、能升降的床、经改造的电脑键盘，并在其床边安装接触式紧急呼救按钮，脑瘫儿童可以通过其活动部分能碰触的按钮来寻求帮助。此外，一般脑瘫儿童家庭中必须有专门人员陪护。

（五）肢体障碍儿童家庭环境

肢体障碍儿童家庭环境布局时，要充分考虑肢体障碍儿童的行动，首先需要配备肢体障碍儿童轮椅，将部分台阶改造成轮椅坡道，并安装扶手。所有门宽度必须大于 80 厘米，便于轮椅通行。为家庭楼梯安装升降梯。房间物品摆放在肢体障碍儿童可以触及的高度。所有通道确保轮椅能通行，并在相关地方留有空间为轮椅提供转动区域。

第三节　信息无障碍环境

关于信息无障碍，中国互联网协会曾经给出这样一个定义："信息无障碍是指任何人（无论是健全人还是残疾人，无论是年轻人还是老年人）在任何情况下都能平等地、方便地、无障碍地获取信息、利用信息。"而第一届中国信息无障碍论坛（北京，2004 年）所给出的信息无障碍概念则更加具体化："所谓信息的获取和交流的无障碍主要是指公共传媒应使听力、言语和视力残疾者能够无障碍地获得信息，进行信息交流，如影视作品和电视节目的字幕、解说、电视手语、盲人有声读物等。这里的公共传媒主要是指电子信息媒介，如广播、电视、移动通信、网络等通信手段或设备。"

一、信息无障碍的原因与背景

（一）信息无障碍的原因

信息无障碍实质上是信息资源的设计者、开发者以及发布者与信息需求者之间产生的信息需求和访问上的矛盾引起的。这是因为信息资源的设计者、开发者以及发布者在设计、开发、发布和管理的过程中没有考虑到不同群体、不同能力的信息需求者的实际情况。例如：网站的设计者如果设计理念定位在身心正常、具备一定计算机技能的、拥有主流硬件和软件配置的用户，这样的网站就一定会产生障碍问题，因为他们没有考虑到残疾人群、老年人群、信息素养较低的人群以及使用非主流硬件、软件配置的人群在访问网站上信息资源的时候可能会遇到的障碍，从而有意无意地将这部分社会中的弱势群体排斥在信息接收者之外，造成信息接收的不平等。

（二）信息无障碍的背景

1. 国际背景

每年的联合国大会是世界上各个国家争取自身权益的有利平台。大会上提出的议案各国难免会产生不一致的看法，但是有这么一个决议，在提出后得到了与会的所有国家和地区的一致的认同，这就是"信息无障碍"。通过查阅联合国相关决议中的名词得知"信息无障碍"又可译为"信息可达性"，指信息的获取和使用应对不同的人群有平等的机会和差异不大的成本。

在2000年第54届联合国大会上，当时的联合国秘书长安南亲手递交了关于"世界行动纲领实施问题的进度报告"，在这则报告中明确提到了无障碍环境标准规则第五条的政策引导在自然环境和信息、通信技术环境中的重要作用。而在随后的信息社会世界高峰会议上提出的"行动计划"里，更是将"信息无障碍"放在了国家通信战略、信息通信技术设备和服务中的重要地位，明确提出是"在国家信息通信战略方面，满足老年人、残疾人、儿童，特别是处于社会边缘地位的儿童和其他处境不利群体和弱势群体的特殊需要"，要"鼓励设计和推出信息通信技术设备和服务，使包括老年人、残疾人、儿童（特别是处于社会边缘地位的儿童）和其他处境不利群体和弱势群体在内的所有人都能方便地并以可承受的价格进行使用，并在通用设计原则的指导下和辅助性技术应用的进一步推动下，促进开发适合这些群体需要的技术、应用和内容。"

2. 国内背景

在2000年联合国提出开展信息无障碍工作的建议后，国际电信联盟（International Telecommunication Union，简称ITU）、欧洲电信标准化协会（European Telecommunication Standards Institute，简称ETSI）这些国际上最大的电信标准化机构就开展了专门的研究课题，或成立了专门的委员会开展研究。在我国,中国通信标准化协会(China Communications Standards Association,简称CCSA)在前期的研究基础上于2006年设立了首批信息无障碍标准化研究课题。其中《信息无障碍标准体系框架》系统地对国内信息无障碍群体的总体状况、产品和技术的发展现状以及国内信息无障碍标准化研究的目标进行了阐述,成为指导今后相关标准化工作的指导性文件。在该文件中,对我国信息无障碍工作的目标给出明确建议:"信息无障碍"指实现为任何人(无论健全人还是残障人士、无论年轻人还是老年人、无论是何种文化或语言的人、无论是低收入人群还是高收入人群)在任何情况下都能以相近的成本,便利地获取基本信息或使用通常的信息沟通手段。

在"标准体系"的基础上,通过借鉴欧美、日本等发达国家的无障碍标准制定经验,通过国内外有代表性的无障碍产品生产厂商和不同群体用户代表的共同合作,我国于2008年制定完成我国第一个信息无障碍领域的标准《信息无障碍—身体机能差异人群—网站设计无障碍技术要求》(标准编号为:YD/T 1761—2008)。该标准弥补了信息无障碍标准在我国的空白,同时为相关企业参与国内的信息无障碍工作提供了依据。

信息无障碍工作的开展涉及国内几亿人口的切实利益,其实施的效果将会影响到国家信息化工作的整体发展水平,目前各项信息无障碍标准的制订和实施,始终都在贯彻和体现着国家对残疾人事业的关怀和支持,是我国建设信息化和谐社会的必然要求,也是帮助弱势群体改善信息环境、消除信息鸿沟的实际行动。

二、信息无障碍技术

(一)电子和通信技术无障碍

1. 视障者的电子和通信技术

视障者信息交流障碍主要包括视觉信息障碍和信息环境障碍两方面。要实现视障者信息无障碍,既要消除视觉信息障碍,又要为视障者创造无障碍的信息环境。在消除视觉信息障碍方面,可针对尚有剩余视力的低视力者,强化其视觉信息元素,可为其提供屏幕扩大器等,有效降低视觉信息障碍。

在通信电子产品消除障碍方面,可在手机、快译通等设备上设置语音提示,方便视障者读取短信,进行菜单操作等。例如盲人手机、盲人电脑等。

在消除通用产品设计障碍方面,可将银行卡、房卡等信息卡,宾馆的洗发水、浴液瓶以及形状相似的药瓶设计成不同形状的外观,易于视障者识别和辨认。

2. 听障者的电子和通信技术

听障者的信息交流无障碍需求涉及字幕、手语、为听障者提供的服务和听障者用品、用具的开发推广等方面。在字幕方面,影视作品应加配闭路字幕或隐匿式(开放)字幕;公交车、火车、地铁等交通工具上应有"电子滚屏"显示站名,沿途站牌要统一规划,文字要方便辨认;公共场所服务行业应提供文字提示服务,配字幕"滚屏"。电信运营部门应开展听障者电话中转服务,如听障者发手机短信到某电话中转台,中转台可运用声音语言代为转告短信语言内容到指定电话;手机应同时有语音、短信提示方式;银行、医院等涉及隐私的服务行业,应提供手机短信提示方式;听障者可以通过短信或文字交流,获得律师及其他专业人士的咨询服务;听障者在生活中遇到水、电、气等设备故障时,能通过手机短信平台联系相关职能部门,及时获得帮助;有听障者参加的会议,能同时提供字幕同步显示和手语翻译服务;等等。

(二)网络信息的无障碍

1. 辅助软件的设计

辅助软件设计的目的是为了帮助在正常条件下无法上网的视障者或肢体障碍者像普通人一样从互联网上获取信息。辅助软件主要有读屏软件、盲人浏览器等。

(1)读屏软件。

读屏软件是一种可以帮助视障者上网的工具。目前国内有阳光读屏、永德读屏、晨光读屏和争渡读屏等软件。读屏软件是专为视障者设计的屏幕朗读软件,通过数字键盘的切换操作,以及大键盘上的几个功能键的切换,能够随心所欲地进行查找和处理文件,对网页进行导航浏览、编辑和收发电子邮件。

(2)盲人浏览器。

盲人浏览器也叫无障碍浏览器(Accessibility Browser),它是为方便视障者(包括盲人和低视力者)浏览和使用万维网网络资源而开发的一类浏览器,它的开发有助于视障者平等参与社会活动。该浏览器是在普通的多媒体个人电脑上开发实现的,不需要特殊的硬件支持系统,结合了中英文语音合成技术和盲人用键盘输入技术,用户经过简单培训后即可独立使用。盲人浏览器与盲人用键盘输入法结合起来可以让障碍者通过普通键盘即可实现中英文输入,极大地方便了视障用户使用。为了便于视障者详细和完整地了解整个网页,快速找到自己感兴趣的内容,盲人浏览器能提供多种文本、图片的朗读操作。

(3) Easy Web 等浏览器。

Easy Web Browsing 网页浏览辅助工具服务于广泛用户群体，特别是有视觉障碍和认知障碍的用户、具有不同学习习惯的用户、老年用户、不同语言文化背景的用户、不擅长使用计算机和网络的用户等。该浏览器可实现的功能包括：调整网页文本和背景的颜色，适应用户的阅读偏好；调整网页上字符的大小，最多可将文字放大到6倍；朗读网页上的内容，并可调节朗读的语速和音量；网页内容在被朗读的同时会加亮，并在屏幕下方的放大窗口中放大显示；支持多种语言内容的朗读，包括中文、日语、法语、英语、德语、葡萄牙语、西班牙语、意大利语，通过网站的语言切换可自动切换到相应语言界面和应用该语言朗读。

2. 网站本身的无障碍设计

网站本身的无障碍设计即网站、网页上的全部内容都可以有效地支持基于辅助软件的访问，让残疾人可以在互联网世界里畅行无阻。

(1) 中国盲人数字图书馆网站(http://www.cdlvi.cn)。

该网站的建设严格依据2008年3月信息产业部发布的《信息无障碍—身体机能差异人群—网站设计无障碍技术要求》，遵循国际上通用的由万能风联盟组织(World Wide Web Consortium)出台的WCAG2.0标准(Web内容可访问性指南)进行无障碍网页设计，网站符合XHTML1.0技术规则，适用于盲用读屏软件。

(2) 中国盲人协会网站(http://www.zgmx.org.cn)。

该网站为盲人、低视力人群、认知能力有障碍的残疾人和老年人提供多种获取网上信息的方式。全网站遵循新版《网站设计无障碍技术要求》进行无障碍网页设计，符合XHTML1.0技术规则，适用于各类盲用读屏软件。网站设置导盲热键，无需任何操作，普通盲人读屏软件便可读出文章主要内容，同时焦点自动定位在主要内容区域，网页设有放大、缩小、开启辅助线、高对比度的功能，以满足不同人群的浏览需求，增加无障碍音、视频播放插件，全部验证码均有标准语音提示。

除此之外，还有许多盲人论坛、聊天室，比如"自强盲人论坛""中国盲人按摩语音聊天室""新疆盲人网""宁波盲人创业网"等。

中国盲文出版社信息无障碍中心主任何川也是一名盲人，他说："对于全国1 233万盲人朋友而言，信息无障碍事业能够全面、快速地推进，这无疑是他们莫大的福祉。在黑暗中困守的群体，无时无刻不在期盼'信息无障碍'的春风早日驱散笼罩着他们的阴霾。"

主要参考文献

一、著作

1. 李彬彬.设计心理学[M].北京:中国轻工业出版社,2001.
2. 沈家英,陈云英.视觉障碍儿童与心理教育[M].北京:华夏出版社,2001.
3. 沈光宇,杨卫新.康复医学[M].南京:东南大学出版社,2002.
4. 殷秀珍.康复医学[M].北京:北京医科大学出版社,2002.
5. 卓大宏.中国康复医学[M].第2版.北京:华夏出版社,2003.
6. 韩德民,许时昂.听力学基础与临床[M].北京:科学技术文献出版社,2004.
7. 张华.助听器[M].北京:人民卫生出版社,2004.
8. 胡永善.康复医学[M].北京:人民卫生出版社,2006.
9. 钟经华.视力残疾儿童教育学[M].北京:华夏出版社,2006.
10. 孙喜斌,梁巍.听力障碍儿童康复评估档案[M].北京:华夏出版社,2006.
11. 杨炽康.辅助科技原则与实行[M].台北:心理出版社,2007.
12. 钱志亮.怎样帮助视障人[M].北京:中国盲文出版社,2008.
13. 王珏.康复工程基础——辅助技术[M].西安:西安交通大学出版社,2008.
14. 肖晓鸿.假肢与矫形器技术[M].上海:复旦大学出版社,2009.
15. 李建军.综合康复学[M].北京:求真出版社,2009.
16. 胡旭君.助听器学[M].杭州:浙江大学出版社,2010.
17. 朱图陵.残疾人辅助器具基础与应用[M].北京:求真出版社,2010.
18. 蒋建荣.特殊教育的辅具与康复[M].北京:北京大学出版社,2012.
19. Jose R. Understanding low vision[M]. New York: American Foundation for the Blind, 1985.

二、期刊论文

1. 范佳进,郝琳,董伦富.辅助器具适配应用服务[J].中国康复医学杂志,

2006,21(4).

2. 朱图陵,金德闻.辅助器具与辅助技术[J].中国康复医学杂志,2006,21(3).

3. 刘志丽,许家成.辅助技术——特殊教育发展值得关注的新趋势[J].中国康复理论与实践,2007(4).

4. 徐静,郑俭.沟通辅具个体化设计通用评估支持体系的建构[J].中国康复理论与实践,2007,13(4).

5. 魏寿洪,郑俭.扩大替代沟通系统的评估综述[J].中国康复理论与实践,2007(4).

6. 张晓玉.个人移动辅助器具的分类、现状和未来目标[J].中国康复医学杂志,2010,9(25).

7. 王庭照,许琦,赵薇.虚拟现实技术在特殊儿童教学与训练中的应用研究[J].华东师范大学学报(教育科学版),2013(3).

8. Beukelman, Pat Mirenda. Augmentative and alternative communication: Management of severe communication disorders in children and adults[J]. *Journal of Applied Research in Intellectual Disabilities*, 2004(17).

9. Marianne J. Johnson, D. Gareth Evans, et al. The development and evaluation of alternative communication strategies to facilitate interactions with Somali refugees in primary care: a preliminary study[J]. *Informatics in Primary Care*, 2006(14).

10. Martha E. Snell, et al. Teaching augmentative and alternative communication to students with severe disabilities: A review of intervention research 1997-2003 [J]. *Research and Practice for Persons with Severe Disabilities*, 2006,31(3).

11. Son SH, Sigafoos J., et al. Comparing two types of augmentative and alternative communication systems for children with autism [J]. *Pediatric Rehabilitation*, 2006, 9(4).

12. Yumiko Saito, A. Turnbull. Augmentative and alternative communication practice in the pursuit of family quality of life: A review of the literature[J]. *Research and Practice for Persons with Severe Disabilities*, 2007, 32(1).